18 DIAS

Matias Spektor

18 DIAS

Quando Lula e FHC se uniram
para conquistar o apoio de Bush

OBJETIVA

Copyright © 2014 by Matias Spektor

Todos os direitos desta edição reservados à
EDITORA OBJETIVA LTDA.
Rua Cosme Velho, 103
Rio de Janeiro – RJ – CEP: 22241-090
Tel.: (21) 2199-7824 – Fax: (21) 2199-7825
www.objetiva.com.br

Capa
Rodrigo Rodrigues

Imagens da capa
Lula Marques/Folhapress
White House photo by Eric Draper via Wikimedia Commons

Imagem da contracapa
Lula Marques/Folhapress

Revisão
Luciano Milhomem
Ana Kronemberger
Fatima Fadel
Lilia Zanetti

Editoração eletrônica
Abreu's System Ltda.

CIP-BRASIL. CATALOGAÇÃO NA PUBLICAÇÃO
SINDICATO NACIONAL DOS EDITORES DE LIVROS, RJ

S728d

Spektor, Matias
    18 dias: quando Lula e FHC se uniram para conquistar o apoio de Bush / Matias Spektor. – 1. ed. – Rio de Janeiro: Objetiva, 2014.

    289p.   ISBN 978-85-390-0581-9

    1. Silva, Luiz Inácio Lula da. 2. Cardoso, Fernando Henrique -. 3. Brasil – Política e governo – 2002-. I. Título: Dezoito dias: quando Lula e FHC se uniram para conquistar o apoio de Bush. II. Título.

14-11161   CDD: 320.981
                                        CDU: 32(81)

Sumário

	Nota do autor	7
	Siglas e abreviações usadas no livro	9
	Prólogo	11
Dia 1	Segunda-feira, 28 de outubro de 2002	17
Dia 2	Terça-feira, 29 de outubro de 2002	28
Dia 3	Quarta-feira, 30 de outubro de 2002	37
Dia 4	Quinta-feira, 31 de outubro de 2002	51
Dia 5	Sexta-feira, 1º de novembro de 2002	63
Dia 6	Sábado, 2 de novembro de 2002	74
Dia 7	Domingo, 3 de novembro de 2002	86
Dia 8	Segunda-feira, 4 de novembro de 2002	97
Dia 9	Terça-feira, 5 de novembro de 2002	113
Dia 10	Quarta-feira, 6 de novembro de 2002	125
Dia 11	Quinta-feira, 7 de novembro de 2002	137
Dia 12	Sexta-feira, 8 de novembro de 2002	150

Dia 13	Sábado, 9 de novembro de 2002	160
Dia 14	Domingo, 10 de novembro de 2002	174
Dia 15	Segunda-feira, 11 de novembro de 2002	188
Dia 16	Terça-feira, 12 de novembro de 2002	203
Dia 17	Quarta-feira, 13 de novembro	216
Dia 18	Terça-feira, 10 de dezembro	229

Epílogo	243
A história deste livro	253
Notas	259
Bibliografia	279
Agradecimentos	287

Nota do autor

Este livro é baseado em documentos inéditos e entrevistas exclusivas com dezenas de indivíduos que participaram das relações entre o Brasil e os Estados Unidos durante a transição presidencial de 2002.

A lista de entrevistados inclui diplomatas, congressistas, ministros, banqueiros, marqueteiros, jornalistas, acadêmicos, colunistas, agentes de inteligência e assessores presidenciais, além de Lula, Fernando Henrique Cardoso e da conselheira de segurança nacional de George W. Bush, Condoleezza Rice.

Em minha busca por material, tentei ser o mais exaustivo possível, garimpando arquivos públicos e privados. Muita gente franqueou-me o acesso a seus cadernos de anotações, calendários e diários pessoais, além de atender meus telefonemas e sanar minhas dúvidas por e-mail.

Algumas entrevistas foram realizadas no âmbito do programa de história oral do Centro de Pesquisa e Documentação de História Contemporânea do Brasil da Fundação Getulio Vargas (Cpdoc/FGV). Sempre que isso ocorreu, elas foram gravadas ou filmadas.

No entanto, devido às controvérsias que caracterizam os eventos aqui relatados — e ao fato de muitas das personagens ainda estarem na ativa —, a maioria dos entrevistados pediu para falar em *off*, mantendo o anonimato. As notas e transcrições referentes a essas conversas permanecem sob minha guarda em arquivo pessoal.

Sempre que possível, recolhi diferentes relatos para reconstituir um mesmo episódio. Também busquei reconstruir diálogos. Quando o texto faz referência aos pensamentos e sentimentos das personagens, trata-se de informação obtida delas mesmas ou relatadas a mim por pessoas próximas a elas. Quando uma citação aparece entre aspas, mas sem referência ao fim do texto, significa que obtive a informação da própria pessoa que enunciou as palavras ou de alguém presente à conversa.

Por tratar de um período tão contemporâneo, o relato aqui oferecido é necessariamente parcial. Certamente há atores históricos relevantes que não entrevistei por descuido, por falta de tempo ou por ignorância (apenas duas pessoas rejeitaram meus pedidos de entrevista). Da mesma forma, haverá documentos importantes que não vi porque permanecem fechados ao público ou em mãos privadas.

A seguir, procuro oferecer a versão mais precisa à qual se pode ter acesso hoje em dia. Nos próximos anos, outros analistas e historiadores poderão trabalhar com mais papéis e depoimentos, desafiando minhas interpretações, preenchendo as lacunas que deixo e melhorando o conhecimento sobre o tema.

Siglas e abreviações usadas no livro

AFL-CIO — American Federation of Labor and Congress of Industrial Organizations.

AHMRE — Arquivo Histórico do Ministério das Relações Exteriores do Brasil (Brasília).

Alca — Área de Livre Comércio das Américas.

AmCon — Consulado dos Estados Unidos.

AmEmb — Embaixada dos Estados Unidos.

AN — Arquivo Nacional.

Ancine — Agência Nacional de Cinema.

ARB — Arquivo Rubens Barbosa, Cpdoc/FGV.

BC — Banco Central do Brasil.

Brasemb — Embaixada do Brasil.

Bric — Brasil, Rússia, Índia e China.

CIA — Central Intelligence Agency.

CPDOC — Centro de Pesquisa e Documentação de História Contemporânea do Brasil da Fundação Getulio Vargas.

CPI — Comissão Parlamentar de Inquérito.

CUT — Central Única dos Trabalhadores.

CREST — CIA Records Search Tool.

ELN — Exército de Libertação Nacional.

FARC — Forças Armadas Revolucionárias da Colômbia.

Febem — Fundação Estadual para o Bem-Estar do Menor do Estado de São Paulo.

FGV	Fundação Getulio Vargas.
FIESP	Federação das Indústrias do Estado de São Paulo.
FMI	Fundo Monetário Internacional.
GATT	Acordo Geral de Tarifas e Comércio.
LFL	Arquivo Luiz Felipe Lampreia, CPDOC/FGV.
MRE	Ministério das Relações Exteriores do Brasil.
MST	Movimento dos Trabalhadores Rurais Sem Terra.
NARA	National Archives Record Administration (Estados Unidos).
NSA	National Security Archives (Washington).
OEA	Organização dos Estados Americanos.
OMC	Organização Mundial do Comércio.
ONU	Organização das Nações Unidas.
OPAQ	Organização para a Proibição de Armas Químicas.
PDT	Partido Democrático Trabalhista.
PDVSA	Petróleos de Venezuela.
PMDB	Partido do Movimento Democrático Brasileiro.
PFL	Partido da Frente Liberal.
PIB	Produto Interno Bruto.
PL	Partido Liberal.
PPS	Partido Popular Socialista.
PSDB	Partido da Social Democracia Brasileira.
PT	Partido dos Trabalhadores.
PTB	Partido Trabalhista Brasileiro.
SecState	Secretário de Estado dos Estados Unidos.
SERE	Secretaria de Estado das Relações Exteriores do Brasil.
Sivam	Sistema de Vigilância da Amazônia.
TIAR	Tratado Interamericano de Assistência Recíproca.
TNP	Tratado de Não Proliferação Nuclear.
USP	Universidade de São Paulo.

Prólogo

Os termômetros em Washington marcavam –1º Celsius quando Luiz Inácio Lula da Silva pisou o Salão Oval da Casa Branca pela primeira vez. Era dezembro de 2002 e ainda faltavam vinte dias para a cerimônia da posse em Brasília, mas George W. Bush o esperava de pé com a pompa reservada a chefes de Estado.

Tudo naquele dia era incomum.

"Um governo esquerdista do PT e um governo conservador do Partido Republicano podem tornar-se uma combinação explosiva", alertou o *New York Times*.[1]

O protocolo dos Estados Unidos não prevê reuniões do presidente com lideranças estrangeiras antes da posse. Bush tampouco tinha o hábito de receber políticos de esquerda, muito menos se eles tivessem um histórico de denúncias contra a política externa americana, como era o caso de seu novo colega brasileiro.

Lula conhecia pouco dos Estados Unidos, e seu partido não tinha relações próximas com nenhum centro de poder norte-americano. Talvez por isso ele estivesse tão ansioso. Durante os últimos dias, ensaiara as respostas que daria às possíveis perguntas de Bush. Ajustara sua mensagem nos mínimos detalhes para evitar surpresas, treinando o conteúdo do que seria dito tanto quanto a linguagem corporal utilizada para dizê-lo.

"Eu era um recém-eleito indo para a Casa Branca", lembra Lula. "Era tudo novidade." Achava que o primeiro encontro com Bush, por força de sua simbologia, daria o tom ao início de seu governo.

Quando começaram a conversar, o petista e o republicano falaram pausadamente para dar tempo aos intérpretes. Medindo palavras num vaivém coreografado, enfatizaram gentileza e boa vontade.

"Senhor presidente", disse Bush logo de entrada, "nesta cidade há quem diga que uma pessoa como o senhor não pode fazer negócios com uma pessoa como eu. Hoje estamos reunidos aqui para mostrar-lhes que estão equivocadas".

A mensagem era simples, mas Lula a recebeu como uma bênção. Enquanto sorria para as câmeras, ele sabia que o colega americano estava se esforçando para ajudá-lo.

Quando se encontraram de novo seis meses depois, Lula e Bush presidiram a maior reunião de cúpula da história entre os dois países, e o relacionamento viveu seu período mais fértil.

AO ABRIR AS portas da Casa Branca para o colega recém-eleito, Bush tentava apaziguar os ânimos que tomavam conta da capital americana em relação ao Brasil.

O risco-país disparara dos 800 para 2.400 pontos. Uma agência de investimentos lançara um *Lulômetro* para medir a desconfiança do mercado, alimentando as apostas dos agentes financeiros contra a moeda brasileira.

Em Wall Street, ninguém sabia ao certo se Lula honraria os compromissos que vinha assumindo com os grandes bancos. O secretário do Tesouro dos Estados Unidos, Paul O'Neill, chegara a dizer que Lula precisava "mostrar que não é louco".[2]

Algo semelhante ocorria no Congresso dos Estados Unidos. A direita do Partido Republicano tinha ojeriza a Lula.

"Preocupa-nos saber", afirmava uma carta assinada por doze deputados norte-americanos, "que o sr. da Silva, em cooperação com o regime comunista de Fidel Castro, estabeleceu um grupo esquerdista, antiglobalização, chamado Fórum de São Paulo".[3]

Henry Hyde, o presidente da poderosa Comissão de Relações Exteriores da Câmara de Deputados dos Estados Unidos, adotou um tom ainda mais preocupante: "Há uma chance real de que Fidel Castro, Hugo Chávez e Lula da Silva possam constituir um eixo do mal nas Américas."[4]

Um periódico de extrema direita acusou a CIA de "negligência e perfídia" por ter permitido a ascensão de Lula. Um comentarista chamou a eleição do PT de "o maior fracasso da inteligência norte-americana desde o fim da Segunda Guerra". Se os Estados Unidos não forem duros com o novo presidente brasileiro, vaticinou, "George W. Bush terá perdido a América do Sul".[5]

O hiato de dois meses entre a eleição, em outubro de 2002, e a posse, em janeiro de 2003, tinha tudo para ser turbulento.

A transição precisava de guardiões.

O APOIO pessoal de Bush ao presidente eleito do PT demandou um cuidadoso trabalho de bastidores. Lula despachou José Dirceu para os Estados Unidos e acionou grupos de mídia e banqueiros brasileiros que tinham negócios com a família Bush. Disciplinou as mensagens de sua tropa e abriu um canal reservado com a embaixada americana em Brasília.

Lula não fez isso sozinho. Operando junto a ele estava o presidente brasileiro em função — Fernando Henrique Cardoso.

FHC enviou seu ministro chefe da Casa Civil, Pedro Parente, em missão à Casa Branca para avaliar o futuro governo petista. O presidente também instruiu seu ministro da Fazenda, Pedro Malan, a construir uma mensagem comum junto ao homem forte de Lula, Antônio Palocci. Eles fizeram uma dobradinha para dialogar com o Tesouro dos Estados Unidos, o Fundo Monetário Internacional e Wall Street.

Fernando Henrique ainda orientou Rubens Barbosa, seu embaixador nos Estados Unidos, a prestar todo o apoio a Lula. Em questão de poucas semanas, a embaixada brasileira em Washington tornou-se mensageira da oposição recém-eleita.

FHC não agiu por benevolência ou simpatia pessoal por Lula, mas puro cálculo político. A sobrevivência do real e do programa tucano de reformas sociais dependia da aceitação, nos mercados internacionais, de um governo brasileiro de esquerda. FHC apelou para os Estados Unidos em nome de Lula porque a economia se encontrava na berlinda, e uma transição instável poderia destroçar seu maior legado: a moeda estável.

FHC tinha um motivo adicional: durante seus oito anos no poder, sentira na pele quão difícil era lidar com os Estados Unidos.

Embora tivesse mais acesso à Casa Branca do que qualquer antecessor, FHC aprendera que havia pouco espaço para a cooperação efetiva entre os dois países. Depois de dois mandatos consecutivos, sua relação com os americanos encontrava-se esgarçada.

Durante a transição, a busca por apoio da Casa Branca fez a antiga rivalidade entre Lula e FHC amainar. Apesar de atritos recorrentes, petista e tucano coordenaram uma ofensiva diplomática comum para reverter a imagem negativa de Lula nos Estados Unidos.

Juntos, os presidentes operaram para controlar a reação internacional à ascensão da esquerda brasileira. Fizeram-no cientes de que o núcleo mais hostil ao PT nos Estados Unidos era a direita do Partido Republicano, cuja influência era tão poderosa no Congresso quanto na Casa Branca.

Os presidentes mantiveram controle pessoal da iniciativa, colocando homens de confiança no comando e impedindo que seus subordinados se engalfinhassem em conflitos dos quais os chefes poderiam sair perdendo.

Nada disso produziu paz entre PT e PSDB. A cooperação para destravar as resistências norte-americanas conviveu com as desavenças e tensões de sempre. A velha agenda de atritos chegou até mesmo a crescer, transformando a política externa brasileira em um dos principais campos de batalha entre os dois partidos.

No processo, contudo, os presidentes preservaram aquilo que era sua mensagem comum — a ideia de que, depois de tantas décadas, o Brasil era, finalmente, um país governável. Devido a esse novo ambiente, Bush precisava dar o benefício da dúvida ao PT.

Este livro revela que a iniciativa conjunta de Lula e FHC teve uma consequência inesperada: levou a diplomacia norte-americana a reexaminar seu relacionamento com o Brasil e elevá-lo ao status de "potência emergente" ainda em 2002, antes mesmo que a economia brasileira deslanchasse ou que a sigla Bric virasse moeda corrente.

Pela primeira vez, a Casa Branca espalhou mundo afora a mensagem segundo a qual o Brasil era importante demais para ser ignorado. Não se tratava apenas das dimensões territoriais do país, de sua economia, nem de sua população. O ponto era mais profundo: o Brasil emergente tinha condições inéditas de facilitar ou atrapalhar os interesses dos Estados Unidos no mundo.

A principal artífice do novo pensamento foi Condoleezza Rice, professora de Relações Internacionais da Universidade de Stanford e conselheira de segurança nacional do presidente Bush. Ela desenvolveu a tese após a vitória de Lula em outubro de 2002, enquanto sua equipe preparava o primeiro encontro do recém-eleito com o presidente Bush.

O raciocínio era assim: em temas como finanças, meio ambiente, combate à AIDS e à pobreza, comércio, proliferação nuclear e estabilidade da América do Sul, o Brasil poderia ser um parceiro útil ou um estorvo sério. De uma forma ou de outra, o país estava fadado a afetar em cheio a política externa norte-americana.

Essa lógica mudou a forma como o establishment norte-americano entendia o Brasil. Até então, a preocupação em Washington era se o Brasil abraçaria a concepção de mundo liberal ou não. Agora, o jogo era outro: todos sabiam que o Brasil adotaria um rumo próprio, sem seguir os Estados Unidos a reboque. O desafio era manter o diálogo mesmo assim. Para Rice, o maior risco era a Casa Branca ficar sem interlocução com o Palácio do Planalto.

Bush convenceu-se de imediato da necessidade de um canal de comunicação com Lula. Para ele, seu governo precisava disso porque a América do Sul fugia ao controle. Na Argentina, o povo derrubara quatro presidentes consecutivos com panelaços nas ruas. Na Venezuela, uma fracassada tentativa de golpe contra Hugo Chávez polarizara a sociedade ao ponto da ruptura. Na Bolívia, as eleições daquele ano quase deram vitória a Evo Morales, um líder indígena vinculado à economia cocalera.

A Casa Branca sabia que Lula era simpático a muitas dessas transformações. Lula poderia até mesmo discordar dos Estados Unidos em numerosas instâncias. Naquela conjuntura, porém, ele era o único chefe de Estado da região capacitado para dar a Bush aquilo que o presidente norte-americano mais precisava: diálogo de alto nível para entender a região, evitar equívocos e reduzir danos a baixo custo.

Em troca pela cooperação, Bush ofereceria a Lula acesso privilegiado e alguma deferência. A direita americana faria negócio com a esquerda brasileira, apesar das discordâncias e dos choques de interesse.

ESTE LIVRO narra a empreitada de Lula e FHC para aproximar o PT ao governo Bush durante a transição de 2002. Também conta os bastidores ainda desconhecidos do conflito vivido entre os tucanos e o governo dos Estados Unidos. O resultado é uma história da diplomacia sutil e das táticas políticas brutais de pessoas que atuaram em condições de incerteza, informação escassa, tempo exíguo, interesses contraditórios e a ambição de deixar uma marca na História. No processo, conduziram uma delicada passagem de poder em meio à transição política e social mais dramática do Brasil contemporâneo.

A história começa em 28 de outubro de 2002, com o primeiro telefonema de Bush a Lula, e prossegue durante dezessete dias consecutivos até 13 de novembro, data do convite americano para uma visita do petista à Casa Branca. O 18º, que encerra o livro, narra o encontro histórico de 10 de dezembro, quando os dois presidentes se reuniram no Salão Oval pela primeira vez.

Dia 1

Segunda-feira
28 de outubro de 2002

Lula passou a noite em claro. A mistura de alegria e ansiedade o impedira de pregar os olhos. Da janela do hotel onde se hospedava em São Paulo, ele ainda ouvia a multidão que celebrava do lado de fora. A vitória custara mais de duas décadas de trabalho. Ao completar 57 anos no dia da eleição, o resultado das urnas parecia um presente de aniversário.

"Uma onda vermelha toma conta do país", repetia a cobertura dos telejornais. Lula tivera 53 milhões de eleitores. Não se via comoção igual desde a morte de Tancredo Neves. Na história das democracias ocidentais, apenas Ronald Reagan conseguira mais votos.

No entanto, qualquer estranho que chegasse ao andar do hotel reservado ao presidente eleito sentiria certo anticlímax. Em vez de celebrar, os assessores continuavam no corre-corre, como se nada tivesse acontecido. Depois da maratona para vencer o segundo turno contra José Serra, eles precisavam transformar a coalizão eleitoral em aliança governista, repartindo milhares de cargos, fatiando o ministério e as autarquias do poder federal, e tomando as rédeas da máquina de governo em Brasília.

Eram apenas 10h e Lula já estava exausto. Mas embalado na disciplina adquirida durante os meses de campanha, seguiu o cronograma da jornada à risca. Nos próximos minutos, começaria a receber o chamado de chefes de governo estrangeiros.

O ritual dos telefonemas não era mera liturgia diplomática. Na prática, funcionava como mecanismo para transformar o recém-eleito em chefe de governo. E dava a Lula uma oportunidade de investir na química pessoal com seus futuros interlocutores. Se funcionasse, a simpatia poderia facilitar a política externa de seu governo.[1]

<hr />

ATÉ A VÉSPERA, ninguém tinha certeza de que Bush ligaria. Mesmo se ligasse, ninguém sabia quando o faria. O contato da Casa Branca, fosse imediato, seria visto como um gesto de apoio; uma longa demora, como mau presságio.

"Havia muita preocupação sobre o telefonema de Bush", lembra Donna Hrinak, embaixadora norte-americana no Brasil. "Ninguém duvidava de que Bush ligaria para Serra se ele ganhasse, mas ele ligaria para Lula? O sentimento em Washington era o de que Bush não ligaria imediatamente, ele esperaria."

Como Lula era o principal líder de esquerda do mundo naquele momento, não seria estranho se Bush, expoente da direita, o deixasse um tempo na geladeira. Além disso, Bush estava às vésperas da eleição legislativa, e seu cronograma de comícios era frenético.

"Vocês precisam ligar", dizia Hrinak à equipe da Casa Branca. "Liguem assim que possível porque isso vai significar muito aqui." A decisão final, contudo, cabia a Bush.

Na realidade, nem sempre o *timing* da ligação era friamente calculado pela Casa Branca. Bush levara três dias inteiros antes de ligar para o recém-eleito Álvaro Uribe da Colômbia, seu principal aliado na América do Sul, devido a problemas de agenda.

Bush sabia pouco a respeito de Lula. A imagem que tinha do petista não era melhor nem pior do que aquela desenvolvida pelo establishment norte-americano ao longo dos anos. Acima de tudo, era ambígua.

QUANDO LULA APARECEU em cena entre 1978 e 1979, as relações exteriores dos Estados Unidos atravessavam um momento péssimo.

Na América Latina, o governo norte-americano estava envolvido em conflitos sangrentos em El Salvador, Nicarágua, Honduras, Panamá, Guatemala e Granada.

Segunda-feira, 28 de outubro de 2002

No Irã, uma revolução havia derrubado o governo aliado a Washington. No Iraque, Saddam Hussein dera um golpe e, ao assumir as rédeas, suspendera relações com o Egito, um bom aliado dos norte-americanos na região.

Na África do Sul, o regime colonialista branco, que gozava de apoio dos Estados Unidos, enfrentara mobilizações e focos de luta armada. Na Indonésia, o regime amigo do general Suharto ficara na defensiva diante da pressão popular. No Afeganistão, o governo americano treinara um movimento de resistência que tinha como um dos líderes um homem chamado Osama Bin Laden. Na China, Deng Xiaoping havia iniciado reformas que transformariam seu país em competidor dos Estados Unidos.

No fim da década de 1970, a situação da economia americana não era melhor. Uma combinação de estagnação e inflação reduzira o crescimento e elevara o desemprego a seu ponto mais alto desde o fim da Segunda Guerra. O remédio aplicado pelas autoridades foi tão amargo que provocou algumas das maiores manifestações de rua da história do país.

COM APENAS 34 anos, Lula começou a contagiar a política brasileira na dianteira de uma onda de greves — 328 delas entre maio e dezembro de 1978. Nos comícios, de pé sobre uma mesa que servia de palco, ele lançava palavras de ordem que a multidão repetia aos gritos, sem megafone nem aparelho de som. A cada avanço dos manifestantes, o regime militar respondia com cassetetes e gás lacrimogêneo.

Em um país governado por senhores de uniforme, Lula se transformou em símbolo de denúncia ao autoritarismo.

Em Washington, ninguém sentiu medo ou apreensão. O governo dos Estados Unidos já abandonara sua política de apoio aos militares brasileiros. Entre diplomatas norte-americanos, Lula era visto como um homem audacioso que se permitia falar aquilo que ninguém mais tinha a coragem de dizer.

Segundo a CIA, tratava-se "mais de um político que de um líder trabalhista". Sua agenda era moderada: as greves não tinham vínculo com grupos armados nem com vertentes soviéticas, chinesas ou trotskistas. Lula era contrário às táticas de guerrilha e nunca confiara no movimento estudantil. O movimento sindical americano, anticomunista, gostava dele e o avalizava.[2]

A maioria dos observadores norte-americanos da época concordaria com o perfil de Lula publicado na edição brasileira da revista *Playboy*, em 1979. Referindo-se ao vinco na testa, ao olhar vago e à barba profética com uma brincadeira que enfatizava sua natureza benigna, afirmava tratar-se de um "aiatolula tropical".[3]

A grande dúvida daqueles que observavam o Brasil a partir da capital norte-americana era a respeito de como Lula resolveria a tensão entre as duas bandeiras que seu movimento empunhava ao mesmo tempo: socialismo e democracia.

"Eleições representam apenas uma parte de nosso objetivo de longo prazo, que é a construção de uma sociedade socialista", disse Lula em 1982. Seu discurso no Primeiro Encontro Nacional do PT, um ano antes, continha quinze referências à palavra "socialismo".

Em entrevista para a *Folha de S. Paulo*, no fim de 1985, ele afirmou que o partido tentaria alcançar o poder por meio de eleições, mas, caso isso não fosse possível: "Eu assumo a responsabilidade de dizer à classe trabalhadora que ela tem de procurar outra via."[4]

Lula não apoiou a eleição indireta de Tancredo Neves para a presidência e como deputado constituinte recusou-se a assinar a nova Constituição democrática de 1988. O PT defendeu o cancelamento da dívida externa, a nacionalização dos bancos e da riqueza mineral e uma reforma agrária que suspendesse a propriedade privada.

A campanha presidencial de 1989 contribuiu muito para consagrar a imagem de um Lula radical. Em uma visita aos Estados Unidos, prometeu a suspensão dos pagamentos da dívida externa com uma ameaça: "Ou dão os anéis, ou vão perder os dedos." O então candidato Fernando Collor denunciou que, se eleito, o PT confiscaria as cadernetas de poupança e até mesmo os quartos das casas da classe média para albergar os sem-teto. Um líder empresarial previu 800 mil empresários deixando o país.[5]

Mesmo depois de perder as eleições de 1989, Lula manteve essa mensagem intacta. Em junho de 1990, culpou o capitalismo por uma longa lista de males: escravização, crimes contra os direitos humanos, o genocídio de negros, as câmaras de tortura da ditadura brasileira e até mesmo os fornos de Hitler.[6]

Em 1993, o PT falou em "tensionar e esgarçar os limites da ordem existente". Condenou o "controle das classes dominantes sobre os modos de produção", e sua plataforma para a eleição de 1994 era antimonopólio, antilatifúndio e anti-imperialista.[7]

Só que, ao mesmo tempo, Lula construía pontes. Em março de 1993, pela primeira vez, teve um encontro privado com 25 banqueiros e industriais para mostrar que não era um agitador.

Nos Estados Unidos, muitos enxergavam o PT como uma força progressista, capaz de mobilizar a sociedade para acabar com o autoritarismo.

Afinal, o partido participava de todas as eleições, ajudava a domesticar grupos como o Movimento dos Trabalhadores Rurais Sem Terra (MST) e, na prática, não buscava revolucionar o sistema. Ao contrário, adaptava-se ao jogo democrático e, em poucos anos, virara um formidável competidor pelos votos do eleitor, seguindo sempre as regras do jogo.[8]

Segundo a perspectiva que passou a ser dominante entre os comentaristas americanos interessados em Brasil, o socialismo do PT era mais uma aspiração moral do que um programa político ou econômico: ninguém no partido tinha admiração a Stalin nem planos reais para estatizar os meios de produção. Em um hipotético governo petista, haveria conselhos de trabalhadores em cada fábrica. Mas a propriedade privada continuaria sendo a base do sistema. A melhor prova era a capacidade do partido de conquistar o apoio da classe média urbana.[9]

Essa imagem benigna ganhou força quando o PT se tornou o partido da ética, liderando a CPI contra a corrupção no governo Collor, que incriminou da ministra da Fazenda à primeira-dama. Na perspectiva dos setores da máquina governamental dos Estados Unidos que lidavam com o Brasil, Lula era uma promessa de superação do legado autoritário.

Segundo essa perspectiva, o PT estava longe de ameaçar a jovem democracia brasileira: ao contrário, era a encarnação do experimento democrático no país.

BASTA OLHAR QUALQUER ÁLBUM de fotos para perceber a transformação de Lula por volta de 1995. Com 50 anos de idade, ele abandonou o que lhe restava do tom desafiador. Após perder para FHC no primeiro turno das eleições de 1994 e sofrer uma derrota na disputa pelo controle de seu próprio partido, embarcou nas chamadas "Caravanas da Cidadania", que o levariam a conhecer mais do Brasil do que qualquer outro político.

O PT passou a aceitar o financiamento de grandes empreiteiras e, antes mesmo que Fernando Henrique iniciasse o processo de privatizações, prefeitos petistas como Antônio Palocci (Ribeirão Preto) e Luiz Eduardo Cheida (Londrina) venderam empresas municipais para a iniciativa privada.

Em 1997, Lula comprometeu-se com a estabilidade de preços, a responsabilidade fiscal e o cumprimento de contratos e obrigações. Deixou de lado a expressão "socialismo" para propor uma "revolução democrática".

As campanhas petistas para a prefeitura de São Paulo passaram a empregar cabos eleitorais pagos e uma equipe de marketing profissional, apresentando um "PT cor-de-rosa" diferente da tradição classista do partido.

Lula não precisou abandonar sua interpretação do mundo para dar essa guinada. Continuou denunciando o conluio das potências econômicas contra a emancipação de países como o Brasil e insistindo na visão de mundo segundo a qual as relações internacionais se organizam em torno ao embate entre Norte e Sul.

Lula pôde fazer isso porque, depois de também perder a eleição de 1998 para FHC, uma reviravolta no sistema internacional o beneficiou de forma inesperada.

Em novembro de 1999, durante um encontro da Organização Mundial do Comércio na cidade americana de Seattle, eclodiu um ciclo de manifestações como não se via em anos. O alvo era o "Consenso de Washington", um conjunto de princípios como liberalização comercial, corte de gastos públicos, privatizações e afrouxamento das regras com vistas a beneficiar o capital. Segundo os defensores desse consenso, o Sul devia adaptar-se às regras do jogo ou perder.

Os protestos inaugurados em Seattle não eram revolucionários nem marxistas. Não se tratava de eliminar o capitalismo, mas apenas de fazê-lo mais "humano" e "solidário". Os manifestantes estavam denunciando

Segunda-feira, 28 de outubro de 2002

as reformas liberais que Bill Clinton e Tony Blair tentaram empacotar sob a alcunha de uma suposta "Terceira Via". Também estavam criticando o tratamento técnico — e não político — da política econômica dos países.[10]

Denunciando Fernando Henrique como neoliberal e entreguista, Lula passou a atrair tanto a esquerda que sempre o apoiara como parte do eleitorado que antes o rechaçara. A crítica ao neoliberalismo vinda de fora deu-lhe fôlego junto a grupos nacionalistas. A partir de Seattle, a estrela de FHC minguou e a de Lula não parou de ascender.

No processo, Lula adotou um tom cada vez mais ufanista. Recuperou personagens como Getúlio Vargas e Juscelino Kubitschek, celebrando-os como grandes estadistas. Mais tarde, chegou a elogiar o general Ernesto Geisel, o chefe da ditadura militar que reprimira o movimento dos trabalhadores.

Gente do PMDB, do empresariado nacional e da burocracia estatal que não votava no PT somou-se a ele. Grandes capitães da indústria gostaram da promessa de restauração do repertório desenvolvimentista e passaram a apoiá-lo.

Essa guinada não fez Lula abandonar sua autoidentificação como homem de esquerda. Seu programa continuou centrado em noções de solidariedade e igualdade, rejeitando a primazia do mercado. E o PT manteve a imagem de probidade, transparência e combate ao clientelismo, apesar do aparecimento das primeiras denúncias de corrupção vinculadas ao uso de "caixa 2" na gestão de fundos de campanha.

No Departamento de Estado e na CIA ninguém tinha nada a temer.

DEPOIS DE SEATTLE, Lula também restaurou sua autoridade dentro do PT. Em parceria com José Dirceu, ele reorganizou o partido na crença de que uma esquerda moderada teria chances reais de chegar ao poder.

A reforma não foi produto de deliberação interna nem de construção de consenso, mas da vitória da facção de Lula sobre as outras. O processo de ajuste no discurso, na imagem e nas alianças do candidato aconteceu de repente, sem que os militantes do PT tivessem tempo ou chance de ajustar suas ideias tradicionais sobre política e economia.[11]

O marketing tomou a dianteira. Roupas, corte de cabelo e barba passaram a enfatizar uma imagem mais presidencial e bonachona, um "Lulinha Paz e Amor". O candidato afastou-se do MST, condenando invasões de terra e ocupações de prédios públicos. Qualquer possibilidade de ruptura com a ordem estabelecida foi posta de lado, sendo substituída por um tom moderadamente reformista.

"Quinze anos atrás", refletiu Lula à época, "uma parte da sociedade não votou no Fernando Henrique Cardoso porque ele era comunista e ateu. Nove anos depois, o elegeu presidente da República. Na medida em que a elite o adotou, acabou o preconceito". Assim como FHC antes dele, Lula trabalhou com afinco para ganhar o apoio da elite tradicional.[12]

Em junho de 2002, o candidato lançou uma "Carta ao Povo Brasileiro", por meio da qual se comprometeu publicamente com aquilo que já dissera aos banqueiros nacionais em encontros reservados: caso eleito, seu governo honraria dívidas, contratos e obrigações financeiras. O PT apropriaria as políticas econômicas de Fernando Henrique, como câmbio flutuante, superávit primário, metas de inflação e responsabilidade fiscal.

A inflexão confundiu a imprensa estrangeira.

Lula era o primeiro presidente oriundo da classe trabalhadora, e o primeiro a fazer da luta contra a pobreza sua principal bandeira, mas suas promessas eram muito similares às de FHC. O *Los Angeles Times* falava em um "antigo radical" e "ex-revolucionário". O *Washington Post* referia-se a um "esquerdista com um toque de livre-mercado".

AINDA ERA o fim da manhã quando a telefonista da Casa Branca ligou. Lula estava de terno, gravata e meias, mas sem sapatos.

Enquanto ele e seu intérprete se acomodavam para a conversa, a tensão no ar aumentou.

Lula estava agitado e nervoso. Tinha cansaço no corpo e um ar de preocupação no rosto. Segurava papel, caneta e uma cigarrilha. Mexia uma perna com impaciência.

Quando a ligação se completou, ouviu-se um chiado ao fundo porque Bush telefonava de sua cabine a bordo do *Air Force One*, o avião presidencial.

Segunda-feira, 28 de outubro de 2002

CASA BRANCA: *Air Force One*, presidente Lula na linha.

BUSH: Alô, senhor presidente eleito!

Bush gritava do outro lado da linha para se fazer ouvir. Ao perceber o tom animado de parabéns, Lula abriu um sorriso e deixou de franzir a testa.

LULA: Bom dia, presidente Bush!

BUSH: Parabéns pela grande vitória. O senhor conduziu uma campanha fantástica. Nós acompanhamos tudo de perto. Ficamos muito impressionados com sua capacidade para gerar essa grande maioria. Se o senhor estiver interessado em que eu o receba em Washington, a qualquer hora, estou ansioso para conhecê-lo.

LULA: Muito obrigado. Eu queria dizer [falha na comunicação]. Com relação ao convite, eu tenho o maior interesse de visitar os Estados Unidos. Amanhã eu tenho uma reunião com o presidente Fernando Henrique Cardoso e depois estarei à disposição para viajar.

De repente, Bush ficou mudo. Em São Paulo, todos se entreolharam com preocupação. O intérprete de Lula perguntou: "*Mr. President*, o senhor está na linha?"

BUSH: Sim, estou. Estou ouvindo. Estou lhe dando as boas-vindas.

LULA: Eu agradeço, e quero dizer ao presidente que vamos aperfeiçoar cada vez mais [chiado]...

BUSH: Senhor presidente eleito, eu quero parabenizá-lo de novo, como o senhor merece, e espero encontrá-lo. Muito obrigado pela conversa.

Lula não queria que a ligação terminasse assim. Tenso, levantou a mão como quem quer pedir a palavra.

INTÉRPRETE: *Mr. President*, um minuto, [Lula] quer lhe dar mais uma mensagem.

BUSH: OK, muito bem...

Lula: Presidente, espero que nos vejamos até o fim do ano. Temos muitas coisas a tratar.

Bush: Seria ótimo se pudéssemos fazê-lo.

Lula: Vamos fazer. Temos muito para falar.

Bush: OK, obrigado por atender minha ligação. De novo, parabéns.

Lula: Muito obrigado pelo telefonema, presidente.

Após alguns segundos de silêncio, ouviu-se o "click" da ligação encerrada, e todo mundo em São Paulo respirou aliviado.

"Você viu?", perguntou o intérprete, empolgado. "Ele te deu parabéns várias vezes." Marisa, a esposa, não se conteve: "Muito bem!", gritou, como se a conversa fosse um teste.

Lula relaxou, reclinou-se na poltrona, esticou as pernas, deu uma tragada na cigarrilha e sorriu.

Ele passara no teste. Cada "parabéns" dado por Bush tinha valor político em si mesmo. Estava exultante.[13]

Lula não consultara ninguém no lado americano antes de dizer a Bush que queria encontrá-lo "até o fim do ano" — ou seja, antes da posse.

"Fazia parte de uma estratégia da quebra de preconceito que existia contra a minha eleição", diria ele anos depois. "Era importante conversar com os Estados Unidos para que eles tivessem clareza sobre o que eu pensava. Eu nunca gostei de que as pessoas falassem de mim sem me conhecer."

A equipe de Bush ficou surpresa com a ousadia. Dois dias antes, os conselheiros da Casa Branca haviam decidido fazer um convite ao petista para uma visita oficial, mas ela ocorreria depois da posse. Eles ficaram mais surpresos ainda quando o presidente americano aceitou a sugestão na hora e sem hesitar.

"Lula foi muito inteligente", pensou na hora John Maisto, o embaixador responsável pela América Latina na equipe do presidente americano. "Aquele foi um grande telefonema."

Segunda-feira, 28 de outubro de 2002

"Graças a Deus", pensou a embaixadora Donna Hrinak quando soube da notícia. "Vai facilitar muito a nossa vida."

BUSH TELEFONOU do *Air Force One* porque estava em plena campanha eleitoral. As pesquisas apontavam que as eleições legislativas dos próximos dias poderiam dar controle do Congresso ao Partido Democrata, seu opositor. O presidente estava rodando o país para impedir esse desfecho.

Mas essa não era a única preocupação do presidente norte-americano naquele dia.

Depois de falar com Lula, ele pousou para um comício em Alamogordo, no Novo México, onde enunciou seu ultimato pela primeira vez: se o Conselho de Segurança da ONU não autorizar uma intervenção no Iraque para desarmar o regime de Saddam Hussein, disse o presidente, "vamos liderar uma coalizão e desarmá-lo mesmo assim".

Informado da notícia em São Paulo, Lula brincou: "Agora vou arrumar uma guerra no Paraguai para ficar igual ao Bush."[14]

O presidente eleito estava de bom humor e podia dar-se ao luxo da piada. Mas a máquina de guerra norte-americana entrar em movimento na mesma hora em que o Brasil virava à esquerda poderia ser um desastre para o governo petista que estava prestes a começar.

Dia 2

Terça-feira
29 de outubro de 2002

Lula pousou em Brasília às 10h50. Era a primeira vez que recebia tratamento de chefe de Estado.

Aguardavam-no na base aérea uma fila de sete carros blindados, quatro furgões da Polícia Federal e dezessete homens armados do Comando de Operações Táticas. Ao descer do jatinho em que viajava, precisaria caminhar menos de dez metros até o hangar, mas um funcionário o esperava com o guarda-chuva aberto para protegê-lo da leve garoa que caía.

Quando o comboio iniciou o deslocamento, o carro blindado de Lula estava rodeado de batedores em motocicleta e uma ambulância de apoio. No ar, a escolta incluía um helicóptero da Polícia Federal e outro da Polícia Rodoviária Federal em baixa altitude.

Era cheio de simbologia aquele curto trajeto até o Palácio do Planalto, onde Fernando Henrique Cardoso esperava o recém-eleito para seu primeiro encontro após as eleições.

A reunião entre o tucano e o petista era histórica. Juntos, eles haviam dominado a cena política nacional durante anos, transformando-se nos maiores rivais um do outro. A passagem de poder prometia chacoalhar a vida pública no país, abrindo uma era de transformações.

No palácio, Lula e FHC conversaram a sós por 55 minutos. Em seguida, chamaram seus auxiliares para mais uma hora de conversa coletiva. Depois da hostilidade dos meses de campanha, cabia a eles mostrar união diante das câmaras de televisão. Trocaram elogios e sorrisos sem cessar.

Terça-feira, 29 de outubro de 2002

Ninguém sabia que, nos bastidores, suas respectivas equipes estavam costurando uma fórmula conjunta para lidar com o governo de George W. Bush durante os dois meses da transição que acabavam de começar.

***

QUANDO BUSH IRROMPEU na cena política americana, muitos o viam como um caipira. Falava mal e era dado a expressões chulas. Seu uso da gramática era tão ruim que alguns comentaristas lhe atribuíam dislexia. Como estudante, não tirara boas notas e, como adulto, nunca conseguira manter o mesmo emprego durante muito tempo. Saíra poucas vezes dos Estados Unidos e seu interesse pelo que ocorria fora das fronteiras do Texas era mínimo.

"Esse negócio de política externa é um pouco frustrante", confessou uma vez.[1]

Só que ele estava longe de ser um homem do povo. Não era simples nem ignorante. Nem sequer era originário do Texas.

Bush nasceu na rica New Haven em uma família de longa linhagem política. Foi educado em três das instituições acadêmicas mais prestigiadas do mundo — Andover, Yale e Harvard. Seu avô foi senador. Seu pai, diretor da CIA, embaixador na ONU e na China, vice-presidente de Ronald Reagan por oito anos e presidente durante quatro.

Bush respirou política desde criança. Sua chegada à Casa Branca em 2001 nada teve de acidental. Ao contrário, foi o coroamento de anos de trabalho duro, muita disciplina e esperteza.

Sua estratégia para chegar ao poder foi brilhante. Abandonando o nordeste elitista do pai, ele fez do Texas, no sul, a base de sua projeção, elegendo-se governador em 1994. De lá, virou porta-voz de influentes denominações episcopais, metodistas, presbiterianas e batistas, uma força nova na política americana da época.

Para Bush, que superara uma história pessoal de alcoolismo por meio da conversão à fé, a religião virou uma potente arma eleitoral: na corrida pela presidência, arrebanhou nada menos que 84% dos votos evangélicos. Ao tomar posse, incluiu dez referências religiosas em um discurso de apenas quinze minutos.[2]

Ele também apelou para cidadãos de origem latino-americana, uma parcela da população que votava em candidatos democratas. Pronunciando discursos em espanhol, Bush prometeu reformar a política de imigração, compromisso que lhe rendeu 30% do voto latino, algo antes impensável para um candidato de seu partido.

O público americano em geral gostava dele. A cada crítica da imprensa sobre sua suposta falta de refino, a simpatia da opinião pública aumentava. A imagem de caubói e a roupa amassada o diferenciavam da empáfia típica do resto da classe política. Seu humor autodepreciativo também.

"Para aqueles de vocês que tiraram as melhores notas", disse a uma turma de universitários, "eu dou meus parabéns". E arrematou: "Para os outros, só digo que vocês, assim como eu, também podem ser presidentes dos Estados Unidos."

A ELEIÇÃO DE Bush para a presidência no ano 2000 foi um escândalo. No intricado sistema eleitoral americano, a escolha ocorre em duas etapas: além dos votos da população, o candidato precisa obter maioria nos colégios eleitorais de cada estado federado.

Bush obteve mais votos de colégios eleitorais que o candidato do Partido Democrata, Al Gore, mas não o número suficiente para alcançar a vitória. Na eleição popular, Bush perdeu para Al Gore, que recebeu meio milhão de votos a mais.

De acordo com as regras do jogo, isso dava vitória a Bush. Seus opositores podiam reclamar, mas havia precedente histórico: nas eleições presidenciais de 1824, 1876 e 1888, o candidato com mais colégios eleitorais perdera no voto popular, mas mesmo assim assumira a Casa Branca.

Em 2000, contudo, denúncias de irregularidades na contagem de votos no estado da Flórida paralisaram a eleição. O governador da Flórida era Jeb Bush, irmão do candidato.

A paralisia do sistema político foi total. Um mês depois do pleito, o país ainda não sabia quem era o presidenciável vitorioso. E quando as autoridades da Flórida finalmente ordenaram a recontagem dos votos, a Corte Suprema dos Estados Unidos interveio, dando vitória a Bush.

O resultado não foi decidido nas urnas, mas na justiça.

Por isso, em seguida à posse em janeiro de 2001, todos previram uma presidência Bush fraca e sem legitimidade. Jornais e revistas alertaram para os riscos de uma diplomacia sem vigor nas mãos de um presidente sem força política própria.

Talvez por isso, ninguém se surpreendeu quando a Casa Branca anunciou a equipe de política externa. Era gente que Bush conhecia desde a presidência do pai dez anos antes e com a qual tinha bom relacionamento pessoal: Dick Cheney, Donald Rumsfeld, Colin Powell, Condoleezza Rice, Paul Wolfowitz, Richard Armitage, Richard Perle e Robert Zoellick.

Além dos laços de longa data com a família do presidente, o grupo havia assistido de perto à mais profunda transformação da política internacional de uma geração: a implosão pacífica do império soviético em seguida à queda do Muro de Berlim, em 1989.

Naquela época, a equipe argumentara que os Estados Unidos tinham uma oportunidade histórica para fundar uma "nova ordem mundial". Era hora de "liderar um mundo unipolar, ditando as regras sem sentir vergonha".[3]

A estratégia visava à promoção da democracia e da economia de mercado: ideias que ganharam influência a ponto de conquistar adeptos em todo o planeta.

A influência desses princípios foi tamanha que o democrata Bill Clinton a manteve mesmo depois de derrotar o pai de Bush nas urnas e assumir a presidência em 1993.

O que veio a seguir foi uma expansão avassaladora do poder americano na Europa, no Oriente Médio, na África e na América Latina. Os Estados Unidos conseguiram até mesmo atrair a China para sua órbita, fazendo-a aceitar regras elaboradas em Washington.

A implementação dessa política envolveu boa dose de violência física. Em seus oito anos de mandato, Clinton utilizou as forças armadas 21 vezes.

Ainda houve boa dose de violência simbólica: a secretária de Estado Madeleine Albright referia-se aos Estados Unidos como a "nação indispensável". Al Gore, vice de Clinton, chamava seu país de "líder natural", capaz de dar a outras nações do mundo um "roteiro que vai ajudá-los a ser cada vez mais como nós".[4]

"Nossa nação tem responsabilidades únicas por preservar e defender a paz e a liberdade em todo o globo", dizia Clinton, outorgando-se o título de guardião mundial dos direitos humanos, da democracia e do livre-comércio.[5]

Tudo isso foi feito a um custo relativamente baixo para os Estados Unidos. O gasto de defesa manteve-se em menos de 5% do Produto Interno Bruto e as sucessivas intervenções militares daqueles anos no Haiti, na Somália, na Bósnia e em Kosovo custaram cinquenta vidas americanas, um número ínfimo quando comparado às guerras do passado ou ao volume de vítimas nos países em questão.

Pela primeira vez, uma grande potência projetava influência no mundo inteiro sem precisar de altos investimentos.

Empossado em janeiro de 2001, o governo Bush deu seguimento à mesma estratégia de seus dois antecessores. A diferença era de estilo. Na opinião do presidente, seu pai fora cauteloso a ponto de perder a reeleição. Clinton fora atrapalhado, inseguro e irresoluto. Ele estava determinado a não cometer os mesmos erros.

A Casa Branca adotou um tom mais nacionalista e assertivo do que os governos anteriores. Bush anunciou que seu governo não aprovaria o Protocolo de Kyoto sobre mudança do clima nem ratificaria o Tribunal Penal Internacional para julgar crimes contra a humanidade, causas apoiadas nominalmente por Clinton. Tampouco proibiria as armas biológicas. Anunciou ainda sua intenção de abandonar o Tratado de Mísseis Antibalísticos, que durante trinta anos regulara a competição nuclear com a Rússia.

Esses gestos não eram uma rejeição do direito internacional, mas algo mais profundo: o uso do direito internacional para criar provisões excepcionais favoráveis aos Estados Unidos.

Esses eram os fundamentos da política externa americana quando as Torres Gêmeas ruíram nos ataques de 11 de setembro de 2001, matando quase 3 mil pessoas. As cenas de pessoas saltando no vazio espalharam pânico por todo o país, e Bush não foi exceção. Cinco minutos depois de um Boeing 757 explodir contra o Pentágono, ele telefonou para o vice-presidente Dick Cheney e lhe disse: "Estamos em guerra."

Terça-feira, 29 de outubro de 2002

"Alguém vai pagar por tudo isso", disse aos assessores depois de desligar o telefone. O comportamento americano no mundo estava prestes a se radicalizar.[6]

No discurso que fez à nação naquela mesma noite, Bush garantiu: "Não faremos nenhuma distinção entre aqueles que planejaram estes atos e aqueles que lhes dão guarida."

No entanto, a mensagem mais importante do dia não foi aquela dada ao público, mas a que ele articulou perante seu Conselho de Segurança Nacional horas mais tarde: "Isto é uma grande oportunidade. Temos de pensar nisto como uma grande oportunidade."[7]

O mundo cerrou fileiras em apoio inquestionável. Para líderes em todo o planeta, não se tratava apenas de um ataque contra os Estados Unidos, mas de uma agressão à civilização.

Uma semana depois, quando Bush anunciou que "na guerra ao terror [...] não há regras", chefes de governo do mundo inteiro receberam a mensagem em silêncio solene.[8]

O Congresso americano concedeu ao presidente autoridade para "utilizar toda a força necessária".

Dentro da Casa Branca, todos sabiam o significado disso. Como Bush confidenciou ao rei Abdullah da Jordânia: "Logo mais teremos de começar a mostrar alguns crânios."[9]

Os atentados de 11 de setembro transformaram Bush em presidente guerreiro. Seus gestos, comentários e decisões a partir daquele momento passaram a ser os de um comandante em chefe a cargo de uma gigantesca mobilização militar.

A imagem do homem pouco afeito aos problemas internacionais foi posta de lado pela máquina de propaganda da Casa Branca.

Para isso, Bush utilizou sua rica experiência religiosa. "Esta será uma luta monumental entre o Bem e o Mal", disse. "Mas o Bem vencerá." Meses depois, começou a qualificar sua guerra como "cruzada".[10]

A resposta aos ataques terroristas teve amplo apoio popular. Nas pesquisas, a imagem positiva do presidente passou de 55% um dia antes dos atentados para uma faixa entre 84% e 90% um mês depois.[11]

A MILITARIZAÇÃO da política externa de Bush coincidiu com a ascensão de Lula nas pesquisas de intenção de voto. Em janeiro de 2002, a Casa Branca cunhou a expressão "eixo do mal" para referir-se a Irã, Iraque e Coreia do Norte. Em setembro, publicou uma doutrina de "ataques preventivos". Em outubro, obteve poderes adicionais do Senado para mobilizar as forças armadas contra o inimigo.[12]

Quando os eleitores brasileiros levaram Lula à presidência, mais da metade da população americana estava convencida do envolvimento pessoal de Saddam Hussein nos ataques de Bin Laden, apesar da falta de evidências. A maioria acreditava que o Iraque estava construindo armas atômicas ou poderia fazê-lo no futuro próximo, e que os inspetores da ONU estavam sendo enganados pelo ditador de Bagdá.

No momento em que a transição brasileira começava, Bush era o maior detentor de autoridade no sistema internacional. Suas possibilidades não pareciam ter limite. Para os críticos, os Estados Unidos estavam se transformando em um império que não ousava dizer seu nome.[13]

"O PRESIDENTE BUSH vai encontrar o presidente [Lula] da Silva antes de ele assumir?", indagou um jornalista ao secretário de Imprensa da Casa Branca por volta das onze horas da manhã.

"Será necessário achar uma data viável", respondeu o funcionário com vagueza.[14]

O Brasil não figurava na agenda daqueles dias. Tampouco aparecia nos papéis oficiais do governo americano. O principal documento de política externa da campanha de Bush em 2000 nem sequer mencionara o país. A Doutrina de Segurança Nacional de setembro de 2002 não o incluíra entre "aliados" nem "grandes potências", onde figuravam Rússia, Índia e China.[15]

O governo Bush não tinha motivos para concentrar sua atenção no Brasil. O país era distante, não estava entre os principais centros econômicos do planeta nem era aliado em assuntos de segurança internacional.

A relação diplomática era distante. Durante os dois encontros pessoais que Bush mantivera com Fernando Henrique, a conversa fora artificial e improdutiva. FHC não facilitava as coisas ao adotar um tom cada vez mais crítico aos Estados Unidos.

Terça-feira, 29 de outubro de 2002

"A barbárie não é somente a covardia do terrorismo", afirmara o tucano um mês depois de 11 de setembro, "mas também a intolerância ou a imposição de políticas unilaterais em escala planetária". Ao lerem o discurso na imprensa, os diplomatas americanos responsáveis por lidar com Brasília ficaram furiosos.[16]

Na Casa Branca, ninguém esperava que Lula fosse facilitar a conversa com os Estados Unidos, ao contrário. Nada na experiência pregressa de Bush e sua equipe os predispunha a querer muita proximidade com o presidente eleito do Brasil.

O gesto simpático ao telefone no dia anterior não fizera parte de um grande plano. Antes era uma reação defensiva: Wall Street estava assustada e gente do Partido Republicano começara a protestar contra o PT. Melhor um gesto simpático da Casa Branca antes que o bochicho a respeito do Brasil fugisse ao controle, precipitando outros problemas na América Latina. Bush já tinha uma agenda pesada demais com a qual se preocupar.

Em Brasília, Lula e FHC encerraram seu primeiro encontro caminhando lentamente até o cordão que os separava da imprensa para uma rápida coletiva conjunta. Dando respostas breves às perguntas dos jornalistas, trataram-se com gentileza e esbanjaram sorrisos perante as câmeras. Quando alguém gritou "Lula!!", tentando chamar a atenção do recém-eleito, Fernando Henrique voltou-se para a pessoa, corrigindo-a: "Agora, é Presidente Lula."

Depois de oito anos na Presidência da República, o tucano estava convencido de que a cordialidade era uma condição necessária para o êxito da transição.[17]

Na saída do palácio, a escolta de Lula iniciou a caminhada até o carro oficial, mas foi pega de surpresa quando o presidente eleito quebrou o protocolo. Lula avançou até as centenas de pessoas que queriam tocá-lo, num ritual de abraços, beijos e cumprimentos que logo seria batizado de "banho de povo". Por pouco, ele não caiu no espelho-d'água do Planalto. Enquanto um membro da escolta o segurava pelo braço, os jornais do dia capturaram a imagem do maior cartaz empunhado pelo grupo que havia se reunido para recebê-lo: "SEJA BEM-VINDO MEU REI A SEU PALÁCIO".

Dia 3

Quarta-feira
30 de outubro de 2002

Lula amanheceu em São Paulo e foi trabalhar cedo. O ritmo do comitê de campanha do PT era frenético. Os telefones não paravam de tocar, as secretárias e os assessores se falavam aos gritos nos corredores, enquanto andavam a passo acelerado de um lado para outro.

Em cada canto do prédio, grupos de três ou quatro petistas graúdos cochichavam em voz baixa. Contavam piadas, faziam apostas sobre o futuro ministério e se abraçavam com força.

Como Lula decidira despachar ali durante todo o dia, formara-se uma fila para vê-lo. Políticos aliados vinham em busca de dividendos. Velhos inimigos queriam aproximação. O presidente da Central Única dos Trabalhadores aguardava de pé junto a um pequeno exército de sindicalistas. E o cantor sertanejo Zezé di Camargo esperava sua vez.

A principal visita do dia, porém, era Donna Hrinak, a embaixadora norte-americana no Brasil.

"Quero trabalhar com os Estados Unidos", disse Lula assim que a embaixadora tomou assento. Fazia questão de recebê-la sozinho, sem assessores nem colegas do partido, um gesto raro de atenção.

Aos 51 anos, Hrinak era jovem para o cargo que ocupava. Falava rápido, fazia piadas e tinha uma risada contagiante, mas seu estilo era firme e direto, lembrando o de uma executiva do setor privado. Endurecida depois de anos de luta na complexa burocracia diplomática norte-americana, fora a primeira mulher no comando de uma embaixada dos Estados Unidos na América Latina.

"Nós queremos trabalhar com seu governo também", disse ela com seu português fluente. E tomou a dianteira da conversa.

"O início de seu relacionamento com o presidente Bush será como uma dança delicada", disse Hrinak. "Cada um vai esperar para ver os passos do outro antes de avançar."

"O casal nem sempre concordará", notou, "daí a importância de manter a comunicação sempre fluida".

Ela estava fazendo diplomacia preventiva: com trinta anos de experiência no turbilhão de Washington, sabia que qualquer passo em falso poderia estragar as chances de um bom relacionamento entre Lula e Bush antes mesmo do primeiro encontro pessoal.

Naquele mesmo dia, um editorial do *Washington Post* dificultava a situação ainda mais: "Há risco de uma década de reformas ser desfeita pelo tradicional populismo, contrário ao livre-comércio, do Sr. [Lula] da Silva e de seu Partido dos Trabalhadores."[1]

No Comitê do PT em São Paulo, Hrinak estava trabalhando para evitar que Lula revidasse, gerando fricção desnecessária com a Casa Branca.

"O senhor não deve se pautar pela imprensa americana", disse Hrinak a Lula. "Bush é muito mais otimista a respeito do seu governo do que os jornais." E, em tom de alerta, concluiu: "O importante é evitar surpresas negativas."[2]

Fora amigos e colaboradores mais íntimos, ninguém falava com o presidente eleito nesses termos. Ele entendeu a mensagem.

"Não haverá surpresas", explicou o novo presidente, "meu governo não será ideológico". Lula garantiu que pretendia jogar duro em negociações comerciais como a Alca (Área de Livre Comércio das Américas), mas que o PT honraria todos os compromissos assumidos pelos tucanos. E acrescentou: "Eu tenho uma excelente relação com o presidente Fernando Henrique Cardoso."

Lula foi além. Confessou seu apreço por Paul Volcker, inimigo número um da esquerda latino-americana. No comando do banco central dos Estados Unidos na década de 1980, Volcker fora responsável pela política

Quarta-feira, 30 de outubro de 2002

monetária que afundou o Brasil e seus vizinhos na chamada "década perdida".

Ao ouvir a frase, Hrinak arqueou as sobrancelhas em uma expressão de surpresa. Lula explicou:

"Depois de deixar o governo, Volcker não saiu à caça de posições lucrativas no setor privado, nem usou contatos no governo para obter ganhos pessoais." Olhando a embaixadora nos olhos, ele acrescentou: "Espero o mesmo de meus ministros."

O presidente eleito não parou por aí.

"Sou grande admirador de Franklin Roosevelt, John Kennedy e Lyndon Johnson, sabe?", referindo-se a três patronos de políticas de bem-estar social e direitos civis do Partido Democrata.

"Já cheguei até a usar trechos de um discurso do Johnson sobre a pobreza em encontros do PT, sem dizer que aquilo vinha de um presidente americano", confidenciou, em tom de brincadeira.

Lula queria mostrar a Hrinak que estava comprometido em manter boas relações com Bush.

"Muitos jornalistas fazem perguntas sobre minha relação com Fidel Castro", disse, "mas as pessoas não deveriam confundir nossa admiração de juventude pela revolução cubana com nossa posição sobre o regime cubano atual". E garantiu: "Eu defendo a liberdade política e econômica para todos os povos, e hoje em Cuba não há liberdade."

Lula encerrou a conversa falando do Iraque. Era um tema no qual ele não queria nem podia defender a agenda de Bush, então escolheu as palavras com cuidado, usando a fórmula que seus assessores desenvolveram depois de muita discussão.

"A postura belicista é negativa", raciocinou em voz alta o presidente eleito. "Uma intervenção no Iraque somente será legítima se contar com aprovação das Nações Unidas." E acrescentou em tom de confidência: "Vocês são a peça central do sistema, entende? Se vocês abandonam as Nações Unidas, todo mundo fica inseguro. Não é bom pra ninguém."

Encerrada a conversa, Hrinak desejou boa sorte no início da gestão.

"Estou preparado", respondeu Lula ao se despedir.

Fora do QG, um batalhão de jornalistas queria saber o conteúdo da conversa, que durara mais de uma hora.

"Somos parceiros essenciais do Brasil, e o Brasil é nosso parceiro essencial", declarou a embaixadora sem dar mais detalhes.

"E estamos falando de uma possibilidade de o presidente eleito ir aos Estados Unidos nos próximos meses", acrescentou, sem dizer quando isso aconteceria. Ninguém nas equipes de Lula ou Bush sabia.[3]

QUANDO HRINAK ASSUMIU a embaixada americana no Brasil, em abril de 2002, o posto estava vago havia mais de um ano. Sua chegada causou boa impressão desde o início. No domínio da língua, distribuiu simpatia.

"Não sou brasileira nesta vida", repetia, "mas poderia ter sido em uma vida passada".

Durante a campanha presidencial daquele ano, Hrinak procurou conversar com todos os candidatos. Esteve com José Serra, Ciro Gomes e Lula. Garotinho não quis recebê-la.

Hrinak nutria simpatia pessoal por Lula. Filha de um metalúrgico de Pittsburgh e de uma mãe que não completou o ensino médio, ela cresceu em um ambiente de lutas trabalhistas. Depois de sua travessia até o comando de uma embaixada dos Estados Unidos na América Latina, ela entendia de ascensão social.

Também sabia alguma coisa de Brasil. Na década de 1980, fora vice-cônsul americana em São Paulo, relacionando-se com a comunidade de direitos humanos, a Igreja Católica, o movimento sindical e dois jovens políticos que acabavam de despontar na cena nacional, Lula e FHC. Ela também conhecera José Dirceu, que a presenteara com um chaveiro com as inscrições "Vote em José Dirceu", que ela guardou como recordação durante anos.

Hrinak deixara seu posto no país em 1987, somente voltando quinze anos depois, em 2002, como embaixadora. Assim que chegou a Brasília, procurou Dirceu, agora presidente do PT e principal operador da campanha petista.

"Convença-me de que vocês mudaram", pediu ela no primeiro encontro. Dirceu a convenceu, transformando a imagem da embaixadora a respeito de Lula.

"Zé Dirceu conversava muito com a Donna", lembra Lula. "Foi um papel importante porque nosso objetivo concreto era tentar disseminar entre os atores — e os Estados Unidos era o principal deles — uma política de recuperação da confiança no Brasil."

Hrinak viu em Dirceu o homem-chave da relação do governo do PT com os Estados Unidos e trabalhou para convencer seus superiores disso.

"Todos esperam que Dirceu, em vez de Lula, tome as decisões difíceis e coordene a política do governo", informava a embaixadora em um telegrama. "Todos os nossos interlocutores têm muita fé na capacidade de Dirceu de tomar decisões duras, mas responsáveis, equilibrando as necessidades econômicas e as outras pressões."[4]

Quando Lula começou a crescer nas pesquisas, a embaixadora fez tudo o que pôde para deixar claro a todos que o governo norte-americano encarava uma possível vitória do PT com naturalidade.

"Nós não temos medo de Lula", disse em uma entrevista. Diante da expressão de surpresa do jornalista que a entrevistava, ela reagiu com uma frase acompanhada de um sorriso de orelha a orelha: "Ele encarna o sonho americano."[5]

A expressão espalhou-se como fogo. Que um representante do governo norte-americano falasse nesses termos da esquerda brasileira era inédito. Para muitos, era prova cabal de que o PT mudara.

Lula ficou agradecido. Quando a encontrou pessoalmente, foi logo dizendo: "Eu quero falar com você porque sei que você não tem medo da gente."

No Congresso dos Estados Unidos e no Departamento de Estado, porém, a notícia caiu muito mal. Uma coisa era prometer boas intenções a todos os candidatos na disputa pelo Planalto. Outra era vincular a história pessoal de Lula aos anseios históricos do povo americano.

Um congressista republicano reclamou junto ao chefe de Hrinak, o secretário de Estado adjunto para Assuntos Hemisféricos Otto Reich. Irritado, ele pediu a um intermediário para disciplinar a diplomata.

"Não diga mais nada de bom sobre Lula", foi o recado informal que a embaixadora recebeu.

Só que a tensão entre Hrinak e Reich vinha de longa data, e ela não estava pronta para abandonar sua linha de ação. Ainda durante a campanha, a embaixadora iniciou uma série de telegramas nos quais caracterizava Lula como um político confiável. Se eleito, não quebraria as regras do jogo nem poria a estabilidade macroeconômica em risco. Ao menos não o faria por vontade própria. Segundo ela, um governo do PT comandado por Lula e Dirceu não representava ameaça alguma aos interesses norte-americanos. Ao contrário, era prova do vigor da democracia brasileira.

REICH NASCEU EM CUBA, mas emigrou para os Estados Unidos aos 14 anos. Adotou a nacionalidade americana, serviu no Exército e trabalhou no Partido Republicano. Na década de 1980, participou da insurgência contra o governo sandinista na Nicarágua. Em seguida, virou lobista de grandes empresas e ajudou a redigir a Lei Helms-Burton, cujo objetivo era punir companhias estrangeiras que fizessem comércio com seu país de origem.[6]

Em janeiro de 2002, o presidente Bush levou Reich para o governo. O novo secretário definiu os desafios americanos na América Latina como sendo o regime castrista em Cuba, o grupo guerrilheiro Farc na Colômbia e o governo de Hugo Chávez na Venezuela, sem sequer mencionar o Brasil.

Atuando ao lado de Reich, estava Roger Noriega, embaixador de Bush junto à Organização dos Estados Americanos (OEA).

A influência da dupla era maior no Partido Republicano do que no próprio governo Bush ao qual serviam, mas suas ideias também reverberavam no Partido Democrata. Em todo o espectro ideológico americano enxergava-se a América Latina como um campo de batalha entre a democracia liberal e os movimentos de esquerda, como ocorrera durante a Guerra Fria.

Reich e Noriega interpretaram a ascensão de Lula como a instância mais recente de um velho problema: o risco de uma guinada à esquerda em toda a América do Sul.

Afinal, o novo ambiente regional era oposto ao da década de 1990, quando a direita emplacara Carlos Menem na Argentina, Carlos Salinas no México, Alberto Fujimori no Peru, Andrés Perez na Venezuela e Fernando Collor no Brasil.

Agora, o pêndulo ia em direção oposta, com Lucio Gutiérrez no Equador e Hugo Chávez na Venezuela. Evo Morales chegara perto na Bolívia. E Lula podia vencer as eleições no Brasil.

A vitória petista não seria o fim do mundo, claro. Reich e Noriega nunca haviam contado com o Brasil. Para eles, FHC era um homem de esquerda que se recusara a desmontar o arcabouço nacional-desenvolvimentista que herdara de seus antecessores. Em Washington, tinham pouca paciência para o governo tucano, e se irritavam todo o tempo com as posturas do Itamaraty de FHC. Lula apenas pioraria uma situação que já era ruim.

O sentimento era recíproco. No Itamaraty e no Planalto de Fernando Henrique, o sentimento geral a respeito de Reich e Noriega era de desprezo. Eles não entendiam nada de Brasil.

"O Departamento de Estado não estava equipado para tratar adequadamente da América Latina. Era controlado pela *máfia* cubana, mexicana, e não tinha ninguém que conhecesse o Brasil", lembra o embaixador brasileiro em Washington à época, Rubens Barbosa.

Segundo telegrama da embaixada brasileira nos Estados Unidos: "Não há nenhum diplomata [de alto escalão nos Estados Unidos] que tenha vivido no Brasil ou seja um 'expert' em Brasil." Se no Departamento de Estado faltava estratégia inteligente para a América do Sul como um todo, "quanto ao Brasil, então, nem pensar".[7]

A ojeriza compartilhada entre petistas e tucanos a respeito de Reich e Noriega criou as bases para que Lula e FHC trabalhassem juntos para impedir que a visão deles a respeito do Brasil influenciasse a Casa Branca.

A RELAÇÃO ENTRE Donna Hrinak e Otto Reich era péssima havia tempos. No início de 2002, ela era embaixadora em Caracas, e ele, seu superior em Washington, quando protestos de rua começaram a chacoalhar o governo de Hugo Chávez. A embaixadora recomendou calma e tato para lidar com a situação, mas Reich apressou-se a estabelecer canais diretos com a oposição a Chávez.

Hrinak deixou o posto, voltando aos Estados Unidos durante uns meses antes de assumir a embaixada em Brasília. Nesse ínterim, um grupo golpista que tinha acesso direto a Reich tirou Chávez do poder. Exultante,

Reich reconheceu o novo governo de imediato. Só que Chávez voltou para retomar o governo menos de 48 horas depois, colocando os golpistas para correr. A diplomacia americana levou um baque.

Ao ignorar as recomendações de Hrinak, Reich errara. Aproveitando sua cerimônia de nomeação para o cargo de embaixadora no Brasil, ela partiu para o ataque.

Diante do secretário de Estado Colin Powell, disse que os Estados Unidos haviam cometido muitos erros na América Latina.

"Precisamos manter a memória viva daqueles equívocos." Para ilustrar o ponto, Hrinak mencionou o apoio americano ao golpe do general Augusto Pinochet contra o governo de Salvador Allende no Chile, em 1973. Nas palavras de alguém que estava prestes a assumir a embaixada no Brasil, onde uma coalizão de centro-direita disputava a presidência com uma de centro-esquerda, a mensagem era claríssima. Ou pelo menos foi isso que Roger Noriega captou.

"A gente entendeu o que ela estava dizendo", lembra ele. "Basicamente: deixem o Brasil em paz."

O PT MANTINHA LAÇOS estreitos com partidos de esquerda em toda a América Latina e também em países como Alemanha, Suécia, Dinamarca, Portugal, Espanha e Itália. Mas não contava com nada similar nos Estados Unidos. Nem o PT nem Lula tinham acesso aos centros de opinião pública, pensamento ou governo daquele país. O contato limitava-se a um ou outro sindicato.

Por isso, Lula precisava de todo o apoio que pudesse obter para construir uma imagem favorável em Washington. Ainda durante a campanha, ele chegou a contemplar a possibilidade de visitar os Estados Unidos.

Três vezes marcou datas e começou os preparativos, mas desistiu de última hora. Além de ter uma agenda pesada de comícios por todo o Brasil, não queria chegar aos Estados Unidos como um suplicante. Tampouco tinha certeza de que obteria êxito se o fizesse. Afinal, mesmo uma mensagem bem talhada precisaria de canais eficientes para chegar a bom porto, e tais canais ainda não existiam.

Foi para construir pontes no governo americano que Lula enviou em missão José Dirceu.

Para os simpatizantes, Dirceu era o braço direito de Lula. Para os inimigos, um oportunista predisposto ao vale-tudo. Ambicioso, amealhara a imagem de impulsivo e temperamental.

Na realidade, Dirceu era muito focado. Possuía uma tenacidade que lhe dava energia sem igual. Somadas a uma enorme autoconfiança, essas características faziam dele um trator político.

A estratégia e o marketing da campanha tinham sua marca registrada. Mais que qualquer outro quadro petista, Dirceu seria responsável pela vitória.

Aos 58 anos, Dirceu tinha uma trajetória extraordinária. Como líder estudantil na São Paulo de 1968, terminou na prisão. No ano seguinte, foi liberado junto a outros quinze presos políticos em uma operação cinematográfica que envolveu a troca dos jovens pela libertação do embaixador americano Charles Elbrick, sequestrado e mantido em cativeiro. Anos mais tarde, diante de uma foto de Elbrick na embaixada dos Estados Unidos em Brasília, Dirceu diria a um interlocutor que o embaixador, ao ter virado moeda de troca, lhe salvara a vida.

Depois da prisão, Dirceu exilou-se em Cuba, onde passou seis anos até retornar clandestinamente ao Brasil. Esse período contribuiu definitivamente para a construção dos mitos em torno do personagem. Uns diziam que Dirceu recebera treinamento militar do regime cubano para trazer a revolução ao Brasil. Outros lembravam como, depois de plásticas no rosto e da adoção de uma falsa identidade, casara-se com uma mulher à qual não revelou nem sequer seu verdadeiro nome.

Essas histórias ajudaram a consagrar a crença geral de que, obcecado pela busca do poder, Dirceu operava nas sombras com destreza.

Encerrado o regime militar, Dirceu foi membro fundador do PT e uma das lideranças oposicionistas no movimento pelas "Diretas Já!". Como deputado constituinte, galgou posições dentro do partido, coordenando a campanha presidencial de Lula em 1989 e liderando a investigação parlamentar que levou à queda de Fernando Collor. Em 1994, depois de perder a eleição para o governo de São Paulo, elegeu-se presidente do PT.

Na chefia do partido, Dirceu lançou um programa reformista. Abriu canais com o empresariado nacional e com grandes banqueiros, conseguindo um crédito do Bradesco para o partido.

Seus opositores dentro do PT reagiram com denúncias segundo as quais sua campanha ao governo do estado de São Paulo teria recebido da construtora Odebrecht grandes doações. Até aquele momento, o tema era tabu para a militância petista.

Só que Dirceu se beneficiou dos problemas internos do partido. A legenda encontrava-se dividida entre facções competidoras: "Fiel ao PT das Origens", "Socialismo ou Barbárie", "Unidade na Luta", "Movimento na Luta", "Mensagem ao Partido" e "Coletivo Marxista". No auge da briga, não era claro que Lula seria capaz de se manter na liderança. À frente da chamada "Articulação", Dirceu foi ganhando terreno e reconstruindo a hegemonia do grupo de Lula.

Seu pragmatismo era evidente. Em 1998, ele forçou a legenda a aceitar uma aliança com Anthony Garotinho no Rio de Janeiro.

Em 1999, quando o PT quase aprovou uma moção em seu congresso com as palavras de ordem "Fora FHC", Dirceu ameaçou renunciar: se o partido fizesse isso, estaria comprando uma briga com o povo brasileiro, que acabara de reeleger o presidente em primeiro turno.

"Existem méritos no governo FHC", diria Dirceu no programa *Roda Viva*. "E Lula está determinado a modernizar o mercado de capitais. Uma nova aliança político-empresarial é necessária, um pacto."

"Precisamos recolocar o país no mundo", disse, "onde existe pequena margem de manobra". Repetindo uma mensagem comum entre os tucanos, arrematou: "Precisamos de tempo para pôr ordem em casa."[8]

DIRCEU PREPAROU sua viagem aos Estados Unidos, feita ainda durante a campanha, nos mínimos detalhes. Queria visitar lugares-chave em Washington e Nova York para convencer os interlocutores das intenções de Lula.

"O país estava desmanchando", lembra hoje ao falar da crise de confiança do mercado financeiro diante do crescimento de Lula nas pesquisas. "Nossa preocupação principal era que o Brasil vivesse uma situação como a Argentina."

Para viabilizar sua ida aos Estados Unidos, Dirceu mobilizou as elites tradicionais. Pediu apoio a Mario Garnero, dono do Brasilinvest, o mais pró-americano dos banqueiros do país. Era o único brasileiro com acesso direto à família Bush.

Dirceu ainda pediu ajuda a José Sarney, que o colocou em contato com Alain Belda, presidente da Alcoa, grande produtora de alumínio com operações no Maranhão. Belda circulava nas altas rodas das finanças em Nova York e da política em Washington, detendo uma valiosa rede de contatos.[9]

Antes de viajar, porém, Dirceu combinou o jogo com FHC. A campanha petista foi aos Estados Unidos em coordenação com o Planalto tucano.

DIRCEU POUSOU nos Estados Unidos em julho de 2002 sem falar nem entender inglês. Não conhecia quase ninguém.

Entretanto, em apenas quatro dias, teve encontros com bancos, empresas, agências de *rating*, a sociedade civil e o governo americano. Em Nova York, conversou com gente do JP Morgan, Citigroup, Morgan Stanley, Lehman Brothers, ABN AMRO, Bear Stearns, Alcoa e Moody's. Em Washington, visitou a central sindical americana AFL-CIO, o Banco Interamericano, o Departamento de Estado, o Tesouro, o Conselho Econômico Nacional e o Conselho de Segurança Nacional da Casa Branca.

Dirceu era o primeiro cacique petista na história do partido a abrir caminho nos Estados Unidos.

Ele insistia que um canal de comunicação com George W. Bush poderia fazer toda a diferença em um governo do PT porque tinha viva na memória a lição de 1998.

À época, a economia brasileira cambaleava, abrindo uma zona de risco para a reeleição de Fernando Henrique. O tucano se protegera da fragilidade apelando para Bill Clinton, a quem pediu apoio. Clinton concordou, e o Tesouro americano custeou um plano de resgate para o Brasil de bilhões de dólares apesar das reticências do FMI.

"Nós não ganhamos em 1998 por causa do socorro americano", achava Dirceu. "Foi uma decisão pessoal e política do Clinton." Agora, ele queria construir para Lula um espaço junto ao governo americano tal qual tivera FHC.

O raciocínio era claro: se o PT ganhasse as eleições e houvesse uma fuga de capitais, Lula teria de apelar para Bush. Se a direita americana lançasse ataques contra o governo brasileiro de esquerda, o único homem capaz de domá-la também seria Bush. De uma forma ou de outra, era necessário construir algum tipo de interlocução entre a campanha de Lula e a Casa Branca.

Por isso, ao chegar aos Estados Unidos em sua primeira missão diplomática, Dirceu não poupou símbolos. Fez visitas de cortesia ao Executivo. Apresentou-se a gente vinculada a Bush pai e ao vice-presidente Dick Cheney. E foi fotografado em *Ground Zero* onde, menos de um ano antes, haviam ruído as Torres Gêmeas.

O GOVERNO AMERICANO recebeu Dirceu com um pé atrás.

"Ninguém sabia exatamente o que Dirceu faria", lembra um funcionário do setor de inteligência. "A gente sabia que o Brasil era uma nação jovem e, por isso, muitas vezes atuaria como adolescente e seria imaturo. Mas havia gente jogando a bola na direção correta, e Dirceu provou ser essa pessoa."

Dirceu conseguiu isso devido à disciplina com que preparou a viagem a Washington. Depois dela, virou o ponto de referência do governo norte-americano para lidar com o Brasil.

"As pessoas em Washington aprenderam que quando falavam com Dirceu, estavam falando com Lula", lembra Donna Hrinak.

"Os americanos ficaram estupefatos, perplexos", diria o próprio Dirceu. "Não esperavam ouvir o que eu estava falando."

Dirceu também convenceu o embaixador brasileiro nos Estados Unidos, Rubens Barbosa, que até então duvidava do compromisso do PT com a estabilidade da moeda.

"Quem apostar contra a estabilidade econômica em um governo do PT vai perder dinheiro", começou a alertar o embaixador em suas palestras na capital americana.

A viagem foi exitosa porque Dirceu desarmou o centro de maior resistência ao PT, aquilo que chamava de "facção fascista antibrasileira". Era um conjunto de indivíduos oriundos do setor privado, ligados às comunidades hispano-americanas, com vínculos tanto no Partido Democrata como no Republicano. Para isso, pediu apoio a Bill Perry, um antigo quadro republicano.

Perry e Dirceu haviam feito contato social na década de 1990. Em 2002, o americano mobilizou sua tropa para convencer os republicanos a ouvirem o que Dirceu tinha a dizer.

"As comunidades diplomática e a de negócios estão cheias de gente inteligente", lembra Perry, "mas eles tinham interesse em manter o status quo com os tucanos e não tinham nenhum contato com o PT. O Partido Republicano estava acostumado a pensar que Lula era puro veneno".

Perry lembra das palavras que Dirceu repetia a todos os interlocutores: "Lula vai ganhar as eleições, e o PT não é um grupo de lunáticos irmanados com Fidel Castro e as Farc da Colômbia."

Perry também tentava convencer seus amigos. "Lula tem algo a provar", dizia. "Se ele quiser uma economia estável e próspera, se ele quiser ser reeleito, ele precisará de nós. Ele vai cooperar."

A mensagem funcionou. A operação de Dirceu nos Estados Unidos desarmou o medo em campo republicano e criou um clima de interesse em relação a Lula.

"Depois da visita de Dirceu, nós reconhecemos que tínhamos de fazer negócio com o Brasil", lembra Roger Noriega. "Lula era um democrata. O Brasil tinha instituições fortes. Terminamos dando-lhe o benefício da dúvida."

Otto Reich também se convenceu. Depois da eleição de Lula, ele deu uma guinada inimaginável.

"Tudo o que pudermos fazer para ajudar no governo Lula faremos. Essa é a grande prioridade do presidente Bush", disse à imprensa. E, sem ironia, passou a repetir a frase pela qual passara uma reprimenda a Hrinak meses antes: "Lula encarna o sonho americano."[10]

ANTÔNIO PALOCCI estava com ar cansado quando chegou ao restaurante paulista onde Rubens Barbosa o esperava. Eles haviam combinado a conversa para montar uma agenda para Lula na capital americana.

Antes de discutir detalhes da possível viagem, Palocci pediu informações ao embaixador. Queria entender o que os americanos estavam pensando a respeito do Brasil. Enquanto o diplomata falava, Palocci ouvia calado, assentindo com a cabeça. Fez numerosas perguntas. Em poucos dias ele teria de enfrentar seu primeiro encontro com o FMI, e a chave para destravar aquele organismo era a Casa Branca — precisava se informar. Depois de jantar, o embaixador registrou em seu diário: "Ele escuta muito."

Rubens Barbosa chegara ao jantar com papéis na mão. Tinha sugestões para o futuro governo na área externa. Nos bastidores da equipe de Lula, tinha gente apostando no nome dele para ocupar o Itamaraty. Seria irônico se ocorresse, pois o embaixador era tucano de carteirinha e amigo próximo de FHC.

Apenas um punhado de pessoas sabia, mas, por trás daquele jantar, quem vinha operando em silêncio para facilitar o acesso de Lula a Washington era FHC, o presidente em função.

Dia 4

Quinta-feira
31 de outubro de 2002

Lula passou a manhã em São Paulo, preparando o anúncio de sua equipe de transição — o grupo responsável por tomar pé do funcionamento do governo até o dia da posse.

Era a primeira vez que se formalizava uma transição no país. A ideia fora da equipe de Pedro Parente, o ministro-chefe da Casa Civil de FHC. Seus colaboradores estudaram a bibliografia internacional sobre o tema, viajaram em busca de bons exemplos e entrevistaram personagens de transições passadas. Encerrado o estudo, o grupo propôs um modelo de institucionalização da transferência de poder.

Adaptando o esquema utilizado nos Estados Unidos, o Planalto criou cinquenta cargos públicos para os indicados do presidente eleito, que seriam albergados em um prédio reformado e teriam acesso a carros oficiais, secretárias, móveis e um sistema próprio de telecomunicações.

Eles ainda teriam acesso a um portal na internet com um vasto banco de dados secretos. Um glossário on-line listaria os principais termos e abreviações do jargão burocrático. Uma "Agenda 100" relacionaria os temas pendentes aos quais o governo entrante teria de dar resposta nos cem primeiros dias, tais como datas de vencimento de contratos, o andamento de negociações com terceiros países e a agenda de votações do Congresso Nacional.[1]

FHC também instalaria uma equipe de transição no Planalto, composta dos responsáveis por repassar todas as informações relevantes ao futuro governo Lula.

Durante as oito semanas de transição, as duas equipes teriam encontros formais às terças, quartas e quintas-feiras. Para facilitar o entrosamento dos dois partidos rivais, Parente insistiu em socializar as equipes fora do horário de expediente. Quando ele propôs um encontro no Clube do Choro de Brasília, o grupo do PT assentiu na hora, ansioso por construir algum tipo de confiança mútua.

Lula anunciou os nomes de seu time. Três deles eram os mais importantes: Antônio Palocci ficaria com o programa de governo. José Dirceu seria responsável pelo comitê político, costurando a nova aliança governista. O terceiro nome era desconhecido, mas estratégico. Como FHC pagara um custo elevado pelo "apagão" energético de 2001, Lula queria evitar algo similar no início do seu mandato. Nomeou para a função a economista responsável pela Secretaria de Energia do Rio Grande do Sul, Dilma Rousseff.

Em Brasília, Fernando Henrique chegou ao Planalto por volta das 11h30 para inaugurar os trabalhos de sua equipe de transição. Pedro Parente ficaria no comando, acionando ministros e conselheiros de acordo com a necessidade.

Antes de entrar na sala de reuniões onde era esperado pelo grupo, FHC passou na frente do setor reservado à imprensa. Sabia que os jornalistas estariam à espera de uma declaração.

Animal político calejado, o presidente caminhou lentamente até os repórteres, que ligaram suas câmeras e gravadores. Aproximando-se dos microfones, o tucano provocou: "Espero que o PSDB não faça com o PT o que o PT fez comigo."[2]

FERNANDO HENRIQUE BUSCARA aproximar-se de Lula a partir do início de 2002, quando as pesquisas começaram a apontar sua provável vitória. O presidente mandara seus ministros da área econômica conversarem com a equipe do PT e convidara José Dirceu para uma bateria de encontros privados. Dirceu entrava nos palácios presidenciais pela porta dos fundos ou no meio da noite para não ser visto pela imprensa. Esses encontros eram ocasiões de conhecimento mútuo.

Quinta-feira, 31 de outubro de 2002

Fernando Henrique queria ter certeza de que a Carta ao Povo Brasileiro não era um mero compromisso de curto prazo que Dirceu e Palocci forçaram sobre Lula.

"Lula acredita nisso", repetia Dirceu ao presidente, que continuava desconfiado. O tucano somente acreditou quando soube que Lula prometera o mesmo, em conversas reservadas, aos grandes bancos do país.

FHC tinha uma preocupação adicional. Pela primeira vez em uma década, seu grupo político seria oposição. Ao tatear a possibilidade de aproximação, ele chegara até mesmo a insinuar uma possível colaboração entre PT e PSDB, ideia rapidamente descartada por Lula.

As conversas entre Dirceu e FHC também serviram para acalmar o grupo de Lula. Ainda em junho, faltando quatro meses para as eleições, o presidente deu sua palavra ao grupo opositor: se o PSDB perdesse as eleições, ele não criaria dificuldades para um futuro governo do PT.

QUEM NÃO GOSTOU da proposta de uma transição formalizada foi José Serra, candidato do partido governista. Para ele, se o Planalto estava preocupado em criar tais regras era porque esperava uma derrota tucana nas urnas. Afinal de contas, se Serra fosse vitorioso, não haveria necessidade de tanta formalização, pois haveria continuidade de ideias e pessoas.

As relações entre Serra e FHC eram ruins havia tempo. Crítico do Plano Real, Serra queria descolar sua imagem da de um presidente cuja aprovação popular estava no chão, e Fernando Henrique se ressentia.

Em 2001, quando ainda faltava mais de um ano para as eleições, o presidente disse a um interlocutor: "Se Serra for candidato, terá de beijar a cruz e defender o governo." Mas não foi isso o que Serra fez. Ao contrário, manteve distância. Quando Jô Soares perguntou ao candidato tucano que nota daria ao governo FHC em uma escala de 0 a 10, Serra hesitou em responder. Pressionado pelo apresentador, lançou: "entre 7 e 7,5".

Agora, no fim de outubro de 2002, Fernando Henrique via o poder fugir-lhe das mãos. Faltavam dois meses para a cerimônia de transferência de cargo, mas os sistemas presidencialistas são cruéis com quem está em fim de governo. O ocupante continua formalmente no comando, arcando com a responsabilidade por erros ou crises que possam acontecer. Entretanto, nas urnas, o povo já transferiu a legitimidade para outra pessoa. Nesse caso, a situação era ainda pior para o presidente porque os brasileiros acabavam de eleger Lula, o mais hostil de seus adversários.

FHC não apenas deixava a presidência sem fazer o sucessor, como a vitória de Lula no segundo turno fora acachapante. A maré da opinião pública virara com tal força a favor do petista que era inevitável que a cada semana aparecessem retrospectivas críticas de seus oito anos no poder. Na comparação, ele sempre ficaria mal porque a população estava insatisfeita e cansada de sua imagem. Seus índices de rejeição chegavam aos 70%.

Sem a capacidade de outrora de tomar decisões e influir nos rumos da política, FHC estava preso ao cargo até o dia 1º de janeiro de 2003.

Aos 71 anos, Fernando Henrique era o mais experiente homem público do Brasil. Fora senador, chanceler, ministro da Fazenda e presidente da República pelo voto popular por dois mandatos consecutivos. Entendia de economia, contas públicas, política social e diplomacia, conhecimentos valiosos para um governante cuja principal função ao longo dos dois meses seguintes seria a de conduzir a troca de governo de uma das maiores democracias do planeta.

A decisão de arquitetar a transição em moldes institucionalizados não lhe fora imposta pela realidade; era um ato de vontade própria. Para um presidente com alta rejeição popular, o êxito da transição, que seria conduzida ao longo de oito semanas, deixaria uma marca indelével na memória histórica a respeito de seus 96 meses na presidência.

Além disso, o risco de um tsunami econômico destruir a estabilidade da moeda, seu principal legado, era grave o suficiente para justificar uma trégua com seu sucessor.

"O fato de estarmos trabalhando em um processo de transição transparente e conhecido", lembra Pedro Parente, "nos dava condição adicional de atestar as nossas boas intenções".

Fernando Henrique, assim como Lula, despontou na cena política por volta de 1979. Neto e filho de generais, foi membro do partido comunista

Quinta-feira, 31 de outubro de 2002

até 1956 e ministrou um curso sobre Karl Marx como professor de Sociologia na USP até o golpe de 1964. Quando a ditadura apertou o cerco, afastando-o da universidade, ele partiu para o exílio no Chile e na França. Conheceu o estrelato acadêmico com um livro sobre o impacto da globalização em países em desenvolvimento e chegou a presidir a associação mundial de sociologia.[3]

Era natural que Fernando Henrique se aproximasse de Lula ao retornar ao Brasil no fim da década de 1970. De volta a São Paulo, ele não apenas participou das reuniões que levaram à fundação do PT, como recebeu apoio petista para ocupar uma cadeira no Senado pelo PMDB, onde viria a ser um dos principais quadros da oposição à ditadura.[4]

Muito cedo, contudo, as diferenças com o PT ficaram evidentes. Fernando Henrique se identificava com a social-democracia europeia. Achava que um pacote de reformas poderia transformar o capitalismo brasileiro de um sistema excludente em outro, inclusivo. O PT da época, ao contrário, almejava transcender o capitalismo.

Esta diferença era irreconciliável. "Eu quero ter uma visão moderna da realidade e muitas vezes me parece que a esquerda não é capaz de ter esta visão", disse FHC em 1984. "Lula seria melhor se tivesse seguido seus impulsos e deixado de lado os óculos dos teóricos. Lula é maior que o PT."[5]

Como líder da oposição ao governo do general Figueiredo, Fernando Henrique envolveu-se na campanha das Diretas Já e, rechaçando uma guinada do PMDB à direita, liderou o grupo de desertores que originou o PSDB. Na Constituinte de 1988, Fernando Henrique denunciou a tentativa conservadora de manter os vestígios institucionais da ditadura, que chamou de "entulho autoritário". Assim, os tucanos apostaram em uma imagem de centro-esquerda e filiaram-se com status de observadores à Internacional Socialista.[6]

Na campanha presidencial de 1989, contudo, o hiato entre PT e PSDB ficou enorme. Enquanto Lula prometia socialismo, o candidato tucano, Mário Covas, clamava por um "choque de capitalismo". Isso não impediu aos tucanos apoiarem Lula no segundo turno contra o candidato de direita, Fernando Collor.

Passado o tempo, quando Collor estendeu um convite ao PSDB para ocupar pastas no ministério, Fernando Henrique ficou tentado, mas acabou rejeitando o convite por pressão dos colegas. À época, justificou a negativa denunciando a aliança de Collor com o PFL, de direita. "O PFL é a encarnação do atraso", disse o tucano. "Simboliza tudo o que há de errado com este país."[7]

FERNANDO HENRIQUE COMEÇOU A GOVERNAR o Brasil antes mesmo de ser eleito. Após a queda de Collor, em 1992, foi chanceler e ministro da Fazenda de Itamar Franco. Em pouco tempo, Itamar passou a delegar-lhe as tarefas cotidianas do governo como se fosse um primeiro-ministro. Estudos revelam que, nesse período, a proporção de tucanos que apoiavam o liberalismo econômico simplesmente dobrou, aumentando ainda mais a distância ideológica entre o PT e o PSDB.[8]

Em 1993, a estrela de FHC ascendeu graças ao êxito do Plano Real, que pôs fim a um ciclo inflacionário de décadas que empobrecera a maioria da população. O grande beneficiado era o cidadão de baixa renda, que ganhou mais em termos relativos do que o restante da sociedade.

O real viabilizou uma candidatura própria para FHC nas eleições do ano seguinte. Ele sabia que teria de enfrentar Lula, um político experiente que, nas últimas eleições, perdera de Collor por uma margem pequena. Como o PSDB detinha menos de 10% das cadeiras do Congresso, e sua base eleitoral restringia-se ao Sul e Sudoeste do país, Fernando Henrique buscou um aliado de peso no Nordeste, onde era pouco conhecido, selando um pacto com seu antigo desafeto, o PFL.

Durante a curta presidência de Itamar, Fernando Henrique tornou-se o preferido das massas, aliou-se à direita e virou a principal força anti-Lula do país.

ENTRE 1993 E 1995, a mudança social do país foi impressionante: a renda média cresceu 12% ao ano, e 6% da população deixou de ser miserável. Milhões de brasileiros passaram a consumir carnes pela primeira vez, e o acesso da população a produtos de higiene pessoal como pasta de dentes e sabonetes virou emblema da época. Esse processo transformou Fernando Henrique no político predileto dos pobres.

Quinta-feira, 31 de outubro de 2002

Lula, ao contrário, isolou-se ao denunciar a nova moeda. Sua equipe avaliou que o Plano Real fracassaria, assim como ocorrera com outras tentativas de debelar a inflação. Aloizio Mercadante, candidato a vice-presidente pelo PT em 1994, chamou o Plano Real de "bomba de efeito retardado". Em uma entrevista, disse que "a inflação será mantida sob controle só até o dia da eleição". Ele sugeria, como alternativa, o controle de preços dos produtos da cesta básica. Propunha também "tensionar e politizar a questão da dívida externa".[9]

Quatro meses antes das eleições, as pesquisas davam a FHC apenas 17 pontos contra 40 de Lula, mas o êxito eleitoral do tucano foi avassalador: ganhou logo no primeiro turno com duas vezes mais votos que o PT. O PSDB e seus aliados também venceram em todos os estados da federação, menos no Rio Grande do Sul e no Distrito Federal. Em 1994, os tucanos derrotaram o PT em todas as classes sociais.[10]

FERNANDO HENRIQUE CHEGOU ao Planalto com um projeto que ia muito além do controle da inflação. Ele tinha a ambição de reposicionar o país diante do fenômeno da globalização — o aumento brutal do fluxo internacional de bens, dinheiro, ideias e pessoas.[11]

O presidente temia o impacto negativo da revolução tecnológica em curso, que aumentava o volume e acelerava o ritmo dos movimentos de capital mundo afora. Com trocas em tempo real, a "ciranda do capitalismo" ganharia força, atando as mãos dos governos nacionais, que ficariam à mercê de dinâmicas sobre as quais tinham pouco ou nenhum controle.

Na interpretação de FHC, era necessário adaptar-se, pois não adiantava resistir. A mudança viera para ficar: "O Sul se encontra sob uma dupla ameaça — aparentemente incapaz de integrar-se, buscando seus próprios interesses, e tampouco capaz de evitar 'ser integrado' como servo das economias mais ricas."[12]

"Queiramos ou não, a globalização econômica é uma nova ordem internacional", afirmou. "O mundo pode ser dividido entre as regiões ou países que participam do processo de globalização e usufruem seus frutos e aqueles que não participam."[13]

57

Para FHC, a única entidade capaz de preparar a sociedade brasileira para o novo ciclo de globalização era o Estado. Em sua visão, o ator central no mundo contemporâneo não era o mercado, mas a autoridade pública — uma diferença crucial entre o tucano e os expoentes do neoliberalismo.

Para cumprir sua função, o Estado precisava ser reformado, perdendo o personalismo e a influência que nele tinham as classes abastadas. A tarefa era limpar o Estado brasileiro do legado perverso da ditadura de Getúlio Vargas, do projeto de modernização conservadora de JK e dos militares. A máquina governamental precisava ser reorientada para servir aos brasileiros mais pobres, tratando-os não como suplicantes, mas como consumidores de serviços públicos.

Embalado por esses ideais, FHC lançou o mais ambicioso projeto de reforma que o país vira em décadas. Privatizou empresas estatais como Embratel, Vale do Rio Doce e Embraer. Criou novas regras de competição econômica e profissionalizou o serviço público, reduzindo o papel de governos estaduais e prefeituras na distribuição de recursos federais. Reestruturou os bancos privados, que com o real se viam diante do desafio de ganhar dinheiro sem ajuda da inflação. O Banco Central ganhou poderes antes inexistentes, e uma Lei de Responsabilidade Fiscal impôs novas regras de transparência e prestação de contas.

FHC também criou mecanismos para universalizar o acesso à saúde e à educação, e emplacou uma série de programas de transferência de renda, como o Bolsa Escola e o Vale Gás. Pela primeira vez, montou-se um cadastro nacional de beneficiados, e algumas políticas públicas foram implementadas em parceria com organizações da sociedade civil.

A DIPLOMACIA TUCANA foi concebida como um instrumento para facilitar essa agenda de reformas.

Até meados da década de 1990, o Brasil compartilhava com Rússia, Ucrânia e Zaire a proeza de ter mais de 1.000% de inflação anual. No FMI, o país era conhecido como caloteiro. As grandes ONGs internacionais o viam como um Estado violador dos direitos humanos de seus próprios cidadãos e uma ameaça ao meio ambiente. Recusando-se a assinar o Tratado de Não Proliferação Nuclear, o país estava na companhia de Índia, Israel e Paquistão.

Fernando Henrique dedicou o primeiro mandato a normalizar as relações do Brasil com o mundo. Chamava essa estratégia de "obtenção de credenciais de boa conduta".

FHC ainda buscou apoio ao Plano Real na City de Londres, em Wall Street e no Tesouro americano. Usou seus contatos e a ritualística das viagens internacionais para facilitar linhas de crédito e neutralizar as pressões negativas dos técnicos do FMI, que eram críticos de sua política econômica.

A oposição acusava o Planalto de estar usando dinheiro público para proteger os grandes banqueiros, ao passo que projetava sua ideologia privatizante. Ao abrir a economia, o governo tucano estaria contribuindo para o processo de desindustrialização do ABC paulista e, em consequência disso, o aumento do desemprego e a precarização do trabalho.

Suas políticas sociais nada mais seriam do que itens na cartilha do Banco Mundial, cujo objetivo era o de desmobilizar a população e cooptar a sociedade civil. Ao reprimir greves e movimentos sociais como o MST, FHC representaria uma nova forma de autoritarismo.

Segundo essa leitura, a diplomacia tucana denotava pura subserviência aos ditames do capital internacional e, sobretudo, aos Estados Unidos. Em vez de apostar em concepções alternativas de ordem internacional, FHC estava subjugando o país às hierarquias estabelecidas pelos países do Atlântico Norte.

Para a oposição, a ampliação dos direitos civis, a reforma agrária, a política de entorpecentes, a política prisional e a investigação dos crimes cometidos durante a ditadura militar tiveram avanços, mas eram ínfimos. O PSDB movera-se para a direita muito mais do que o PFL se movera para o centro do espectro ideológico. Essas concessões à direita atrasavam o processo de redemocratização.[14]

A educação, a saúde e a segurança pública continuaram lamentáveis. E as políticas de transferência de renda, apesar de todo o seu ineditismo, cumpriram a função paliativa de oferecer uma rede de proteção mínima àqueles milhões de brasileiros que se encontravam na base da pirâmide social.

Assim, as reformas de FHC enfrentaram a oposição da esquerda, do funcionalismo público, dos sindicatos, dos professores universitários e de boa parte da classe média. O PT trabalhou contra o Plano Real, combateu a abertura comercial, rejeitou o pagamento da dívida externa, criticou o superávit primário, as privatizações, as metas da inflação e a Lei de Responsabilidade Fiscal, além de denunciar o saneamento dos bancos.

Porém, para o povo, o tucano continuava sendo o candidato preferido. Em 1998, levou a reeleição no primeiro turno com 32 milhões de votos contra 21 milhões de Lula.

A REELEIÇÃO FOI O princípio do fim de FHC. A reforma para instituir a possibilidade do segundo mandato foi contestada, e denúncias de compra de votos no Congresso grudaram na imagem pública do presidente.

O Plano Real ficou comprometido diante de mais uma crise financeira internacional. E, quando o governo desvalorizou a moeda para salvá-la, em 1999, a economia estagnou e a popularidade do presidente despencou.

O Brasil foi pedir socorro aos Estados Unidos e ao FMI, cuja precondição foi um aperto fiscal austero, que reduziu o espaço para políticas sociais. Lula ironizou: "Fernando Henrique fala várias línguas; ele fala inglês, francês e javanês. Só não fala a língua do povo brasileiro."[15]

O otimismo de outrora deu lugar ao sentimento de vulnerabilidade. Fernando Henrique passou a criticar a liberalização financeira e repetiu que, sem regulação, o capitalismo iria em direção perigosa. Chegou a prever que "esse capitalismo especulativo pode danificar o próprio centro do sistema".[16]

Em 2001, a situação ficou ainda pior. Uma crise financeira na Argentina ameaçou contagiar o Brasil, ao passo que o 11 de setembro disseminou incerteza econômica por todo o planeta. O "apagão" energético afetou em cheio a indústria nacional, aumentando os índices de desemprego e dilapidando a popularidade do presidente ainda mais.

Com a economia em crise e os gastos públicos congelados, a aprovação popular não foi mais recuperada. Fernando Henrique soube que seu principal opositor tinha chances reais de vencer.

Quinta-feira, 31 de outubro de 2002

Um mês antes da eleição de Lula, em setembro de 2002, Fernando Henrique mandou Pedro Parente aos Estados Unidos.

O ministro esteve com assessores do ex-presidente Clinton, visitou o centro de pensamento conservador Heritage Foundation e manteve conversas no FMI e no Tesouro americano. Mais importante, Parente foi à Casa Branca apresentar os planos da transição a Joshua Bolten.

Bolten era vice-chefe de gabinete de Bush. Tinha acesso diário ao presidente, de quem portava recados para ministros, governadores e parlamentares. Bolten viajava com Bush no avião presidencial e participava da intimidade de sua família. Na manhã de 11 de setembro, foi ele quem sussurrou a notícia dos ataques no ouvido presidencial.

Parente tomou assento no gabinete de Bolten com uma cópia do plano de transição traduzido para o inglês. Na conversa, também falaram de Lula. Seguindo instruções de FHC, Parente disse a Bolten que as intenções de Lula eram legítimas e que, se ganhasse, o governo do PT honraria a Carta ao Povo Brasileiro.

O gesto era extraordinário. Ao dizer aquilo, Parente estava sinalizando ao governo a confiança de FHC em uma futura gestão Lula.

"Os caras lá não são burros", diria Parente anos mais tarde. "São inteligentes e entendiam que, no fim, estávamos dizendo que, se Lula não valesse a pena, nós não estaríamos fazendo [esse gesto]."

Lula entendeu o poder simbólico da atitude e ficou grato.

"O presidente Fernando Henrique Cardoso jogou um papel importante nessa eleição", disse Lula meses depois ao primeiro-ministro britânico Tony Blair. "Primeiro funcionando como magistrado, segundo criando uma comissão de transição jamais vista em nosso continente."[17]

Lula podia ser o grande vencedor de 2002. Mas ele governaria um Brasil transformado por Fernando Henrique. A inflação estava domada; o comércio externo, liberalizado; as credenciais internacionais, em seu lugar; e o programa de reforma do Estado, enraizado na sociedade. Nenhum petista de alto escalão vislumbrava uma ruptura.[18]

Lula também herdava um modelo de coalizão partidária. As mudanças seriam processadas por alianças e consensos negociados, avançando ao ritmo ditado pelo crescimento da economia. Os bancos reteriam seu poder. Sociedade civil e movimentos sociais seriam trazidos para perto dos órgãos de governo, mas não haveria apoio à mobilização popular como forma de pressionar o sistema político por reformas profundas. Assim como FHC, Lula pactuara seu governo com as elites tradicionais. A mudança seria lenta. Para muitos, conservadora.

Agora, faltando dois meses para a posse, o tucano e o petista estavam no mesmo barco. E, por motivos diferentes, ambos queriam arrancar da Casa Branca um gesto de apoio ao Brasil.

Dia 5

Sexta-feira
1º de novembro de 2002

Quando os representantes dos doze partidos que haviam apoiado sua candidatura chegaram ao comitê de campanha para encontrá-lo, Lula tinha diante de si duas tarefas ingratas.

Primeiro, precisava acalmar os visitantes, cuja sede por cargos já os levava a fazer cobranças por meio da imprensa. Gente graúda como Leonel Brizola (PDT) e Ciro Gomes (PPS) estava na linha de frente pela composição do ministério. Mas o assédio era igualmente firme por parte de figuras menos conhecidas, como Roberto Jefferson (PTB) e Valdemar Costa Neto (PL).

Segundo, Lula também esperava convencer essa tropa a iniciar uma bateria de ataques verbais contra o governo FHC, permitindo-lhe manter um tom cordial com o presidente em exercício, sem dar a impressão de continuísmo. Em pleno fervor pós-eleitoral, era importante enfatizar as diferenças.

Os recados de Lula aos partidos aliados ficaram por conta de Luiz Dulci, secretário-geral do PT. O recém-eleito estava exausto e precisava descansar. Logo que terminou a sessão de fotos com os visitantes, mandou um carro Ômega com vidro fumê sair do comitê de campanha em alta velocidade e cercado de batedores. O truque para despistar a imprensa funcionou. Livre dos jornalistas, ele subiu em outro carro e foi passar o fim de semana fora da cidade, sem divulgar o destino.

Ele tinha um assunto grave com o qual se preocupar. Naquele dia, a coluna de Max Weisbrot no *Los Angeles Times* começara a repercutir no Brasil logo cedo.

Durante os últimos oito anos de governo Fernando Henrique Cardoso, a dívida pública brasileira cresceu de 29% para mais de 62% do produto interno bruto. Esse acúmulo não é sustentável; ou a taxa de juros cai ou o governo terá de renegociar sua dívida.[1]

Lula sabia que o diagnóstico era verdadeiro. Se o mercado começasse a duvidar da capacidade brasileira de honrar a dívida do governo, um ataque especulativo contra a moeda seria tão inevitável quanto devastador.

O Brasil estava fragilizado porque precisava de dinheiro de fora para fechar as contas, compensando as reservas modestas, a balança comercial negativa e a dívida pública enorme.

Não havia saída fácil no horizonte. Caso o governo baixasse a taxa de juros, a fuga de capitais impossibilitaria a rolagem da dívida. Caso os juros continuassem altos, a recessão se aprofundaria, e a dívida cresceria ainda mais. De uma forma ou de outra, o fantasma do calote estava presente.

Como a maior parte da dívida estava nas mãos de bancos e fundos de pensão nacionais, um calote, mesmo que pequeno, se espalharia rapidamente por toda a economia, pondo fim a oito anos de inflação baixa. O povo sofreria porque uma reversão dos avanços sociais empurraria milhões de brasileiros para debaixo da linha da pobreza. Fernando Henrique terminaria seu mandato fracassado, ao passo que Lula começaria seu governo sem chão.

O medo de que isso ocorresse piorou muito durante os meses de campanha, quando o real perdeu 40% de seu valor.

Para reverter o clima alarmista do mercado, Lula começou a trabalhar em sintonia com Fernando Henrique. Instruiu sua equipe a aderir à guerra de marketing tucana contra a ideia de que o Brasil poderia dar um calote na dívida. Por instrução do chefe, até mesmo Aloizio Mercadante, crítico feroz do Plano Real, começou a repetir que o risco-país do Brasil era tolerável.[2]

De Brasília, a embaixadora Donna Hrinak enviava telegramas para Washington com o objetivo de acalmar os ânimos: "Ninguém espera um calote do governo. Há uma expectativa alta de que um governo Lula manterá disciplina fiscal razoável." Mas na capital americana o medo era palpável: Casa Branca, Tesouro, Federal Reserve Bank e Fundo Monetário Internacional estavam convencidos de que o risco de um calote era verdadeiro.

Depois de conversar com economistas do governo americano, o embaixador brasileiro em Washington registrou em seu diário: "O Brasil vai no caminho certo ou explode."[3]

Para o governo tucano, não havia nada de novo nesse clima de tensão constante: FHC passara oito anos assim, calculando as palavras e operando o tempo inteiro para evitar uma aposta contra a moeda. Depois de atravessar uma crise atrás da outra, já tinha prática.

Lula, contudo, era novo no jogo. Precisava de um operador com trânsito entre os tucanos e capaz de fazer a ponte com o mercado financeiro, funcionando ainda como escudo protetor contra os economistas tradicionais do PT. Para isso, escolheu como informante e emissário pessoal um homem com o qual ainda tinha pouca intimidade.

ANTÔNIO PALOCCI VIROU coordenador da campanha petista por acidente. O ocupante do cargo, Celso Daniel, foi torturado e assassinado em circunstâncias misteriosas. Ungido por Lula como gerente da equipe no início de 2002, Palocci teve uma ascensão meteórica dentro do PT.

Trotskista na juventude, uma vez prefeito de Ribeirão Preto privatizou serviços públicos e indicou homens de negócios para a administração municipal. Entendia de economia, finanças e orçamento público. Era claro e preciso, recitava números de memória e transmitia convicção ao falar.

Palocci era um elemento estranho no próprio PT. Estava muito mais disposto a trabalhar com o governo tucano do que a maioria de seus colegas de partido. Para uns, era um paraquedista. Para outros, um oportunista. Para Lula, uma fonte de tranquilidade.

Palocci aprendeu a falar para o mercado em tempo recorde. No processo, ganhou acesso às rodas da elite brasileira: virou frequentador de festas da alta sociedade, concertos de música erudita e jantares com banqueiros, senadores, industriais, formadores de opinião e atores de telenovela. Durante os oito meses de campanha, virou uma das figuras públicas mais festejadas do país.

Cada vez mais perto de Lula, Palocci foi peça-chave na redação da Carta ao Povo Brasileiro. Os outros membros da equipe que a redigiu queriam algo simples, que fosse compreendido por todos. Mas Palocci convenceu Lula a adotar o modelo mais antenado às demandas do mercado.

"A crise é muito maior do que vocês estão pensando", ouviu Palocci de João Roberto Marinho, um dos vice-presidentes das Organizações Globo. "Há muita insegurança sobre o futuro."

O empresário alertou que se a Carta não prometesse um corte de gastos públicos capaz de gerar um sólido superávit primário: "É melhor nem soltar o documento."[4]

Foi isso que o documento fez. Prometeu o cumprimento de contratos, responsabilidade fiscal, metas de inflação e câmbio flutuante. Incompreensível para o brasileiro médio, endereçou-se ao capital.

Onde Palocci não tinha trânsito livre — e construí-lo seria demorado e custoso — era em Wall Street e em Washington. Ele precisava de acesso.

Foi para espalhar a mensagem de tranquilidade lá que Palocci se aproximou da equipe econômica de FHC. Se os tucanos pudessem facilitar o trabalho de convencimento no exterior, então era necessário explorar a possibilidade.

Armínio Fraga era tratado entre os tucanos como uma espécie de herói nacional. Jovem, rico e bem-humorado, chefiava o Banco Central desde 1999. Fernando Henrique o escolheu para a tarefa porque, além de entender de finanças, conhecia todo mundo. Para um presidente de Banco Central, é crucial ter acesso pessoal aos grandes operadores de mercado porque é para eles que se liga na hora da crise. Armínio tinha esse acesso.

Ele construiu sua reputação no fundo de investimentos de George Soros, infame pelo ataque especulativo que desencadeou a crise asiática e, por sua vez, levou o Brasil à beira do colapso em 1998. Assim, Armínio era parte da elite financeira global que fizera fortuna à custa das economias de países em desenvolvimento. Para os críticos, tratava-se de um exemplo daquilo que o capitalismo financeiro desregulado produzia de pior — alguém sem sentido de responsabilidade coletiva.

Armínio e Palocci entraram em sintonia no dia em que se conheceram. O petista foi logo avisando que o compromisso de Lula com a estabilidade era para valer. Disse que Lula honraria contratos, pagaria dívidas,

Sexta-feira, 1º de novembro de 2002

manteria o câmbio flutuante, as metas da inflação e a Lei de Responsabilidade Fiscal.

"Posso contar que nós estamos conversando e dizer as coisas que você tem me dito?", perguntou o presidente do BC ao fim da conversa. Palocci assentiu. Uma palavra de Armínio ajudaria a acalmar os ânimos do mercado.

A partir desse momento, os dois conversaram sem parar.

"[Armínio] se mostrava sinceramente disposto a apresentar alternativas criativas para o novo governo", lembra Palocci.

Lula convenceu-se de que a imagem de demônio da militância petista a respeito do presidente do BC de FHC estava equivocada. Anos mais tarde, Lula reconheceria isso: "Às vezes, a gente constrói um enorme preconceito em relação a uma pessoa simplesmente por não conhecê-la."[5]

Palocci e Armínio puderam trabalhar juntos não apenas porque compartilhavam interesse em impedir o colapso da economia, mas porque estavam irmanados no otimismo a respeito do futuro. Embora concordassem que a situação era gravíssima, viam luz no fim do túnel.

Para que seus planos vingassem, Palocci precisava isolar as vozes do PT que demandavam uma ruptura com a política econômica de FHC. Foi com esse fim que ele alarmou Lula.

"A boa notícia é que talvez só o seu primeiro ano de governo esteja perdido", disse ao presidente eleito. "Vamos gastá-lo todo só para pôr a casa em ordem. A má notícia é que talvez não possamos reverter a crise em apenas um ano. Se cometermos qualquer vacilo, a crise pode nos custar dois anos de governo", refletiu. "O simples fato de utilizar uma ou outra palavra mais pesada pode agravar a situação. Mas essa decisão é você que tem que tomar."[6]

Lula estava determinado a seguir a cartilha de Palocci à risca. Utilizou sua equipe de transição para anunciar um corte de gastos e repetir que "não há solução milagrosa". O objetivo era chegar à posse de janeiro de 2003 sem sofrer um ataque especulativo.

A preocupação era tanta que Lula chegou a pensar na possibilidade de manter Armínio à frente do Banco Central durante os primeiros meses de governo. Ou pelo menos foi isso que deixou escapar no mercado de apostas. Depois de ouvir o boato, o próprio Armínio, em visita a Washington, não hesitou em espalhá-lo entre os principais economistas do governo americano. Era o tipo de notícia que, bem plantada, ajudaria a gerar confiança no futuro governo Lula.

Era fundamental construir essa confiança em Washington. Afinal, o governo norte-americano era o principal fiador externo do real.

Nos dois primeiros anos do Plano Real, a inflação baixa e as privatizações fizeram o volume de investimento externo direto pular de US$ 42,5 bilhões para US$ 197,7 bilhões.[7]

Contudo, a entrada desses recursos também teve efeitos negativos. Criou o hábito de manter juros muito altos, aumentando a dívida pública, o que piorou quando FHC absorveu a dívida dos estados em troca do apoio dos governadores para a Lei de Responsabilidade Fiscal. Nos oito anos de mandato, a dívida do governo federal explodiu, indo de 28% para 56% do PIB. Isso manteve o Brasil vulnerável.[8]

Mal começou a governar, FHC sentiu o problema na pele. Ainda em 1995, o peso mexicano entrou em colapso e os agentes de mercado apostaram contra a moeda brasileira. Para mostrar que o governo brasileiro estava disposto a defender o real, em março de 1995 o Banco Central empenhou quase US$ 10 bilhões. E, para estancar a sangria de recursos, elevou a taxa de juros nominal de 42,4% para 64,8% ao ano.

Em 1997, ocorreu algo similar. Quando a moeda da Tailândia sofreu um ataque especulativo, investidores estrangeiros em pânico começaram a retirar seus investimentos de grandes economias emergentes em ritmo acelerado. Para reverter a situação, o Banco Central dobrou a taxa de juros.

Em 1998, foi a vez de a Rússia entrar em colapso, gerando um novo ciclo de fuga de investidores do Brasil. FHC apelou diretamente a Clinton, que entendeu a gravidade do problema e ofereceu um pacote de ajuda de US$ 41,5 bilhões.

O auxílio não foi de graça. Em troca, o governo brasileiro abriu mais a economia, cortou o orçamento público, aumentou impostos e reformou o sistema de aposentadorias. Nas relações econômicas internacionais, quando um país recebe dinheiro emprestado quem empresta quer ter certeza de que o devedor estará em condições de saldar sua dívida. Com essas

Sexta-feira, 1º de novembro de 2002

reformas, Fernando Henrique tentava sinalizar a Clinton que poderia fazê-lo. Afinal, tratava-se de dinheiro do contribuinte norte-americano sendo utilizado para preservar a estabilidade brasileira.[9]

À época, correu o boato de que Clinton teria ajudado FHC para assegurar-lhe a reeleição em outubro de 1998, nas quais enfrentaria o PT de Lula. Segundo essa visão, a vitória do governo no primeiro turno, com o aumento da base aliada no Congresso Nacional, confirmava as suspeitas de conluio entre Casa Branca e Planalto.

"Foi uma decisão pessoal e política de Clinton", diria José Dirceu. "Não foi uma decisão de Estado, nem do FMI, nem do Tesouro. Acho que ninguém queria. Clinton identificou como interesse estratégico dos Estados Unidos que o Brasil não tivesse um governo do PT."

Esse raciocínio é incorreto. Clinton mobilizou-se porque tinha memória. Testemunhara as graves crises que assolaram México e Rússia. Se um ataque golpeasse o Brasil da mesma forma, uma vez mais todo o sistema financeiro internacional estaria ameaçado.

O Brasil respondia por quase 45% do PIB da América Latina. Bancos americanos tinham US$ 34 bilhões emprestados ao Brasil e mais US$ 100 bilhões na região. O investimento americano no Brasil era de US$ 25 bilhões, e o comércio, de US$ 16 bilhões. Do ponto de vista dos interesses americanos, o Brasil era grande demais para falir.[10]

O apoio americano a Fernando Henrique não aconteceu de forma tranquila. Washington sabia que a realidade fiscal brasileira era bem menos austera do que o Planalto sugeria publicamente: a economia crescia a 2,4% ao ano, mas os gastos públicos aumentavam 6% ao ano. FHC aumentou os gastos com pessoal no poder executivo na ordem de 80,9%.[11]

Os americanos também sabiam que seu apoio não resolveria a fragilidade brasileira. Em janeiro de 1999, foi a vez de um novo ataque especulativo. Sem ideias alternativas e preocupado com a capacidade brasileira de manter a economia andando, o Tesouro americano propôs a Fernando Henrique que fizesse um *currency board* — um sistema desenhado para amarrar o real ao dólar americano, evitando o ciclo de desvalorizações que poderia trazer a inflação de volta. Fora a receita adotada pela Argentina, sem sucesso.

O Planalto rejeitou a proposta e, em vez disso, desvalorizou a moeda.

Esse era o clima quando aconteceram os ataques de 11 de setembro de 2001. Em um instante, o Banco Central perdeu US$ 2 bilhões de reservas. Para impedir a fuga, a taxa de juros foi a 50%.

Havia poucas coisas piores para um governo a um ano da eleição presidencial. Com uma taxa de desemprego de 20% no parque industrial paulista, havia risco de uma explosão de insatisfação popular. No Planalto, o clima era fúnebre.

No QG petista, Lula assistiu pela televisão às cenas das Torres Gêmeas ruindo. Perplexo, cancelou os compromissos do dia. Durante as horas seguintes, dedicou-se a avaliar o impacto econômico que os ataques teriam sobre o Brasil. Isso definiria em boa medida as chances do PT nas eleições do ano seguinte.

Fernando Henrique pediu ao FMI uma linha de crédito externo no valor de US$ 15 bilhões em caráter preventivo. Se houvesse algum problema no horizonte, o governo brasileiro sacaria os recursos. Se não, eles ficariam guardados até que a próxima ameaça se materializasse. De repente, o FMI estava fadado a ser ator central na corrida pelo Planalto em 2002.

O FMI FOI CRIADO depois da Segunda Guerra Mundial para emprestar dinheiro a países com problemas. A lógica era simples: em um sistema capitalista, as grandes economias encontram-se interligadas umas às outras por meio de dívidas e empréstimos mútuos. Assim, o calote de um só, mesmo pequeno, pode provocar um ciclo vicioso capaz de comprometer todo o sistema.

O Brasil foi membro-fundador do FMI, mas desde o início manteve relações tensas com a instituição. Em 1954, o Fundo denunciou a política brasileira de taxas de câmbio múltiplas e restrições à circulação de dinheiro. Poucos anos depois, acusou JK de construir Brasília com alto endividamento público, emissão inflacionária de moeda e orçamentos turvos que facilitaram fabulosas doses de corrupção. Em pé de guerra com o órgão, JK passou a demonizá-lo publicamente. O Fundo, disse o então presidente, queria deixar o povo "passando fome".

O regime militar mudou a atitude, assinando quase um acordo por ano com o FMI entre 1965 e 1972. Os acertos funcionavam sob um mo-

Sexta-feira, 1º de novembro de 2002

delo chamado de "stand by": dinheiro em caixa para ser sacado em casos de emergência. Com o apoio do Fundo, o regime atraiu os investimentos externos necessários ao milagre econômico.

No entanto, quando o Brasil viu-se forçado a pegar dinheiro emprestado no exterior em 1973, preferiu voltar-se para grandes bancos privados internacionais em vez de pedir ajuda ao FMI. Além de oferecer dinheiro a juros praticamente negativos, os bancos faziam poucas perguntas. O Fundo não apenas as fazia, como impunha condições rigorosas para liberar o dinheiro.

Em 1979, um aumento brutal de juros nos Estados Unidos fez a dívida brasileira com os bancos privados explodir. Incapaz de rolá-la sozinho, o governo apelou para o FMI. O Brasil tentou negociar um acordo "stand by", mas nunca conseguiu implementá-lo porque os técnicos do órgão não aprovaram as contas públicas do país.

Em vão, eles tentaram convencer as autoridades brasileiras a desindexar a correção automática dos salários e estabelecer metas de inflação. Em 1986, foi a vez de o então presidente José Sarney fustigar: "As fórmulas do FMI para o Brasil simplesmente não funcionam."

As fórmulas elaboradas em Brasília tampouco funcionaram. O país tinha uma dívida de US$ 121 bilhões, mas apenas US$ 4 bilhões em caixa para pagá-la. Em fevereiro de 1987, o Planalto não teve opção a não ser declarar a suspensão unilateral dos pagamentos do serviço da dívida.

Sem acesso ao crédito de bancos privados, o governo voltou ao FMI. Em 1988, negociou-se um acordo de US$ 1 bilhão. Entretanto, dois anos mais tarde, o Fundo não aprovou um novo empréstimo devido às críticas de seus técnicos ao plano de estabilização do recém-iniciado governo Collor.

Sem o apoio do FMI as autoridades brasileiras iniciaram, em 1992, a negociação da dívida externa diretamente com os bancos internacionais. A negociação ficou por conta de Pedro Malan, professor de economia da PUC do Rio de Janeiro e diretor brasileiro no Banco Mundial.

A situação de Malan não podia ser mais difícil. Ele precisava lidar com oitocentos bancos credores. O Brasil tivera cinco ministros da Fazenda em questão de meses, e o presidente Collor sofrera um impeachment.

Mas sua estratégia funcionou. Ela consistia em arrastar as negociações com os bancos ao mesmo tempo que, sem fazer alarde, comprava papéis do

Tesouro norte-americano com prazo de vencimento de trinta anos. Meses mais tarde, quando os bancos credores exasperados na mesa de negociação pediram garantias sólidas de pagamento futuro, Malan apresentou os títulos norte-americanos. O esquema bem-sucedido rendeu-lhe o cargo de ministro da Fazenda do governo Fernando Henrique em 1995.

Malan também era uma espécie de herói nacional. Entre 1985 e 1994, o Brasil tivera 13 ministros da Fazenda. Durante os oito anos do governo de Fernando Henrique (1995-2002), apenas ele. Sua relação com o FMI era fria e distante, pois os técnicos em Washington haviam criticado o Plano Real desde o início, prenunciando seu fim.

Em 1998, Malan não teve opção a não ser bater à porta do Fundo. Diante da crise financeira internacional, as reservas brasileiras haviam colapsado de US$ 72 bilhões para US$ 40 bilhões. O Brasil precisava de ajuda. O FMI não queria comprometer-se com isso. Foi forçado a fazê-lo por pressão dos Estados Unidos.[12]

A IDEIA DE CRIAR um acordo para proteger o Brasil de um ataque especulativo nas eleições presidenciais de 2002 veio do próprio Fundo. Alguns dos técnicos queriam evitar crise similar às que assolavam Turquia e Argentina, e já tinham experiência com um empréstimo dessa natureza para a Coreia do Sul. Em julho de 2002, o Brasil começou a negociar um acordo emergencial de US$ 30 bilhões.

Era o maior empréstimo individual na história da instituição, e Lula, o candidato que mais crescia nas pesquisas, continuava sendo um mistério para a diretoria do órgão. O *Wall Street Journal* argumentava contra tal investimento, embora o fizesse sozinho, pois *Washington Post*, *New York Times* e *Financial Times* eram favoráveis.

Quem resolveu o problema foi a Casa Branca. O governo Bush forçou a mão e mandou o FMI emprestar os recursos.

Em meio às negociações, um episódio inesperado acelerou os tempos do acordo. Na última semana de julho de 2002, o secretário do Tesouro do governo Bush, Paul O'Neill, declarou à imprensa seu apoio ao empréstimo. Boquirroto, tentou fazer uma piada: "Espero que esse dinheiro não vá parar na Suíça, em contas pessoais de políticos corruptos", afirmou.

Sexta-feira, 1º de novembro de 2002

Fernando Henrique recebeu a notícia como se fosse um ataque pessoal. Em menos de 24 horas, o governo brasileiro montou sua contraofensiva.

Houve protestos formais do ministro da Fazenda, Pedro Malan; do ministro das Relações Exteriores, Celso Lafer; do embaixador nos Estados Unidos, Rubens Barbosa; e do próprio presidente da República. Fez-se reclamação junto a Robert Zoellick, chefe da diplomacia comercial americana e homem próximo do presidente Bush.

A embaixadora Donna Hrinak foi convocada ao Itamaraty para dar explicações, e Celso Lafer tentou, mas não conseguiu, falar com a assessora de Segurança Nacional, Condoleezza Rice. O governo queria uma retratação pública do secretário, que, ao fim e ao cabo, foi concedida.

Cinco dias mais tarde, o FMI e o governo brasileiro anunciaram a assinatura do acordo.

Fernando Henrique precisava da anuência de Lula para assinar o documento com o Fundo. O presidente estava enfraquecido demais para sustentar tamanha decisão sozinho.

Lula aceitou porque uma rejeição ao acordo poderia custar-lhe a eleição, caso a opinião pública atribuísse a ele o aumento da instabilidade econômica. De quebra, um acordo bem-sucedido poderia salvar-lhe o início do mandato. Com a chancela do órgão, reduziam-se as chances de um ataque especulativo contra a moeda. Se Lula aceitasse o acordo, mas ele terminasse em fracasso, o ônus político da decisão original seria de FHC.

O Fundo concordou com a proposta brasileira porque FHC tinha o apoio da Casa Branca. E a Casa Branca jogou seu peso a favor de um empréstimo tomado pelo tucano porque, ainda durante a campanha presidencial, todos sabiam que Palocci e Malan haviam começado a operar como se fossem uma pessoa só.

Agora, presidente eleito, Lula sabia que o futuro dessa dobradinha improvável com o governo tucano dependeria da constelação de forças a seu redor.

Dia 6

Sábado
2 de novembro de 2002

Lula amanheceu em Araxá, no interior de Minas Gerais. Depois de meses de campanha, era o respiro de que precisava para lidar com o problema do fim de semana: o PMDB.

Nos bastidores, o PT vinha tentando costurar uma aliança que trouxesse o PMDB para a base governista. José Dirceu construíra um bom relacionamento com o cacique da legenda, José Sarney, e o terreno parecia estar preparado para um acordo. Se desse certo, Sarney viraria presidente do Senado com o beneplácito de Lula, algo antes impensável para a militância petista.

Só que agora os pemedebistas prejudicados ensaiavam uma revolta.

"Se for para o governo, o PMDB se desmoraliza com a pecha de fisiológico", denunciou Michel Temer aos jornais do dia. O deputado pemedebista fechara em apoio a Serra durante a campanha, e uma possível debandada de seu partido para os braços do governo petista isolaria seu grupo dentro da própria sigla. Além disso, a imprensa começara a repetir que Renan Calheiros, do PMDB de Alagoas, também estava de olho na presidência do Senado com apoio de Lula, ameaçando a posição de Sarney.

A possibilidade de uma aliança com o PMDB também deixava parte do petismo em polvorosa. "Sarney não é uma pessoa para compor um governo que se propõe a fazer mudanças profundas", disse a deputada federal eleita Luciana Genro. Assim como muitos outros correligionários de Lula, ela tachou a proposta de desfaçatez.[1]

Sábado, 2 de novembro de 2002

Em meio às negociações com os pemedebistas e sob os holofotes da imprensa mundial, é possível que ninguém no círculo íntimo de Lula tenha prestado muita atenção à notícia da *Folha de S. Paulo* daquela manhã: "OEA vai investigar denúncias contra Febem".[2]

Parecia algo menor, mas o tema dos direitos humanos tinha tudo para dificultar a aproximação com Bush que Lula tinha em mente.

———— •·•· ————

A Fundação Estadual para o Bem-Estar do Menor (Febem), uma autarquia do governo de São Paulo, representava tudo o que havia de errado com os direitos humanos no país. Depois de anos de tentativas fracassadas, o movimento nacional de direitos humanos finalmente conseguia levar o tema até um organismo internacional.

Em tese dedicada a recuperar "jovens infratores", a Febem era um terror. De dia, os meninos ficavam apinhados nas celas; de noite, dormiam no chão ou dividindo colchões. Faltava atenção médica e educacional. O preparo da comida não respeitava padrões mínimos de higiene. Doenças infecciosas de pele abundavam. Os funcionários tomavam água filtrada, mas os menores detentos tinham acesso somente à água da bica. Mais que isso, o uso de tortura e da prática de espancamento era corrente.

Em agosto de 1999, durante uma rebelião na unidade do Complexo dos Imigrantes, que albergava 1.400 adolescentes embora tivesse espaço apenas para 320, escaparam 50 meninos. A repressão contra os que ficaram foi brutal.

Dois meses depois, uma nova rebelião: 300 escaparam, 69 ficaram gravemente feridos e 4 foram assassinados. Alguns dos detentos foram transferidos para o Cadeião de Santo André, onde foram torturados no dia em que chegaram.[3]

As denúncias das famílias e de grupos de direitos humanos não resultavam em nada. Alguns juízes recusavam-se a responder a qualquer processo contra a Febem que utilizasse as palavras "tortura" ou "maus-tratos". O Tribunal de Justiça de São Paulo chegou a caçar liminares em oito processos movidos pelo Ministério Público. Quando as famílias dos menores acionaram o Supremo Tribunal Federal, ficaram sem resposta.

O assunto tinha sérias ramificações políticas. Em 2002, a Febem estava sob a batuta do governador Geraldo Alckmin do PSDB, que governava São Paulo havia anos. Uma crise mancharia o partido que ocupava o Palácio do Planalto, além de dar munição à oposição.

Como o judiciário e o governo estadual eram omissos com os crimes ou incapazes de resolvê-los, os pais e seus advogados apelaram para a Corte Interamericana de Direitos Humanos, com sede na Costa Rica, e parte do sistema da OEA.

A Corte Interamericana era revolucionária no contexto latino-americano. Podia receber denúncias e petições de cidadãos comuns, julgando as demandas recebidas e recomendando soluções práticas às autoridades nacionais responsáveis. Para seus juízes, os países-membros tinham a obrigação legal de proteger os direitos de seus cidadãos sob pena de serem responsabilizados internacionalmente. Embora a corte não tivesse poderes para pôr ninguém no banco dos réus, suas atribuições lembravam as de um tribunal penal internacional.[4]

Acima de tudo, a Corte causava constrangimento, amplificando a denúncia de chacinas, prisões superpovoadas, violência policial, conflitos no campo, violações contra a mulher, trabalho escravo e prostituição infantil. O trabalho dos juízes na Costa Rica punha contra a parede as instituições brasileiras que eram incapazes de proteger os milhares de brasileiros vítimas dos assustadores índices de violência e abuso país afora.

A POLÍTICA EXTERNA BRASILERA nunca simpatizara com a agenda de direitos humanos, que começara a varrer o mundo por meio dos movimentos feminista, negro, gay e antiautoritário na década de 1960, ao mesmo tempo que os militares ocuparam o poder. Nada desafiava mais a gerontocracia uniformizada e seus aliados civis do que esses movimentos transnacionais que, pela primeira vez, tinham capilaridade suficiente para identificar e divulgar abusos em escala planetária.

A resposta do regime militar foi denunciar o assunto dos direitos humanos como ameaça à soberania nacional. Os generais também argumentaram que o tema trazia consigo o risco de práticas neoimperialistas: grupos como Anistia Internacional e Human Rights Watch estavam longe de

Sábado, 2 de novembro de 2002

ser isentos, pois suas sedes ficavam na Europa e nos Estados Unidos, e seu financiamento era oriundo das elites, quando não dos próprios governos daqueles países. Esses argumentos transformaram-se na ideologia dominante da política externa brasileira.[5]

As mudanças no ambiente internacional, porém, não tinham volta. A ONU criou novas regras e órgãos com autoridade para criticar publicamente governos considerados irresponsáveis, e o Congresso dos Estados Unidos e a comunidade de países europeus estabeleceram parâmetros antes inexistentes para pressionar países como o Brasil.

A ditadura brasileira operou nesse ambiente com esperteza. Em vez de manter distância das novas instituições internacionais, virando alvo preferencial delas, aproximou-se ativamente de todos os foros relevantes. O governo militar escalou diplomatas para o Grupo de Trabalho da ONU sobre Desaparecidos, ratificou a Convenção Americana de Direitos Humanos, participou de uma Comissão da ONU sobre o tema, de uma convenção para a Eliminação de Todas as Formas de Discriminação contra a Mulher e da redação da Convenção da ONU sobre Tortura. Atuando em parceria com a Argentina da Junta Militar e o Chile de Augusto Pinochet, o regime brasileiro trabalhou para esvaziar o incipiente sistema de direitos humanos por dentro.

Essa diplomacia anti-direitos humanos sobreviveu ao fim do regime militar. José Sarney manteve boa parte de seu arcabouço intacto: embora ele assinasse a convenção contra a tortura e seu partido apoiasse o uso extensivo da linguagem dos direitos na Constituição de 1988, o então presidente recusou-se a receber ONGs internacionais, que o Itamaraty continuou classificando em papéis oficiais como "subversivas".

A situação começou a mudar com Fernando Collor, quando o Planalto recebeu uma delegação da Anistia Internacional pela primeira vez e patrocinou um Estatuto da Criança e do Adolescente calcado em um documento da ONU sobre o tema. Mas a mudança era lenta.

A evolução das atitudes dos homens que mandavam no país também. Quando um grupo de extermínio composto por policiais matou oito menores de rua na Candelária, no Rio de Janeiro, Itamar Franco irritou-se com as manchetes em jornais de todo o mundo. Em vez de utilizar a tragédia como oportunidade para fazer reformas, o presidente ordenou ao Itamaraty uma ofensiva junto à mídia internacional. Os embaixadores tinham de emplacar matérias positivas nos principais jornais e revistas do mundo. Mas a maré de comentários negativos não virou, e o presidente chegou a ameaçar com uma demissão geral de embaixadores graúdos. Mesmo em plena democracia, a expansão global dos direitos humanos foi recebida por parte do sistema político brasileiro como uma ameaça. Os principais centros de poder operavam na retranca.

Isso ficou evidente uma vez mais em 1994, quando a Corte Interamericana estabeleceu o dever de investigar e punir abusos passados. Era tudo o que a classe política brasileira mais temia: decisões que abrissem caminho para um questionamento internacional da Lei de Anistia de 1979. Países como Argentina, Chile, El Salvador, Guatemala, Honduras e Peru tinham pouco para se preocupar com essas regras porque já haviam encaminhado o tema dos abusos passados por meio de comissões de verdade e justiça. No Brasil, porém, o assunto ainda era tabu.

FHC CHEGOU a 1995 com uma agenda reformista. Pediu perdão pelos crimes cometidos pelo Estado brasileiro durante a ditadura, iniciando uma política oficial de reparações. Abriu as portas às avaliações da Comissão Interamericana de Direitos Humanos, fazendo do Brasil um dos países mais inspecionados de toda a região. O presidente assinou e ratificou novos tratados sobre o tema, lançou um Programa Nacional de Direitos Humanos e criou uma Secretaria Nacional para implementá-lo em diálogo com a sociedade civil. O governo tucano ainda convidou a então chamada Comissão de Direitos Humanos da ONU (hoje Conselho) para conduzir investigações presenciais em temas como tortura, direito alimentar, independência do judiciário, execuções extrajudiciais e direito à moradia. O governo brasileiro apoiou a criação de um Tribunal Penal Internacional.[6]

Em todas essas medidas, FHC enfrentou oposição interna. A mais controversa foi o aceite da jurisdição da Corte Interamericana. Caso o Brasil concordasse em submeter-se a ela, qualquer entidade não governamental legalmente reconhecida que tivesse esgotado os recursos do direito interno poderia denunciar o governo brasileiro naquele foro.

Sábado, 2 de novembro de 2002

Quando Fernando Henrique apresentou o projeto ao Congresso Nacional, embaixadores do Itamaraty chegaram a fazer lobby nos bastidores contra o próprio governo. Nisso, tinham a simpatia do Supremo Tribunal Federal, que rejeitou a tese de que tratados internacionais sobre direitos humanos pudessem ser equivalentes ao texto constitucional. Em 1998, depois de uma longa queda de braço, o Planalto venceu.

Só que o êxito da Presidência da República foi parcial. A jurisdição da Corte não era de fácil implementação. Para que cidadãos brasileiros pudessem acionar o organismo, tinham de atravessar os obstáculos e a morosidade do sistema judiciário nacional. O processo foi tão desgastante para o governo que FHC se limitou a apresentar um candidato a juiz da Corte e outro para a Comissão Interamericana de Direitos Humanos. A maioria das instituições brasileiras continuou ignorando ou não implementando as medidas recomendadas pelas instâncias regionais na matéria. E, quando o brasileiro Sérgio Vieira de Mello virou Alto Comissário de Direitos Humanos da ONU, recebeu mais apoio de México, Argentina e Chile que de seu próprio país.

FHC enfrentou outro problema. Ao perceber a guinada que o governo tucano estava fazendo na matéria, os chineses manifestaram preocupação ao Itamaraty, que lhes prometeu: sempre que houvesse resoluções substantivas referentes à China, o governo brasileiro se absteria de acusar ou condenar o país. Os diplomatas brasileiros ouviram reclamações similares na África, na Ásia e no Oriente Médio.[7]

PARA O GOVERNO tucano, a construção de uma nova diplomacia de direitos humanos esbarrava em um obstáculo adicional: os Estados Unidos.

A Casa Branca soube, tolerou e acobertou os abusos cometidos pelo aparato repressivo brasileiro em seguida ao golpe de 1964. O consulado americano em São Paulo chegou a incentivar a luta contra a "subversão" por meio do uso sistemático da tortura.

No entanto, o apoio do governo norte-americano à ditadura brasileira sofreu um revés ainda na década de 1970, graças à pressão de uma coalizão de ativistas, parlamentares, celebridades e intelectuais estadunidenses. Em 1976, o candidato democrata Jimmy Carter chamou a conivência americana diante dos abusos do regime brasileiro de "bofetada no rosto do povo americano".[8]

Uma vez empossado, Carter transformou-se no principal inimigo do Brasil ditatorial no exterior. Em poucos meses, ele enviou a mulher, seu ministro do Exterior e visitou ele mesmo Brasília com uma mensagem em prol da restauração dos direitos civis e políticos. A Casa Branca promoveu encontros com líderes de oposição e da Igreja em São Paulo, denunciou publicamente o comportamento abusivo das forças de segurança brasileiras e advogou o fim da censura nos jornais.

A partir daí, a política externa brasileira chocou-se com a americana sempre que o tema fossem os direitos humanos. Os americanos achavam que as autoridades brasileiras eram coniventes com o horror cotidiano que sofriam os direitos fundamentais da população. Os brasileiros enxergavam a hipocrisia de um país que, longe de ser exemplo de lisura no assunto, ainda fazia vista grossa quando regimes ditatoriais em todo o planeta prometiam ser bons aliados. A restauração da democracia não reverteu a situação.

Um dos focos do problema era Cuba. Em 1996, Washington pediu ajuda a Brasília para convencer Fidel Castro a aceitar uma visita do relator da Comissão de Direitos Humanos da ONU. O governo FHC declinou.

"Cuba não é uma prioridade para nós, e não tencionamos elevar o nível dessa prioridade", respondeu o governo brasileiro. Dois anos depois, o governo americano tentou novamente, sem êxito: o Itamaraty respondeu que não cabia a Brasília apontar o dedo contra Havana. A diplomacia brasileira sugeriu que melhor seria deixar esse tipo de gestão para João Paulo II, o papa.[9]

Quando o governo Clinton pediu que o Brasil condenasse países específicos na Comissão de Direitos Humanos da ONU, o brasileiro respondeu que antes seria necessário examinar a situação de todos os países do mundo, inclusive dos Estados Unidos.[10]

O diálogo com os Estados Unidos nesse tema era cheio de ruído.

No ENTANTO, Fernando Henrique quis mostrar compromisso pessoal com o assunto e fazer uma demonstração de força que disciplinasse a burocracia de Brasília. A agenda dos direitos humanos chegara para ficar. Na

Sábado, 2 de novembro de 2002

opinião do presidente, a postura brasileira precisava se modernizar. Por isso, em maio de 1998, o presidente enviou a Cuba seu ministro das Relações Exteriores, Luiz Felipe Lampreia.

LAMPREIA ERA bisneto e neto de diplomatas portugueses, e filho de um diplomata brasileiro. Em 1962, pouco antes de completar 21 anos, ingressou no Instituto Rio Branco em primeiro lugar. Seu primeiro posto foi na missão junto à ONU em Nova York, onde sua desilusão com o funcionamento do órgão foi total.

Frustrado, assim que pôde, aceitou o convite que transformaria sua vida. Antônio Francisco Azeredo da Silveira era um embaixador poderoso quando convidou o jovem para trabalhar com ele na sede da ONU em Genebra, onde se negociava um Tratado de Não Proliferação Nuclear. Aos 51 anos, Silveira acabara de perder duas filhas. Lampreia, com apenas 28, passou a ser tratado como um filho.

Silveira transformou sua residência em Genebra em um centro de planejamento diplomático, convicto de que, em pouco tempo, terminaria ocupando um cargo no comando do Itamaraty. Encomendou à sua equipe uma bateria de papéis sobre o futuro da política externa brasileira, alguns dos quais ofereciam projeções de trinta anos.

O grupo rachou logo no início dos trabalhos. Por um lado, o diplomata Sérgio Paulo Rouanet encabeçava aqueles que viam no Brasil um líder natural do grupo dos países não alinhados, junto a Índia, Egito e Iugoslávia. Do outro lado, estava o grupo de Lampreia: para eles, o Brasil não tinha condições de exercer tal liderança. Para Lampreia, se o Brasil quisesse contrabalançar o peso dos Estados Unidos sobre seu campo de atuação, seria melhor aproximar-se de Alemanha, França e Inglaterra — países detentores do capital, da tecnologia e do mercado que a industrialização brasileira demandava. Embora fossem aliados dos Estados Unidos, esses países tinham jogo próprio — era uma questão de tirar vantagem das "rachaduras da aliança ocidental".[11]

Quando o general Ernesto Geisel convidou Silveira para ser chanceler, em 1974, Lampreia foi junto.

Silveira assumiu o comando do Itamaraty como um furacão, chacoalhando todas as áreas da política externa da época. O tema mais sensível era a disputa com a Argentina a respeito da construção da usina de Itaipu, a negociação mais difícil que a diplomacia brasileira enfrentara desde o início do século. Aos 32 anos, Lampreia virou responsável pelo assunto no gabinete do ministro.

Foi um batizado de fogo. Como porta-voz de Silveira para o tema e elo de ligação com a imprensa, conheceu o mundo das redações de jornal. Aprendeu como pensam os jornalistas e como funciona a opinião pública. Viveu de perto as altas rodas da Esplanada dos Ministérios e sentiu na pele as dificuldades de manter a tropa disciplinada dentro do próprio ministério.

A passagem pelo gabinete endureceu-o. Antes de completar 40 anos era conhecido pela falta de paciência com miudezas e pela irritação quando a máquina burocrática travava. Brincalhão na intimidade, construiu uma persona pública de homem sisudo.

Nos anos seguintes, ele ocupou cargos nas embaixadas em Washington, Paramaribo e Lisboa, ganhando fama de bombeiro: sabia apagar incêndios sem fazer alarde nem perder a compostura.

Lampreia tinha 52 anos e era embaixador brasileiro em Portugal quando o senador Fernando Henrique Cardoso o convidou para ser secretário-geral do Itamaraty. Eles nem se conheciam direito, mas o presidente Itamar Franco queria nomear seu amigo e aliado José Aparecido para a embaixada em Lisboa, e Lampreia precisava deixar o posto.

A boa química entre FHC e Lampreia foi imediata. Eleito presidente, o tucano nomeou o embaixador chanceler.

No cargo de ministro, a partir de 1995, Lampreia acirrou o estilo firme e impaciente. Tinha horror a aporrinhação e odiava perder tempo. Bastava fechar a cara para deixar os subordinados assustados. Jovens diplomatas em seu gabinete se referiam a ele carinhosamente como *Touro Sentado*.

A fama de negociador duro é sempre útil para um chanceler brasileiro. É ele quem dá as más notícias a governos estrangeiros, protege o presidente da República de pressões internacionais, absorve os golpes da imprensa e põe ordem no Itamaraty. Era a pessoa ideal para mandar a Cuba.

Lampreia pousou em Havana para uma missão inédita nos anais da diplomacia brasileira. Em seus discursos na capital cubana, ele utilizaria a expressão "direitos humanos". Também faria uma provocação: teria um

Sábado, 2 de novembro de 2002

encontro com o dissidente Elizardo Sanchez, presidente da Comissão Cubana de Direitos Humanos e Reconciliação Nacional. Era a primeira vez que um ministro do Exterior mantinha encontro pessoal com a dissidência cubana.

Na prática, era apenas um gesto. Sanchez não representava ameaça real ao regime cubano. Apesar de ser tratado como um agente da CIA, suas críticas ao governo de Fidel eram tão mornas que, para a comunidade cubana em Miami, ele era um funcionário do regime castrista. Sanchez defendia publicamente o socialismo, chamava Fidel de "o maior reformista" da história cubana e acreditava em uma transição pactuada e conduzida pelo próprio Fidel. Seu modelo ideal era a transição ocorrida no Chile, onde a comunidade internacional legitimou uma transição ao governo civil na qual o general Augusto Pinochet manteve posição central. O encontro de Lampreia com Sanchez podia irritar Fidel Castro, mas não o ameaçava.[12]

Além disso, FHC equilibrou seu gesto com sinais na direção oposta. Lampreia chegou a Havana trazendo na mala uma doação de 20 mil toneladas de cereais e a concessão de financiamento para importação de alimentos brasileiros, além de investimentos novos da Petrobras. Em todos os discursos que fez, o chanceler condenou o embargo norte-americano à ilha.

FHC CAPRICHOU na simbologia da missão de seu chanceler. Fez questão de que Lampreia, à época sem aeronave à disposição, pousasse em Cuba em avião oficial da Força Aérea Brasileira. As redações de jornal de São Paulo e do Rio de Janeiro foram mantidas a par de cada movimento do ministro por meio de canais formais e de vazamentos calculados do próprio palácio presidencial.

Em Brasília, ninguém tinha dúvidas de que Fidel reagiria mal, e o Planalto preparou-se para isso. Assim que Lampreia pousou na ilha, percebeu que lá também estavam em visita oficial os chanceleres de Malásia, Nigéria e Coreia do Norte.

"Cuba vive uma fase de autoconfiança", escreveu o chanceler em telegrama secreto para Fernando Henrique, "e considera que, pela primeira vez em sua história, não depende totalmente de nenhum país, como foi seu destino no passado".

O ministro estava correto em sua avaliação. Embora a economia cubana se arrastasse, o apoio popular a Fidel vinha em alta e os opositores ao regime não estavam organizados. Nem estudantes, acadêmicos, meios de comunicação ou sindicatos contestavam as autoridades. A única exceção tímida era a Igreja Católica.[13]

"A única ameaça que os dirigentes cubanos temem, obsessivamente, é a dos Estados Unidos", explicou Lampreia. "Em tudo sentem a mão de Washington a urdir conspirações."

"Isto leva Fidel e seus hierarcas a verem em tudo o perigo de abrir uma brecha em seu perímetro defensivo, a suspeitar que qualquer palavra que não seja de aplauso e endosso a seu regime seja conspurcada por uma cumplicidade tácita com o inimigo, a temer que qualquer concessão seja lida como fraqueza. Não há dúvida de que esta paranoia tem fundamentos concretos e indiscutíveis, mas ela é levada a um paroxismo que afeta qualquer avaliação objetiva."[14]

Tão logo soube do plano do chanceler, Fidel mandou-lhe um recado: se ele mantivesse o encontro com o dissidente, não seria recebido em audiência pessoal pelo próprio Fidel, como era o costume. Porém, se Lampreia desistisse, delegando outra pessoa de sua comitiva à reunião com Sanchez, então seria recebido.

Lampreia foi adiante com o plano original, encontrou Sanchez e não foi recepcionado pelo presidente cubano.

"A reação de Fidel Castro ao encontro", relatou o ministro em telegrama, "é prova cabal da intransigência totalitária do governo de Cuba e indicação forte de que não parece razoável esperar, por parte dos atuais dirigentes, a curto ou médio prazo, iniciativas liberalizantes".[15]

Em almoço a ele oferecido pelo chanceler cubano, Lampreia aumentou o volume da crítica ainda mais: "A liberdade e a integridade do indivíduo são aspirações universais", afirmou. "O desafio de vencer o subdesenvolvimento e a injustiça social já não pode passar seja pelo cerceamento da liberdade, seja pelo caminho do isolamento e da autossuficiência."[16]

Ninguém sabia ao certo qual seria a postura de Lula em direitos humanos. Ele certamente não bateria em Fidel, mas utilizaria a política externa

Sábado, 2 de novembro de 2002

para acelerar a modernização dos direitos humanos em casa ou adotaria uma postura mais nacionalista e defensiva?

Independentemente do que fizesse, entre o futuro governo petista e a Casa Branca havia enorme tensão potencial. Afinal, o governo americano prometia realinhar todo o sistema global de proteção aos direitos humanos à chamada "guerra contra o terror". Nesse contexto, o risco era que o Brasil e os Estados Unidos, mesmo sem querê-lo, entrassem em rota de colisão.

Dia 7

Domingo
3 de novembro de 2002

Lula continuava isolado da imprensa em Araxá, mas a edição de domingo do *Washington Post* trazia uma longa entrevista com ele. Era uma peça de marketing talhada para conquistar a simpatia do público leitor do jornal: a elite norte-americana do poder.

O presidente eleito distanciou-se de Chávez e Fidel Castro, repetiu seu compromisso com os contratos assinados por FHC e disse ser capaz de honrar os interesses de empresários e banqueiros brasileiros. Quando o jornal lhe perguntou se era socialista ou pró-livre mercado, Lula respondeu que seu exemplo era Franklin D. Roosevelt, pai do Estado de Bem-Estar Social norte-americano. Lula ainda disse que, ao longo de sua campanha, lembrara sempre do presidente Abraham Lincoln: um político vindo de baixo, que batalhara durante anos a fio antes de alcançar o poder.

"O senhor mudou?", questionou o jornal em relação ao passado socialista. "Se não tivesse mudado", respondeu Lula, "eu seria um idiota".

Uma pergunta o deixou irritado: "Quem será o futuro presidente do Banco Central?"

"Nenhum país do mundo", disse ele, "sofreu tanta pressão durante uma campanha eleitoral para divulgar o nome do presidente do Banco Central. Não posso ceder às pressões internacionais para dar um nome".[1]

A resposta evocava um argumento de longo pedigree nos anais da política externa brasileira: o problema de ocupar uma posição periférica no sistema internacional estava no fato de as autoridades brasileiras ficarem à mercê das grandes potências e de seus capitalistas. O desafio brasi-

Domingo, 3 de novembro de 2002

leiro era cavar um espaço no sistema para dotar as elites locais de manobra própria. Essa doutrina de política externa tinha o rótulo de "autonomia".

A EXPRESSÃO "autonomia" começou a circular nos meios diplomáticos brasileiros ainda na época do Império. Contudo, somente depois da Segunda Guerra ela ganhou o status de doutrina.[2]

Assim, ao nascer na década de 1950, a autonomia era um programa de política externa para fortalecer as novas elites nacionais responsáveis por trazer o país para a modernidade sem rupturas sociais que pudessem flertar com o socialismo ou quaisquer outras propostas de reforma profunda.

A transformação dessas ideias em doutrina de política externa ocorreu aos sobressaltos. Sem um único porta-voz ou plataforma sistemática, o conceito de autonomia foi ganhando forma nos escritos de intelectuais, acadêmicos, economistas profissionais e diplomatas. Eles nunca chegaram a formar um grupo coeso, pois sua confluência era menos o produto de uma proposta coletiva do que de uma crítica comum ao chanceler do Estado Novo, Osvaldo Aranha.[3]

Durante a guerra, Aranha argumentara que a diplomacia do Rio de Janeiro deveria seguir Washington a reboque, para obter ganhos materiais e status internacional diferenciados. Caso ficasse fora da arquitetura de alianças construída pelos Estados Unidos, dizia o ministro de Getúlio Vargas, o Brasil perderia poder, prestígio e influência. Seguindo esse raciocínio, o Brasil da década de 1940 aderiu ao ordenamento global que surgiu das cinzas da guerra: o novo mundo regido por ONU, FMI, Tratado Interamericano de Assistência Recíproca (Tiar) e Acordo Geral de Tarifas e Comércio (GATT, na sigla em inglês).

Como resultado da política encabeçada por Aranha, os Estados Unidos passaram a ocupar uma posição cada vez maior nos projetos brasileiros de desenvolvimento econômico. Técnicos americanos ajudaram a criar novos sistemas de planejamento orçamentário, de expansão da rede universitária, de políticas de saúde e educação básica. Créditos americanos financiaram obras públicas do Estado e a iniciativa privada no país.

Os Estados Unidos transformaram-se no principal importador de produtos brasileiros e seu principal provedor de tecnologia. As universidades americanas treinaram uma geração de cientistas brasileiros, e acordos de exclusividade fizeram do Brasil um provedor de minerais sensíveis para a indústria nuclear norte-americana. Anos depois, quando Washington lançou um programa de ajuda hemisférica sob o nome de Aliança para o Progresso, o Brasil foi receptor de quase metade dos recursos desembolsados. Na véspera do golpe militar de 1964, a embaixada americana no Rio de Janeiro tinha 1.400 funcionários na folha de pagamento.

Entretanto, desde o início, essa política foi contestada no próprio interior do governo. Boa parte dessa elite acreditava estar recebendo tratamento de segunda classe por parte dos americanos: os fluxos de investimento eram parcos, as condições, árduas, e a atitude dos oficiais de Washington, imperial. O próprio Aranha criticava o tratamento recebido da grande potência.

Segundo a leitura que passou a ser dominante no Brasil ainda na segunda metade da década de 1940, os ganhos obtidos da política de aproximação a Washington eram marginais e incertos.

A crítica à estratégia do alinhamento encontrou apoio no sentimento nacionalista, para o qual o adesismo aos Estados Unidos manteria o Brasil em uma dependência neocolonial. Nesse contexto, a doutrina autonomista foi concebida como um instrumento de emancipação.

Não que fosse revolucionária. Na concepção autonomista, os Estados Unidos continuariam no centro do mundo, e o Brasil se manteria firmemente enraizado na economia capitalista e no Ocidente. Mas a política externa migraria de uma posição adesista para uma de distanciamento relativo da potência hegemônica. Segundo os expoentes do autonomismo, essa distância ajudaria a diluir, ao menos relativamente, os efeitos perversos da assimetria de poder entre o Brasil e os Estados Unidos.

A ADOÇÃO da autonomia como doutrina de política externa não era a única opção estratégica disponível à época. Em 1958, Golbery do Couto e Silva, coronel lotado na Escola Superior de Guerra, sistematizou conceitos alternativos no livro *Geopolítica do Brasil*. Assim como os autonomistas, ele

Domingo, 3 de novembro de 2002

queria pôr a política externa brasileira a serviço da nova elite nacional emergente — a coalizão de militares, empresários, políticos profissionais e tecnocracia. Assim como os autonomistas, Golbery rejeitava a possibilidade de uma política de adesão aos Estados Unidos.[4]

Em sua visão, contudo, havia pouco espaço para desenvolvimento autônomo porque o embate global entre capitalismo e comunismo estava rachando a sociedade brasileira ao meio. Para Golbery, a diplomacia tinha de operar a serviço da causa anticomunista, reconhecendo seus laços de interdependência com a aliança ocidental na era da Guerra Fria. Não havia neutralidade possível.

Golbery influenciou profundamente o debate público. Foi artífice do golpe de 1964 e gestor, a partir de 1974, da lenta volta aos quartéis. Suas ideias contribuíram para a Doutrina de Segurança Nacional, que guiou a política de repressão empreendida pelo governo dos generais, e sua voz serviu para temperar as expressões nacionalistas mais hostis em relação ao governo dos Estados Unidos. Mas as teses de seu livro de 1958 nunca alçaram voo como plataforma de política externa. Quem ganhou o embate foram os conceitos de autonomia.

Dessa forma, o Brasil não aderiu à luta contra o comunismo internacional como Golbery vislumbrava, nem fez disso o esteio de suas relações com os Estados Unidos: apesar de conduzir sua própria Guerra Fria na América do Sul e perseguir sempre o apoio tácito da Casa Branca, os generais procuraram preservar seu espaço de manobra diante de Washington, reduzindo ao máximo qualquer expectativa norte-americana de cooperação profunda ou divisão de tarefas. Não à toa, no auge da repressão — durante os governos dos generais Médici e Geisel —, as relações bilaterais entre Brasil e Estados Unidos, ao invés de melhorar, pioraram, chegando a seu ponto mais baixo.

A POLÍTICA EXTERNA AUTONOMISTA nunca foi concebida como mera representação de interesses da elite nem como mera alavanca econômica. Ao contrário, seus principais expoentes a apresentaram como projeto para o desenvolvimento de *toda* a sociedade. Além disso, o autonomismo não se limitava a querer industrializar o país. Queria também expressar, no mundo, as crenças e os valores do que constituía a "civilização brasileira".[5]

O argumento era apresentado assim: herdeiro do colonialismo cristão europeu, o Brasil é claramente ocidental quando comparado ao mundo islâmico, à Índia ou à China. Entretanto, a presença de populações indígenas, europeias, negras, árabes, islâmicas, judaicas e asiáticas produzira os fenômenos da "miscigenação racial" e do "sincretismo religioso". Essas características seriam suficientemente fortes para distinguir o Brasil de outros países oriundos do colonialismo europeu, tais como África do Sul, Canadá, Austrália e Nova Zelândia, ou mesmo a vizinha Argentina.

Assim, a identidade brasileira seria, em si mesma, fonte de diversas virtudes, tais como a criatividade, a tolerância, a capacidade de empatia com outros povos e a habilidade para operar como mediador natural nas relações internacionais. O Brasil teria, portanto, uma contribuição ímpar a fazer para a ordem global e mereceria, por isso, status diferenciado.

A AUTONOMIA SEMPRE foi apresentada como uma concepção progressista. De certa forma o era: o industrial e o tecnocrata representavam forças em ascensão opostas ao atraso das elites agrárias que ainda mandavam no país. Os autonomistas encontravam-se do lado das forças políticas que buscavam acelerar o processo de modernização e urbanização, combatendo as elites tradicionais que mantinham o país no subdesenvolvimento.

No entanto, a diplomacia da autonomia era um projeto fundamentalmente conservador. Ao proteger o capitalismo em bases brasileiras, punha a política externa a serviço da elite do poder. A modernização era controlada pelo topo, avessa a rupturas com a ordem estabelecida e conivente com os horrores da desigualdade social e dos abusos recorrentes que eram marca registrada de uma sociedade saída da escravidão havia poucas décadas.

Na prática, a doutrina autonomista serviu como escudo diplomático para legitimar a desigualdade do modelo econômico brasileiro e a repressão do dissenso. Diante de quaisquer críticas vindas de fora, os instrumentos

Domingo, 3 de novembro de 2002

da autonomia permitiam ao governo brasileiro fechar-se em posição defensiva.

Não surpreende, portanto, que a política externa autonomista abrisse mão de grandes mobilizações populares. Mesmo em sua fase mais estridente, durante os governos de Jânio Quadros e João Goulart, no início da década de 1960, a diplomacia autonomista não apelou para a praça pública. Nisso, ela diferia totalmente daquela praticada por Nasser no Egito, Nehru na Índia e Mao na China.

A política externa brasileira somou-se a muitas das causas terceiro-mundistas, mas não patrocinou reformas profundas da ordem internacional. Era revisionismo, mas bastante moderado. As maiores ousadias de Jânio Quadros foram condecorar Che Guevara e receber Tito, da Iugoslávia.

A escolha por reformismo moderado se deu menos por convicção ideológica dos governos em questão do que devido às realidades da política interna: uma diplomacia muito assertiva poderia radicalizar a rua, os quartéis e o parlamento, desestabilizando o país ainda mais. A chamada "política externa independente", apesar da crítica progressista à dominação das superpotências, ficou restrita aos gabinetes, sem mobilizar a população.

Seus heróis eram profissionais de carreira, e a agenda, mantida sob a tutela de especialistas em diplomacia. O objetivo geral era obter algum grau de emancipação política no mundo sem romper as regras do jogo em casa. Promoviam-se mudanças moderadas nas relações internacionais e mantinha-se o status quo dentro das fronteiras.

A melhor analogia é com as doutrinas diplomáticas do Irã do xá Reza Pahlevi, da Indonésia de Suharto e da Turquia dos militares. Em todos esses casos, a agenda de emancipação política no sistema internacional conviveu com conservadorismo e cautela diante de sociedades em vias de rápida transformação.

QUANDO OS MILITARES ocuparam o poder, em 1964, o futuro da causa autonomista parecia incerto. O marechal Castelo Branco, primeiro presidente do ciclo militar, alinhou a política externa aos Estados Unidos e buscou fazer do Brasil, ao menos retoricamente, estandarte da luta anticomunista. Seu embaixador em Washington, Juracy Magalhães, proferiu a frase: "O que é bom para os Estados Unidos é bom para o Brasil."

No entanto, essa postura adesista não durou muito tempo. Já em 1967, com o general Costa e Silva no comando, o regime apropriou-se das ideias autonomistas em benefício próprio. No auge da repressão, em 1969, pensadores vinculados à autonomia, como Hélio Jaguaribe, já estavam de volta após o exílio. Diplomatas de estirpe autonomista como João Augusto de Araujo Castro, Miguel Álvaro Osório de Almeida, Armando Frazão e Antônio Francisco Azeredo da Silveira ocuparam postos-chave da diplomacia. A ditadura pôs os autonomistas no comando da política externa.

Os militares expandiram e aprofundaram a política externa autonomista. A política comercial da época diversificou o número de países consumidores, provedores e investidores do Brasil — um *hedge* contra o magnetismo da economia norte-americana. Os militares ainda patrocinaram coalizões com outros países em desenvolvimento para fazer frente comum aos países industrializados sob liderança dos Estados Unidos. O regime afastou-se de Israel no Oriente Médio e do colonialismo de Portugal na África.

Os limites da autonomia ficaram claros. Nas décadas de 1970 e 1980, a dependência financeira, tecnológica e política dos Estados Unidos permaneceu enorme. A política monetária nacional teve de ser avalizada pelo Tesouro em Washington.

No pico do projeto autonomista, no início da década de 1980, o Brasil era mais dependente dos Estados Unidos do que em qualquer outro momento de sua história.

A estratégia isolou o país, que passou a ser visto como pária em direitos humanos, proliferação nuclear e comércio internacional. Pela primeira vez no século XX, o Brasil teve de conviver com sanções impostas por terceiros países. Em vez de aumentar a capacidade nacional de barganha, o regime debilitou-a.

Os generais tentaram encobrir esses fracassos por meio de uma retórica de nacionalismo ufanista. Na prática, aumentaram ainda mais a dependência brasileira dos Estados Unidos em uma época de debacle financeira.

A estratégia autonomista também ajudou a legitimar o capitalismo de exclusão que virou marca registrada do Brasil. Apesar da criação bem-sucedida de um proletariado urbano, a modernização brasileira da época produziu uma das sociedades mais injustas e brutais do planeta. Em contraponto à retórica progressista dos diplomatas, a realidade do projeto autonomista legou à política externa brasileira o papel de defender, mundo afora, o indefensável.

A adoção de uma política externa voltada para mitigar a influência americana no Brasil não necessitou, contudo, de uma orientação cultural ou moral de cunho antagonista para operar no dia a dia. A autonomia não era um projeto antiamericano. Não denunciou os Estados Unidos nem rechaçou seus valores. Tratava-se de distanciamento estratégico, não sentimental ou apaixonado. Com exceção de Ernesto Geisel, todos os presidentes-generais procuraram ter excelentes relações com a Casa Branca, na qual viam uma alavanca para construir prestígio e autoridade.

O ano de 1989 sacudiu a ideologia autonomista com força. O poder norte-americano em alta, o Brasil perdeu espaço de manobra. Em casa, as eleições diretas para presidente, pela primeira vez conduzidas por meio de sufrágio universal com a extensão do voto aos analfabetos, desafiaram o industrial brasileiro e a tecnocracia, que se viram forçados a reorientar sua atuação em um ambiente inédito de competição eleitoral.

Uma vez eleito, Fernando Collor reverteu alguns dos principais símbolos da diplomacia autonomista. Usando uma retórica de adesão ao Ocidente liberal, buscou eliminar áreas de atrito com Washington e tentou uma aproximação.

Na prática, porém, Collor não conseguiu emplacar uma política de alinhamento automático em relação aos Estados Unidos. Não tinha um arcabouço conceitual ou força política para fazê-lo. Diante das denúncias de corrupção, em questão de meses, seu capital junto à Casa Branca foi dilapidado.

Itamar Franco e Fernando Henrique Cardoso tampouco se desfizeram do arsenal autonomista. Sem dúvida alguma, FHC aproximou o Brasil dos regimes liberais e representou, no contexto brasileiro, uma guinada liberal. Seu governo patrocinou uma política de aproximação aos Estados Unidos.

No entanto, FHC estava começando de uma base de enorme distanciamento diplomático de Washington. Mesmo no auge de seu governo, o Brasil continuou mais afastado dos Estados Unidos que todos os outros grandes países em desenvolvimento, inclusive China, Índia e Turquia.

Apesar da ênfase de Collor e, mais tarde, Fernando Henrique, em reduzir o atrito com os Estados Unidos, ambos conviveram com fricções sistemáticas em temas como Guerra do Golfo, propriedade intelectual, a "guerra contra as drogas" e política comercial.

Em 1996, os Estados Unidos tinham 82 ações antidumping contra o Brasil, e o Brasil lançou seis casos contra os EUA na OMC. O Brasil não apoiou uma intervenção no Haiti, nem a escalada militar americana na Colômbia ou as sanções da OEA contra Fujimori no Peru.

Collor, Itamar e FHC rodearam-se de colaboradores treinados no cânone autonomista: Celso Lafer, Celso Amorim, Luiz Felipe Lampreia, Marcílio Marques Moreira, Paulo Tarso Flecha de Lima, Roberto Abdenur, Rubens Ricupero, Rubens Barbosa, Marcos Azambuja, Gelson Fonseca e Ronaldo Sardenberg. Em que pesem as vastas diferenças entre uns e outros — e seus embates pessoais —, todos eles operavam no espaço intelectual da autonomia.

Todos partilhavam da percepção de que, nas novas condições internacionais e domésticas, valia a pena manter o objetivo autonomista central, qual fosse a definição de interesse nacional em termos de construção de um capitalismo brasileiro com algum espaço de manobra para a tecnocracia em Brasília, em um momento histórico no qual o país se encontrava enfraquecido. Para eles, com o fim da Guerra Fria, as adaptações eram essenciais para *manter*, não abandonar, o projeto de modernização capitalista com alguma autonomia decisória.

O programa nuclear brasileiro foi submetido a salvaguardas internacionais, receberam-se oficialmente relatores de direitos humanos, reduzi-

Domingo, 3 de novembro de 2002

ram-se as barreiras comerciais, abriu-se a economia a investimentos privados por meio de um programa de privatizações, e assinaram-se compromissos multilaterais na área ambiental.

O país voltou ao Conselho de Segurança da ONU, para o qual não se candidatava havia vinte anos, envolvendo-se em operações multilaterais em Angola, Moçambique, Uganda, Ruanda, Libéria, Camboja, Croácia, Macedônia, Nicarágua, Guatemala e Timor Leste. Em vez de assegurar a "autonomia pela distância" das instituições internacionais inventadas pelas potências do Atlântico Norte, Collor e FHC apostaram em uma "autonomia pela participação" naqueles regimes e organismos. Abandonando a autarquia dos militares diante da globalização, os dois presidentes abriram o Brasil a seus fluxos. A todo momento, porém, insistiram na manutenção do princípio da autonomia.[6]

AGORA, EM PLENO 2002, Lula tinha a oportunidade de articular uma versão atualizada da estratégia autonomista. Afinal, mais do que qualquer antecessor, ele prometia adotar um tom mais crítico aos Estados Unidos e à ordem internacional vigente. Em suas declarações, dava a entender que acreditava ter o Brasil condições de barganhar os termos de sua participação no capitalismo global.

A dúvida era se, ao fazê-lo, ele terminaria rumando para um distanciamento cautelar dos Estados Unidos, como fizeram os autonomistas do passado. Ou se ele aproveitaria a aparente abertura dada por Bush ao telefone para redobrar a aposta e, aproximando-se da Casa Branca, testar uma nova equação.

NAQUELE DIA, o jornalista Elio Gaspari começou a circular o boato de que o presidente eleito poderia nomear para o Itamaraty o embaixador Rubens Ricupero, um notável autonomista. A *Folha de S. Paulo* trazia coluna do próprio embaixador. Ele defendia o Itamaraty de críticas a respeito da performance em negociações comerciais. Em sua opinião, o ministério merecia continuar à frente de tais negociações por ser melhor qualificado do que outros órgãos do setor público para fazê-lo. Em um aceno à esquerda, a alertava que reduzir o papel do ministério seria um erro: "Talvez fatal para o pouco que sobrou do Estado brasileiro após esta implacável obra de desmonte empreendida desde 1990."[7]

Propositada ou não, essa era uma crítica frontal a Rubens Barbosa, o outro embaixador cotado para ocupar a cadeira de Rio Branco no governo Lula. Barbosa não escondia de ninguém sua proposta de criar uma agência de comércio exterior a fim de lançar uma ofensiva comercial séria, objetivo para o qual, segundo ele, o Itamaraty não tinha os quadros adequados nem os devidos incentivos institucionais.

Dia 8

Segunda-feira
4 de novembro de 2002

Entre governadores, parlamentares e a Executiva Nacional do PT, havia umas cem pessoas aguardando Lula em São Paulo. Assim que chegou ao encontro, o eleito começou a falar: em menos de meia hora, desautorizou qualquer correligionário a especular sobre o ministério, pediu trégua entre as facções rivais dentro do PT, e defendeu a participação do partido nas administrações dos governos do PMDB no Paraná e em Santa Catarina.

Enquanto isso, em Brasília, o PMDB corria o risco de rachar. Renan Calheiros disse a Michel Temer estar pronto para aliar-se a Lula e brigar pela presidência do Senado. Horas depois, Temer ouviu a mesma coisa de José Sarney. A briga entre os caciques poderia botar tudo a perder.[1]

Se decolasse, a aliança entre PT e PMDB representaria um acordo entre a esquerda eleita nas urnas e uma das forças mais conservadoras do país. Sarney e Renan Calheiros eram ícones civis do regime militar. Uns enxergariam essa guinada de Lula à direita como traição ou pragmatismo sem caráter; outros, como brilhantismo tático.

Os holofotes do dia, porém, não estavam no Brasil, mas na Venezuela. Milhares de pessoas saíram às ruas contra Hugo Chávez logo cedo, coletando assinaturas para a realização de um referendo popular que o impedisse de ser reeleito. Durante todo o dia houve choques entre a polícia e os oposicionistas que avançavam em direção ao prédio da Comissão Nacional Eleitoral. No fim da tarde, os manifestantes lá chegaram com 2 milhões de assinaturas.

Fernando Henrique já estava acostumado à instabilidade venezuelana. Ainda ministro das Relações Exteriores de Itamar Franco, acompanhou de perto uma tentativa de golpe liderada por Chávez. Como presidente, viu o líder bolivariano ser eleito pelo voto popular. FHC deu apoio ao vizinho desde o início. Agradecido, Chávez o chamava de *mi maestro*.

Agora, em meio à transição brasileira, quem estava mais preocupado com a instabilidade venezuelana era Lula. Uma das preocupações era geopolítica: seria ruim para o governo petista ter de lidar com um vizinho em estado de implosão. Mas o problema de curto prazo era mais premente. Na opinião pública estrangeira, Chávez e Lula eram vistos como membros do mesmo clube de esquerdistas latino-americanos. Uma radicalização do chavismo na Venezuela despertaria ansiedade a respeito daquilo que o petismo poderia fazer ao assumir o poder no Brasil.

A última coisa que Lula precisava naquele momento era ser colocado na mesma categoria que o colega venezuelano. Enquanto Caracas assistia a uma escalada de violência, o presidente eleito operou para se distanciar de Chávez.

"Eu aconselharia [Chávez] a ser mais político", afirmou Lula ao *Washington Post*. "Um presidente não pode brigar com todo mundo ao mesmo tempo. É preciso mais sabedoria política." Referindo-se a si mesmo em terceira pessoa para enfatizar o ponto, fulminou: "Não é possível fazer qualquer tipo de comparação entre Lula e Chávez."[2]

Lula ainda não sabia disso, mas a Venezuela se transformara em um dos principais empecilhos para o bom relacionamento entre o Planalto de FHC e a Casa Branca de Bush.

Os americanos tinham a expectativa de que a diplomacia brasileira cumprisse função moderadora. FHC aprendera que os instrumentos para fazê-lo eram limitados.

❖

MAL VIROU CHANCELER, em 1992, Fernando Henrique ofereceu um jantar privado aos embaixadores mais próximos para lhes dar uma diretriz.

"Os Estados Unidos se consolidaram como a única superpotência mundial", afirmou. E foi além: o Brasil, por oposição, mal consegue sair do buraco. Fizera uma lenta transição para a democracia sem levar os militares à justiça, nem livrar o país de numerosas amarras autoritárias. Collor,

Segunda-feira, 4 de novembro de 2002

o primeiro presidente eleito por sufrágio universal, renunciara diante de um impeachment. A economia fugia ao controle das autoridades monetárias. Mundo afora, as marcas mais comumente associadas ao nome do Brasil eram pobreza, desigualdade, violência e narcotráfico. À exceção da integração acelerada com a Argentina, o país se encontrava fraco e isolado em suas relações exteriores.

A equação, concluiu o então ministro Fernando Henrique, é simples: "Nossa dependência em relação aos Estados Unidos está em alta. Nossos planos econômicos dependem da anuência do Tesouro americano, que nos trata com um misto de irritação, arrogância e condescendência. Petrobras e Embraer dependem de tecnologias controladas pelo Congresso dos Estados Unidos e a boa vontade do Pentágono e dos departamentos de Comércio e de Estado. A Europa não é alternativa. Os outros países em desenvolvimento, também não."

Só há uma conclusão, disse o tucano: "Brigar com os Estados Unidos nestas circunstâncias é perder."

"É necessário recompor o relacionamento", prosseguiu, "porque vamos precisar do apoio americano para estabilizar a economia. Os Estados Unidos não são apenas um grande mercado, mas também uma fonte de legitimação. Se a obtenção de apoio para nossas reformas for difícil, pelo menos precisamos garantir que Washington não dificulte o trabalho ainda mais".

Foi embasado nessa lógica que Fernando Henrique deu uma instrução coletiva a seus comensais: limitar as áreas de atrito, aumentar as faixas de cooperação e, se possível, estabelecer laços capazes de absorver os conflitos inevitáveis em temas pontuais da agenda. A prioridade absoluta era instrumentalizar a relação com os Estados Unidos para tirar o país da bancarrota.

EM POUCOS MESES, OS EMBAIXADORES de Fernando Henrique transformaram-se em *agentes da normalização* do Brasil nas relações internacionais. Falavam na necessidade de "arrumar a casa" e "ajustar-se aos ventos do mundo". Insistiam que o espaço de manobra nacional era limitado. "O mundo é mais importante para o Brasil do que o Brasil para o mundo",

99

dizia Celso Lafer, professor de Relações Internacionais e quadro tucano que servira como chanceler durante os últimos meses do governo Collor. Luiz Felipe Lampreia, número 2 do Itamaraty de Fernando Henrique e, mais tarde, seu ministro do Exterior, repetia sempre que o mundo "apresenta mais riscos do que oportunidades".[3]

Essa política externa — centrada no processo de redemocratização e estabilização econômica — limitava qualquer ambição de ativismo diplomático. A única exceção era a vizinhança sul-americana. Somente "nessa esfera regional [...] temos a autoridade efetiva para atuar diplomaticamente, para atuar comercialmente, para influir e para ter um peso decisivo", dizia Lampreia.[4]

A diplomacia da normalização enfrentou sérias críticas desde o início. A esquerda denunciou-a como capitulação diante do grande capital internacional. O PT argumentou que a função da política externa deveria ser a de resistir ou, no máximo, a de negociar a adesão brasileira à globalização, não resignar-se a ela. Era o que se ouvia da voz de Lula e do homem que, no início da década de 1990, fora alçado ao posto de assessor internacional do partido, Marco Aurélio Garcia. Para o grupo que estava no poder, isso era o atraso.

A ELEIÇÃO DE FERNANDO HENRIQUE no fim de 1994 foi amplamente celebrada nos Estados Unidos porque se tratava de uma personalidade com a qual o establishment norte-americano podia dialogar. Na comparação, Geisel, Figueiredo, Sarney, Collor e Itamar eram muito mais difíceis. No entanto, as diferenças entre os americanos e o tucano eram profundas. Para observadores americanos de todas as afiliações, Fernando Henrique era um homem de esquerda, influenciado pelo socialismo europeu — eles achavam graça cada vez que comentaristas brasileiros rotulavam o presidente como neoliberal.

O fator que mais contribuiu para que ele fosse aceito em Washington foi a defesa tucana da economia de mercado. A chegada de FHC ao poder abriu oportunidades fabulosas de negócios para a iniciativa privada e para o mercado financeiro americanos. Além disso, ele tinha um histórico impecável de defesa da democracia e resistência ao arbítrio. Cada vez que o

Segunda-feira, 4 de novembro de 2002

apresentava a alguém, Bill Clinton repetia: "Ele foi detido pela polícia e seu nome foi posto numa lista de suspeitos. [...] Seu escritório foi bombardeado e seus amigos torturados, mas ele nunca fraquejou em seus ideais de tolerância e entendimento."[5]

O DIA QUE FHC entrou no Salão Oval pela primeira vez, poucos meses depois de assumir como presidente da República, ouviu Bill Clinton perguntar: "O que posso fazer por você e pelo Brasil?"[6]

O tom não era de negociação, nem de uma relação entre iguais. Clinton estava dando uma concessão. Fernando Henrique entendeu a mensagem e trabalhou como nenhum outro antecessor para transformar a boa vontade do colega americano em alavanca para seu programa de reformas internas.

Clinton era uma peça central do projeto político de FHC, e por isso o Planalto não poupou em simbolismos: o presidente tucano dispensou a presença de intérpretes, dando um ar de naturalidade ao diálogo. Os encontros oficiais passaram a ter sessões privadas sem agenda prévia. A cada reunião, o presidente brasileiro fazia questão de intercalar assuntos de política com história, música, literatura e piadas, criando um clima de aparente amizade.

Por si sós, as reformas patrocinadas pelo Planalto no primeiro ano de mandato fizeram a relação melhorar: Lei de Patentes, Regime de Controle de Tecnologia de Mísseis e mais abertura comercial. "As relações com os Estados Unidos encontram-se hoje provavelmente em seu melhor momento desde o período que se seguiu imediatamente ao final da Segunda Guerra Mundial", celebrou o chanceler Luiz Felipe Lampreia ainda no primeiro ano de governo.[7]

Clinton tornou-se o maior garoto-propaganda do Brasil no exterior. Referia-se ao país como "bem governado" e "exemplo para o mundo". Dizia que na América Latina o país era um "grande facilitador". A cada batalha parlamentar ou eleitoral de Fernando Henrique, o colega americano dava declarações públicas de apoio. Com ajuda da Casa Branca, o prestígio global do presidente brasileiro elevou-se às alturas.[8]

Lampreia espelhou o estilo do chefe. Trabalhou para se aproximar do colega Warren Christopher, um esforço que produziu um volume de contatos em nível ministerial que não se via havia décadas. Quando Madeleine Albright virou secretária de Estado e Lampreia começou a repetir a dose, Fernando Henrique brincou: "Desse jeito você vai terminar tendo um caso com ela, hein?" Antes que o chanceler pudesse responder, um assessor presidencial arriscou: "Olha que o título desse filme é *Missão impossível*." Todos riram. *"Missão impossível"* virou mote no gabinete presidencial.

Impossível mesmo, porém, era a tradução do engajamento pessoal dos presidentes e de seus chanceleres em uma política real de parceria.

A visita de Clinton ao Brasil, em outubro de 1997, ilustrou a dificuldade de encontrar uma fórmula de parceria. As duas diplomacias já previam problemas em temas como drogas e comércio, mas antes mesmo do mandatário americano pousar uma crise chacoalhou o relacionamento.[9]

Como de costume, antes da viagem o governo americano preparou um livreto informativo a ser distribuído para diplomatas, jornalistas, parlamentares e agentes de segurança da comitiva presidencial. Quando o texto vazou para a imprensa brasileira, teve o impacto de uma bomba. Lia-se ali que o país padecia de corrupção endêmica e de um judiciário pouco confiável. O tom era factual, e a intenção era descrever, não ofender. No entanto, tratava-se de publicação oficial norte-americana.

Na semana da visita, os jornais não relataram outra coisa. O presidente do Supremo Tribunal Federal, José Celso de Mello Filho, anunciou que não iria ao banquete oferecido a Clinton. Antônio Carlos Magalhães fustigou os Estados Unidos da tribuna do Senado, do qual era presidente. Luiz Felipe Lampreia lembra que o gesto americano foi "grosseiro e prepotente", pois os americanos acreditavam ser "detentores do monopólio da verdade, da pureza". Eles "têm muita dificuldade em compreender os outros" e, portanto, trataram isso "com uma certa brutalidade".

FHC ficou tão furioso quanto frustrado. O texto criava dificuldades políticas. Afinal, seu governo estava tentando transformar o país em uma economia de mercado contra a oposição nas ruas, nos sindicatos, nos tribunais e diante de poderosos setores da economia que não queriam mudar as regras do jogo. Em vez de apoiá-lo na empreitada, o governo americano puxava-lhe o tapete.

Sem nada concreto para oferecer, Clinton foi até onde seu engajamento pessoal com Fernando Henrique permitiu. Ao desembarcar no Brasil, disse ser o país um "grande parceiro" dos Estados Unidos e afirmou que o livreto escrito por seus diplomatas não representava seu pensamento pessoal. Não poupou elogios ao governo tucano por seu esforço de modernização. A pedido do presidente brasileiro, Clinton esclareceu, em coletiva à imprensa, que os americanos viam o Mercosul com bons olhos. Reconheceu o pleito brasileiro por um assento permanente no Conselho de Segurança da ONU. O presidente americano ainda disse que a aviação foi inventada pelo brasileiro Santos Dumont, não pelos irmãos Wright. No Rio de Janeiro, foi à Mangueira, bateu pênalti, fez declarações com Jamelão e tirou foto com Dona Zica. Em São Paulo, disse que "se o Brasil é o país do futuro, São Paulo já é o futuro".

Apesar disso, o clima era tão ruim e os resultados tão parcos que as partes preferiram não fazer um comunicado conjunto ao fim da visita: um texto formal os forçaria a explicitar as áreas de divergência. Como alternativa, os dois presidentes fizeram uma coletiva nos jardins do Palácio da Alvorada. Sem produtos para mostrar, limitaram-se a falar do bom espírito da reunião.

A PASSAGEM DE CLINTON PELO Brasil marcou o momento em que Fernando Henrique começou a mudar o tom de seu discurso a respeito do poder norte-americano nas relações internacionais.

A predominância dos Estados Unidos continuará porque ela deriva da força, [mas] não dá mais para enxergar o mundo como um jogo de potências. [...] A cena internacional ficou muito mais variada e diferente. [...] A China, nesse jogo futuro, se aceitar sentar-se à mesa, dificultará a hegemonia.[10]

Quando o governo americano consultou o brasileiro sobre as chances de, juntos, patrocinarem uma reforma da OEA ou mesmo a criação de um novo organismo regional, Lampreia declinou da proposta. Quando Clinton enviou um emissário a Brasília para dar impulso à relação sob o argumento de que queria compensar "negligências passadas", o governo brasileiro reagiu com ceticismo. Os americanos, então, propuseram reuniões bianuais no nível de subsecretários do Itamaraty e do Departamento de Estado. O governo brasileiro rejeitou a proposta de imediato.[11]

Na percepção de Brasília, consultas regulares e formalizadas traziam muitos riscos embutidos. O Itamaraty estava alerta para "eventuais tentativas norte-americanas de utilizar o Brasil para procurar avançar seus interesses no plano internacional. Funcionários da Casa Branca, aliás, têm mencionado [...] a conveniência de que ambos os países se coordenem, com vistas ao que qualificaram, de forma muito genérica, como 'uma divisão de tarefas em nível hemisférico'".[12]

Assim, a reação brasileira foi o distanciamento. O desânimo com os Estados Unidos era total. Quando uma crise financeira global sacudiu o Brasil na virada de 1998 para 1999, o FMI ficou dividido a respeito de estender-lhe uma mão.

O resgate ocorreu por decisão pessoal de Clinton, assustado que estava com os possíveis efeitos colaterais de um colapso brasileiro. Clinton agiu rapidamente, ao menos em parte, porque recebeu telefonemas em tempo real de FHC. As diplomacias profissionais de ambos os lados podiam estar afastadas uma da outra, mas o canal entre os presidentes era suficientemente operacional para que pudessem fazer algo assim.

Em 1998, os casais Cardoso e Clinton reuniram-se em Camp David, a residência oficial de férias dos presidentes americanos. Os presidentes comentaram a situação da América Latina, fizeram piadas e Clinton não poupou elogios ao colega brasileiro. Disse a Fernando Henrique que o considerava, junto ao premiê britânico Tony Blair, expoente de uma globalização progressista, grupo autodenominado de Terceira Via.[13]

A Terceira Via era o nome fantasia do "cosmopolitismo liberal", uma ideologia desenvolvida no mundo anglo-saxão no início da década de 1990

Segunda-feira, 4 de novembro de 2002

que se espalhou com velocidade. A tese central era que a interdependência econômica e social inerente à globalização demandava que os países adotassem regras e disciplinas comuns.

Ao estabelecer padrões de conduta comum, esses "regimes" produziriam convergência entre os países, facilitando a paz e a cooperação. Tais acordos versariam sobre políticas monetária, fiscal, ambiental, eleitoral e de direitos humanos, por exemplo. Suas cláusulas especificariam como os governos nacionais deveriam encaminhar essas questões dentro de suas próprias fronteiras. O controle do sistema seria feito por países capazes de provar bom comportamento. Quem tivesse boa conduta faria parte da "comunidade internacional". A ela caberia escolher a melhor forma de lidar com nações "irresponsáveis" ou "párias", tais como Iraque, Líbia, Irã, Cuba e Coreia do Norte.

De fato, Fernando Henrique participava dos encontros da Terceira Via. Mas sua presença no grupo sempre fora problemática, pois a adesão do Brasil ao "cosmopolitismo liberal" foi parcial. A todo momento, o Planalto manteve relativa distância do consenso anglo-saxão sobre como gerir o mundo.[14]

O governo tucano não convergiu com a Casa Branca em temas como Iraque, Bálcãs ou Nações Unidas. Discordou em questões de meio ambiente e comércio internacional. Na capital americana, ouviam-se críticas recorrentes ao Brasil, rotulado como um *laggard* (retardatário, na expressão em inglês). A cada encontro bilateral, os chefes de delegações americanas diziam aos colegas brasileiros: "Sim, vocês estão dando passos na direção correta, mas ainda estão aquém de suas responsabilidades."

Não à toa, Clinton visitou o Brasil apenas em seu segundo mandato, enquanto Carter, Reagan e Bush pai, seus três antecessores, o fizeram no início de seus respectivos governos. Durante oito anos de gestão FHC, a embaixada americana em Brasília ficou sem embaixador mais de um terço do período.

A simpatia pessoal entre Clinton e FHC criou uma falsa ilusão de sintonia diplomática. Em vez de usar seu contato para resolver os temas mais difíceis, os presidentes preferiram deixá-los em mãos das respectivas burocracias. Mesmo quando estavam a sós e, em teoria, poderiam aproveitar a privacidade para resolver problemas de forma desimpedida, eles esquivaram-se dos obstáculos. Porém, os assuntos eram excessivamente complexos para desaparecer por puro voluntarismo presidencial.

Ao iniciar seu segundo mandato, em 1999, FHC adotou um tom cada vez mais crítico da ordem internacional, afastando-se de vez da Terceira Via.

Um ano depois, durante a corrida de 2000 pela sucessão de Clinton, a diplomacia brasileira avaliou que nem uma vitória republicana com George W. Bush nem uma democrata com Al Gore seriam particularmente boas para o Brasil. Espaço para uma agenda bilateral positiva simplesmente não havia.[15]

O PRIMEIRO TELEFONEMA que FHC trocou com Bush, em janeiro de 2001, foi seco. Faltavam menos de quatro meses para uma reunião hemisférica no Canadá, onde seria discutida a criação da Área de Livre Comércio das Américas (Alca). É melhor que tenhamos "um diálogo pessoal muito estreito", sugeriu o tucano. "Aceito o desafio", disse o republicano.[16]

Só que o clima continuava ruim. Segundo um telegrama da embaixada brasileira em Washington:

> Estamos de volta — ou dele jamais saímos — ao tempo em que os EUA só tinham olhos para a sua vizinhança mais próxima, México e América Central e, na América do Sul, apenas para os países andinos, cujo intercâmbio com os EUA se concentra fortemente nos temas das drogas e da insurgência armada. O Brasil continua a ser um 'buraco negro'.[17]

Na véspera do primeiro encontro presidencial, as partes não conseguiram negociar o texto do comunicado conjunto que seria divulgado após a reunião. A Casa Branca sugeria anunciar uma data-limite para a Alca e desmembrar a negociação em várias partes ao invés de lidar com todo o pacote de uma só vez. O Itamaraty considerou as sugestões uma afronta. Descartou a "inconsistência e até mesmo o primarismo dos argumentos empregados". Caracterizou a sugestão como "um claro erro de avaliação da firmeza de nossa postura". O secretário-geral do ministério chegou a ventilar a hipótese de o Planalto cancelar a visita.[18]

Quando finalmente se encontraram, no início de 2001, FHC e Bush empacaram. Com a popularidade do tucano em queda livre e o republicano sem autorização do legislativo para negociar acordos comerciais, não havia Alca possível.

Assim, Fernando Henrique preparou-se para entrar no Salão Oval sem saber ao certo o que tiraria dali. Passou a noite anterior pensando. De manhã cedo, horas antes de subir ao carro que o levaria até o encontro com Bush, mandou um recado. Queria ter uns minutos a sós com o presidente americano. Em poucos minutos a Casa Branca respondeu com sinal verde.

Bush recebeu Fernando Henrique com deferência para a reunião formal. O Brasil está em franca ascensão internacional, disse o americano. Manifestou interesse em trabalho conjunto para combater o HIV/AIDS na África, promover fontes de energia alternativas e fomentar a segurança e o desenvolvimento em Angola e Timor Leste — a primeira vez que os dois países fariam algo juntos fora da América Latina.[19]

Dono de uma disciplina obsessiva, Bush treinara. Falou sem fichas nem papéis de apoio. Tinha toda a agenda do encontro memorizada. Passou em revista a situação de países como Argentina, Venezuela e Colômbia. Não que ele esperasse aprender algo novo, mas seus diplomatas lhe disseram que isso faria Fernando Henrique se sentir prestigiado e valorizado.

Encerrada a parte coreografada do encontro, os dois presidentes ficariam sozinhos, de acordo com o pedido de FHC naquela manhã. Mas Bush nunca se sentia confortável sem assessoria, então se fez acompanhar por Condoleezza Rice. Cioso da reciprocidade, o tucano levou o então assessor presidencial Eduardo Santos.

A conversa privada durou 18 minutos. Fernando Henrique lançou uma proposta que era controversa demais para ser feita em público sem antes testar a temperatura do ambiente. Era sobre isso que pensara a noite anterior. O presidente propôs um acordo comercial entre o Mercosul e os Estados Unidos. Sugeriu que a fórmula fosse apresentada como base sobre a qual construir a Alca depois.

Bush ouviu com atenção. O tucano podia até ser o mais veterano dos estadistas latino-americanos, pensou Bush, mas estava de saída. Era melhor esperar seu sucessor para avançar novas propostas. Por isso, cortou a conversa sem dor.

"Preciso consultar o Zoellick", respondeu Bush. "De toda sorte", disse, "o local para tratar da questão é o encontro no Canadá daqui a um mês". Na ocasião, estariam presentes todos os países do hemisfério; assim, a proposta de Bush equivalia a sentenciar a iniciativa de FHC à morte.

Fernando Henrique também pediu uma reforma do Conselho de Segurança da ONU, como de praxe. "Consideraremos a proposta", disse Condoleezza Rice em tom seco. Os americanos até compreendiam o porquê do interesse brasileiro em um assento permanente, e eram contrários à aspiração.

Só não entendiam por que estavam dispostos a perder tempo em um raro encontro com o presidente dos Estados Unidos com uma proposta tão impraticável: na concepção da equipe de Bush, a reforma do Conselho não estava na agenda, não dependia unicamente da vontade norte-americana e implicaria um árduo e longo processo de negociação com resultado incerto. Bush aproveitou a deixa para lançar uma contraproposta.

"Vocês têm que entrar para o G7", sugeriu o presidente americano a FHC. Pego de surpresa, o tucano não manifestou empolgação nem curiosidade. Nunca deu seguimento ao tema.

Isso deixou os americanos perplexos. Se o Brasil quisesse entrar para um G7 expandido, os Estados Unidos tinham condições de neutralizar eventuais resistências de terceiros. Era uma proposta cuja implementação levaria meses, não anos.[20]

Bush encerrou a conversa reservada pedindo um favor. "Não quero que Chávez enfie o dedo no meu olho", disse o americano em referência ao encontro multilateral que se aproximava. "Espero que ele não vá me envergonhar publicamente."[21]

Ao voltar para Brasília, FHC ligou para o colega venezuelano com o recado. Combinaram que, caso Chávez cometesse excessos em seus discursos durante as plenárias, FHC o avisaria com um gesto: apoiaria uma mão na outra na altura do queixo, como se estivesse rezando. Semanas mais tarde, no Canadá, quem fez o gesto foi Chávez, pois era o discurso de FHC que mais carregava nas tintas.

O lado brasileiro frustrou-se com a visita à Casa Branca. Os assessores de Bush "estariam ainda, por assim dizer, no jardim de infância de sua Brasil-educação", concluiu a embaixada brasileira em Washington. "O que me chocou", notaria Fernando Henrique anos mais tarde, "foi que tudo o que ele quisesse discutir comigo" fosse a Venezuela.[22]

Segunda-feira, 4 de novembro de 2002

Fernando Henrique havia chegado à capital americana em fevereiro de 2001 sem muita disposição para lidar com o novo colega. Na perspectiva do Planalto, aos 71 anos, era forçado a lidar com um novato de 55. Um dos telegramas preparados pelo Itamaraty em antecipação da viagem notava que, "ao contrário de seus antecessores imediatos, e salvo na imponderável hipótese de que se revelem no novo presidente habilidades insuspeitadas, George W. Bush não vestirá confortavelmente o chapéu de diplomata". Funcionários do governo americano presentes ao encontro lembram que a linguagem corporal do presidente brasileiro foi imperial. Acharam pouca graça.[23]

Na realidade, o governo brasileiro estava dando um tiro no próprio pé. Durante o governo Clinton, o Planalto patrocinara o mito segundo o qual o PSDB e o Partido Democrata comungavam das mesmas ideias. Talvez fizesse sentido à época. Entretanto, em 2001, com a chegada de Bush, esse marketing voltou-se contra o próprio FHC, pois o presidente brasileiro passava a ser identificado com a oposição ao novo colega norte-americano.

Em vez de reverter essa percepção por meio de gestos decididos, o Planalto fez vista grossa. Em 2002, o pré-candidato presidencial tucano, José Serra, continuava dizendo que "nós temos mais afinidades com os democratas", apesar de ele próprio, caso eleito presidente do Brasil, ter de conviver com um governo republicano.[24]

Os tucanos não imaginavam estar abrindo espaço para que seus opositores do PT estabelecessem um canal de comunicação com o Partido Republicano. Foi exatamente isso que o partido de Lula fez a partir de meados de 2002. Na Casa Branca de Bush, Lula ocupou o vácuo deixado por FHC. Até no tema do terrorismo, o presidente brasileiro queria distância do Estados Unidos.

DEPOIS DE 11 DE SETEMBRO de 2001, o Palácio do Planalto condenou os ataques ao World Trade Center e acionou um velho tratado como gesto de apoio ao governo americano. Contudo, as cinzas em Nova York mal tinham assentado quando Fernando Henrique partiu para o ataque. Havia anos, ele repetia que "para se construir um mundo compartilhado é preciso ter valores mais flexíveis. O pior inimigo desse ideal de um mundo de decisões compartilhadas é o fundamentalismo, qualquer que ele seja". Ele tinha ojeriza visceral ao estilo de Bush, célere em dividir o mundo entre "nós" e "eles", nações "civilizadas" e povos "bárbaros".[25]

Um mês e meio depois dos atentados, FHC escolheu o parlamento francês para sua ofensiva.

"Nós nos opomos tenazmente ao discurso de que existe um choque de civilizações", disse. O Ocidente e o mundo muçulmano, notou, podem vir de tradições distintas, mas "a barbárie e o autoritarismo, infelizmente, brotaram em ambas".[26]

Funcionários do Departamento de Estado americano ficaram furiosos. Em Washington, ouviam-se os seguintes rótulos para caracterizar o Brasil: nacionalista, estatista, antiamericano, protecionista, "criador de caso", "França da América Latina", aspirante a rival dos EUA no continente. Para a embaixada brasileira, havia uma verdadeira "má vontade para com o Brasil".[27]

"Essa radicalização", lembra Pedro Parente, "levou realmente a uma impossibilidade de você ter um diálogo um pouco mais fluido. Levou a um clima de absoluto distanciamento com o governo americano".

Em novembro de 2001, poucas semanas depois de seu discurso em Paris, Fernando Henrique voltou a Washington para mais uma visita de trabalho.

Ao chegar à Casa Branca, encontrou uma pilha de reclamações oriundas do setor privado americano. A Motion Pictures protestou contra uma regra da Agência Nacional de Cinema, a Ancine, que impunha limitações à veiculação de filmes americanos no Brasil. A General Electric reclamou da Varig. A Raytheon cobrou pagamentos referentes ao sistema de controle da Amazônia, o Sivam. A diplomacia brasileira respondeu com queixas sobre soja, aço e a nova lei agrícola americana. A fofoca que a diplomacia brasileira deixou circular na capital americana foi que o protecionismo americano era pior do que o francês.

A documentação americana sobre esse encontro continua fechada para pesquisa pública, mas o material referente ao lado brasileiro é ilustrativo. A lista de pontos que o Itamaraty preparou para o presidente impedia o diálogo: reforma do FMI e do Banco Mundial, ampliação do Conselho de Segurança da ONU e criação de um Estado palestino.[28]

Em determinado momento, o diálogo travado entre os dois presidentes foi assim:

> FHC: Não podemos confundir religião com terrorismo. Nosso mundo é um mundo de diversidade. No Brasil, temos 10 milhões de árabes e eles são em sua maioria esmagadora pacíficos.
>
> BUSH: Parece que vocês têm um país realmente diverso.
>
> FHC: Somos um verdadeiro *melting pot* (mistura de raças, na expressão em inglês)... também temos uma das maiores populações negras do mundo.

A partir daí, as versões da conversa são discordantes. Segundo a equipe do presidente brasileiro, Bush teria respondido: "Vocês têm negros no Brasil?!" Ou pelo menos essa foi a fofoca que o Palácio do Planalto fez questão de disseminar. A frase virou chacota imediata. Era uma demonstração cabal de que a maior potência do planeta era governada por um ignorante.[29]

Contudo, não é essa a versão de um embaixador americano presente ao encontro. Segundo ele, Bush teria reagido assim: "É mesmo? Qual a proporção de negros no Brasil?" Quando a notícia chegou a Washington de que Brasília vazara uma versão do diálogo que apresentava Bush como idiota, o clima ficou péssimo.

Para os assessores da Casa Branca, era natural e compreensível que Bush ficasse intrigado a respeito da questão racial brasileira. Afinal, quem em Washington imaginaria um Brasil tão diverso etnicamente?

Nunca na história do relacionamento bilateral a capital americana recebera do Brasil um presidente da República, ministro das Relações Exteriores, presidente do Senado, presidente da Câmara dos Deputados, presidente do Supremo Tribunal Federal, governador de Estado ou embaixador plenipotenciário que fosse negro.

O único negro brasileiro que estivera nos Estados Unidos como ministro foi Pelé. Muita gente guarda memória do episódio até hoje: em discurso em Washington, FHC disse que a presença do ex-jogador no ministério era a melhor prova do progresso na questão racial. Aos olhos americanos, contudo, a expressão era prova do racismo fundamental do establishment brasileiro. Às gargalhadas, diplomatas americanos imitavam o presidente dizendo: "Olha só, não somos racistas, pois temos *um* ministro negro no Brasil!"

Que trechos de um diálogo inconsequente entre os dois presidentes vazassem em versões distintas, ou que seus comentários sobre raça pudessem gerar divisões entre as duas diplomacias, revelava quão frágil era o vínculo entre os dois principais países do hemisfério na virada do milênio.

Dada a tensão no ambiente, a Casa Branca avaliou que a chegada de Lula poderia ser um bálsamo. Ele podia ser esquerdista, mas ajudaria a renovar o ar.

Dia 9

Terça-feira
5 de novembro de 2002

Bush acordou cedo em seu rancho no Texas. Acompanhado por batedores, foi de carro oficial até a urna mais próxima para votar nas eleições legislativas. Ao lado da mulher, estava sorridente e não parou de fazer piadas — naquele mesmo dia, completavam 25 anos de casados.

O resultado da eleição era crucial para o futuro do presidente: caso o Partido Republicano obtivesse uma vitória, Bush teria mandato popular para iniciar sua desejada guerra contra o Iraque e sonhar com a reeleição dois anos depois. Caso os republicanos perdessem, ele seria forçado a reavaliar seu rumo. Segundo as pesquisas de opinião, o Senado ficaria com um partido e a Câmara dos Deputados, com outro, complicando a vida de Bush.

Havia problemas adicionais. A economia se arrastava, a desigualdade aumentava, e uma série de escândalos de corrupção expunham o governo. Por isso, o presidente transformou a campanha em uma blitz para conquistar eleitores indecisos. E aproveitou a máquina de governo para fazer do pleito para o congresso um plebiscito sobre o Iraque. Em seus discursos, os republicanos tacharam de antipatriótico quem se opusesse aos planos de guerra. Fizeram isso com o argumento de que o Iraque era a nova fronteira da guerra contra o terror.

Enquanto isso, no Brasil, emissários do PT solicitaram à Comissão de Assuntos Exteriores e Defesa Nacional do Senado que suspendesse as sabatinas dos diplomatas indicados por Fernando Henrique para as embaixadas do Brasil em Cuba, China, Venezuela e Bolívia. O PT os considerava postos estratégicos. Falando em nome do partido, o senador Tião Viana, do Acre, esclareceu que o governo de Lula não indicaria embaixadores políticos, apenas de carreira: "Mas precisamos de gente com um perfil diferente porque esses países demandam atenção especial."[1]

Lula ainda não sabia o que faria a respeito da embaixada brasileira nos Estados Unidos. No mercado de apostas, alguns achavam que o posto iria para Aloizio Mercadante, que tivera 10 milhões de votos em sua eleição para o Senado, mas não garantira promessa de Lula a respeito de um ministério graúdo. Outro boato apontava para Mário Garnero, o banqueiro que ajudara José Dirceu a preparar a viagem aos Estados Unidos durante a campanha. Ainda havia quem mencionasse Henrique Meirelles, outro banqueiro com aspirações políticas.

A embaixada em Washington é o posto mais prestigiado da diplomacia brasileira. Para um político, pode ser um refúgio longe do turbilhão de Brasília ou trampolim para algo maior no futuro. Para um diplomata, trata-se do topo da carreira. Lula sabia que precisava de um nome forte para ajudá-lo a construir a confiança com os americanos.

WASHINGTON É A PRINCIPAL praça diplomática do planeta. As embaixadas da cidade estão cheias de profissionais de primeiro nível que competem por atenção e acesso aos centros de poder norte-americanos. Para ser visto como interlocutor legítimo, o embaixador brasileiro precisa trabalhar contra a corrente, fazendo-se notar em um ambiente no qual o Brasil tem baixíssima prioridade. "Um passo em falso e você está frito", repetia o embaixador Rubens Barbosa.

A situação é cruel para o representante do Brasil. No país de origem, ele está no auge de sua carreira, é uma figura publicamente celebrada e recebe a deferência de políticos de todas as estirpes. Entretanto, em Washington, poucos sabem quem ele é. Tanto Casa Branca como Departamento de Estado preferem ter diálogo direto com o Palácio do Planalto, com o ministro das Relações Exteriores ou com ministros de outras pastas, evitando o entreposto burocrático que é a embaixada.

Terça-feira, 5 de novembro de 2002

Para piorar a situação, entre os funcionários públicos americanos que lidam com o Brasil existe a convicção de que o Itamaraty é o mais antiamericano dos órgãos públicos brasileiros. Até as Forças Armadas são consideradas mais amigáveis. Sempre que possível, evita-se a embaixada.

Muitos embaixadores nunca se acostumam a esse tipo de tratamento. João Augusto de Araujo Castro, um dos maiores inovadores conceituais da diplomacia brasileira, havia sido chanceler de Jango e embaixador perante as Nações Unidas. Como embaixador nos Estados Unidos, fechou-se, passando dias a fio sem visitar nem receber ninguém. Não escondia de nenhum interlocutor o ressentimento pelo que considerava ser falta de apreço do governo anfitrião.

Ele não era o único. Antônio Francisco Azeredo da Silveira fora embaixador em Genebra e Buenos Aires, chanceler de Geisel e o principal motor por trás da expansão das ambições internacionais do Brasil de sua época: embaixador nos Estados Unidos, também encerrou-se na residência, irritado e deprimido pela impotência.

Independentemente de quem fosse o titular da embaixada no governo Lula, seria necessário dar um destino ao homem que ocupava o cargo havia quatro anos: Rubens Barbosa.

BARBOSA ERA UM DÍNAMO. Na embaixada, criou um grupo de congressistas americanos interessados no Brasil e outro de empresários brasileiros com investimentos nos Estados Unidos. Montou um centro dedicado a promover o comércio bilateral e elaborou, pela primeira vez, um relatório detalhado das barreiras comerciais norte-americanas que emperravam os produtos brasileiros. Abriu um escritório de promoção turística para incentivar americanos a visitarem o Brasil e envolveu-se pessoalmente nas atividades de criação de centros de estudo brasileiros nas universidades de Georgetown e Columbia, assim como no Woodrow Wilson International Center for Scholars.

A embaixada preparou um catálogo sobre a documentação referente ao Brasil em arquivos históricos americanos, além de publicar o "Guia ao Estudo do Brasil nos Estados Unidos". Editou um livro sobre o acervo referente ao Brasil no Museu Smithsonian e outro sobre a história da residência do embaixador. Instituiu o prêmio de "Brasilianista Emérito" e lançou um programa para o ensino fundamental chamado "Discover Brazil". Apenas no ano de 2002, Barbosa palestrou ou fez discursos em 95 ocasiões.[2]

Os telegramas do embaixador eram monotemáticos: o Brasil precisava melhorar sua imagem nos Estados Unidos. Ele insistia que o Brasil ainda era tratado como um país menor e sem importância. Segundo ele, boa parte da culpa disso era do próprio governo brasileiro, que não contava com uma estratégia de comunicação adequada para operar na capital americana.

O Brasil precisava mostrar "sua importância para os interesses norte--americanos". "É preciso encontrar formas de vender [a] imagem [brasileira] de forma eficaz (Índia, Coreia do Sul e México são exemplos de países com alto grau de investimento em 'lobbies' nos EUA destinados à definição da imagem nacional). Trata-se de esforço dispendioso e longo, mas com resultados garantidos se dirigidos aos alvos certos."[3]

RUBENS BARBOSA ERA diplomata de carreira, mas também era um animal político. Ainda jovem, convidou Franco Montoro, líder do MDB, para ser seu padrinho de casamento. Articulou suas promoções e remoções com pesos pesados da vida política nacional: Mário Covas, Fernando Henrique Cardoso e José Serra faziam parte de seu círculo mais próximo.

Barbosa também era a encarnação da elite paulista. Casou-se com Inês, a filha do embaixador Sérgio Correa da Costa e neta de Oswaldo Aranha. Quando o casal Barbosa serviu em Washington, Inês virou embaixatriz brasileira na capital americana, o título que, no passado, já pertencera a sua mãe e a sua avó.

Na década de 1980, Barbosa trabalhou no Ministério da Fazenda como negociador da dívida externa. Quando Fernando Henrique foi chanceler, ocupou um cargo feito sob medida para ele: cuidava de GATT, Mercosul, assessoria econômica e relações externas da Petrobras.

Barbosa chamava FHC pelo primeiro nome e ligava para os telefones privativos do Alvorada sem antes consultar o Itamaraty. Declarava-se abertamente tucano e, nas campanhas do PSDB, ajudava a redigir os manifestos. Apesar disso, não hesitava em discordar publicamente com lideranças

Terça-feira, 5 de novembro de 2002

tucanas, especialmente se o tema fosse Alca, da qual era defensor. Hiperativo, sentia-se livre para fazer propostas, expor-se e partir para a briga contra colegas e superiores.

Muitos o consideravam egocêntrico, carreirista e obcecado com a possibilidade de virar chanceler ou ministro de uma pasta nova, dedicada exclusivamente ao comércio exterior. Era dele o argumento mais insistente para tirar as negociações comerciais da alçada do Itamaraty.

A proximidade do poder e seu estilo de trabalho lhe renderam desafetos na Esplanada e dentro do próprio Itamaraty. Por isso, o embaixador precisou construir um escudo contra inimigos. Habilidoso, mexeu-se para ter canal próprio junto aos principais partidos, não apenas o PSDB. Sabia que sua estrela subiria ou cairia em função dos patronos poderosos.

RUBENS BARBOSA PODIA dar-se ao luxo de assumir uma postura ativista porque era detentor de um dos bens mais cobiçados em toda a Esplanada dos Ministérios: acesso pessoal ao presidente da República.

O recurso é valioso para qualquer embaixador brasileiro no mundo. Em Washington é essencial. Para ser visto pelo governo norte-americano como um canal confiável, o embaixador precisa saber com quem o presidente brasileiro fala e qual a pauta do Planalto em Brasília, a 7 mil quilômetros de distância. "Se você não sabe o que os caras tratam, você não é interlocutor. Você tem que estar sabendo das coisas", diz Barbosa.

Por si só, no entanto, acesso não basta. A capacidade de operação do embaixador em Washington depende de que sua entrada junto ao presidente seja reconhecida por todos, em Brasília e em Washington. O menor sinal de perda de influência pode transformá-lo, do dia para a noite, em carta fora do baralho.

Daí a importância do protocolo. Assuntos aparentemente triviais — o lugar na fila de cumprimentos ao presidente da República, a posição de seu carro em uma comitiva presidencial, a mesa à qual é designado durante jantares oficiais ou a regularidade com que o Planalto telefona — ganham aura estratégica. Não à toa, um embaixador brasileiro servindo na capital americana sempre está mais preocupado com o que acontece em Brasília do que na cidade onde mora.

O embaixador brasileiro em Washington também precisa ter uma rede de relacionamentos no Congresso Nacional e nas redações de jornal. Seu instrumento mais valioso é a agenda telefônica e a capacidade de utilizá-la rapidamente. Assim, todo embaixador tem um enorme incentivo para transformar a residência, convenientemente localizada em um ponto nobre da cidade, no posto avançado da alta sociedade brasileira. Ele tenta a todo momento assegurar que ali se hospedarão os ministros, senadores, deputados, juízes, banqueiros, artistas, socialites, roteiristas de telenovela e as figuras públicas que mandam no Brasil.

Rubens Barbosa começou a trabalhar em seu projeto mais ambicioso no ano 2000, durante a corrida entre Al Gore e George W. Bush pela presidência. A sigla Bric ainda não existia, mas muitos acadêmicos já começavam a apontar que alguns países-chave mereciam atenção especial, e Barbosa aproveitou a onda. Ao conversar com as equipes dos dois candidatos, disse-lhes que o Brasil era um dos "Big Four", ao lado de China, Índia e Rússia: importante demais para ser ignorado. A reação inicial dos interlocutores foi de surpresa. À época, ninguém achava que o Brasil pertencesse a essa liga.[4]

A inspiração vinha do próprio FHC. O presidente afirmara: "Os países mais fortes não têm mais a facilidade de outrora para impor uma ordem. [...] Já estão sendo assentadas as bases para a repactuação da ordem mundial. [...] Creio que, entrados no novo milênio, assistiremos a uma repactuação."[5]

O embaixador começou a sugerir ao Planalto e ao Itamaraty um acordo com os Estados Unidos para formalizar o reconhecimento do status especial do Brasil. Sua proposta incluía institucionalizar encontros presidenciais a cada dois anos, reuniões anuais entre chanceleres e um leque de consultas entre ministérios e entre os respectivos legislativos. Sugeriu que Usaid e ABC, os órgãos de cada país dedicados a prover ajuda para o desenvolvimento, trabalhassem juntos em Angola e Timor Leste. E propôs um acordo de livre comércio entre o Brasil e os Estados Unidos, ou entre o Mercosul e os Estados Unidos.[6]

Barbosa não estava inventando a roda. Em março de 2000, Washington aceitara uma proposta similar da Índia. O embaixador queria o mesmo tratamento.[7]

QUANDO BUSH ASSUMIU a presidência, em 2001, Barbosa sentiu que essa era sua chance e despachou uma bateria de telegramas para Brasília. "O momento de agir e de lançar as bases de um novo relacionamento bilateral é agora."[8] Ele queria fazê-lo enquanto Fernando Henrique fosse presidente porque o futuro do Brasil depois de outubro de 2002 lhe parecia excessivamente incerto.

> As condições estão postas para que, no plano bilateral, se ultrapasse a simples reiteração de valores compartilhados e se estabeleça um novo referencial para discussão. [...] O Brasil deve transcender uma postura que é sobretudo reativa e apresentar uma proposta abrangente para elevar as relações, aprimorar o diálogo e estabelecer com os EUA uma parceria de confiança, entre iguais. [...] O sólido prestígio do presidente FHC nos EUA deve ser aproveitado.[9]

A institucionalização não era apenas uma veleidade, nem um mero cálculo instrumental para fortalecer o Brasil nas relações internacionais. Havia também uma preocupação prática: sem novos mecanismos formais seria difícil gerir os 39 acordos bilaterais em vigor naquele momento, além do número crescente de grupos de trabalho e um volume de comércio e investimento em expansão. O relacionamento ficara complexo demais para que o Brasil mantivesse sua atitude tradicional de distanciamento.

Quando a proposta de institucionalização chegou ao Planalto, no entanto, encontrou as portas fechadas. Abrir uma nova frente de trabalho demandaria uma energia de que o governo brasileiro simplesmente não dispunha nos estertores do segundo mandato. Além disso, havia grande dose de frustração acumulada com os Estados Unidos. Se a capacidade americana de honrar um compromisso era incerta, para que criar um teste tão duro para uma relação que já cambaleava? Lampreia e o secretário-geral do Itamaraty, Luiz Felipe Seixas Corrêa, também se opunham.

UM FATOR CENTRAL na decisão de evitar novos compromissos era a memória histórica do Itamaraty a respeito dos Estados Unidos. A geração de Lampreia viveu na pele os atritos bilaterais de décadas anteriores. Esses diplomatas aprenderam que, diante da enorme assimetria de poder com os Estados Unidos, o importante era não capitular. A melhor política era a da resistência defensiva.

Assim, mesmo fraco e isolado, o Brasil da década de 1980 rejeitou diversas demandas dos Estados Unidos: não regulamentou o comércio de serviços, manteve o mercado de informática fechado, recusou-se a assinar o Tratado de Não Proliferação Nuclear, rejeitou a proposta americana de reabertura de comissão militar mista, não flexibilizou a lei de remessas de lucro nem ampliou o acesso de bancos americanos ao mercado brasileiro. O Brasil não apoiou o governo Reagan em sua cruzada anticomunista na América Central, em Angola ou na África do Sul.

Não se tratava de confronto aberto, mas de aguentar a retranca. Era uma diplomacia de pequenos passos, empurrando os temas difíceis com a barriga, protelando o máximo possível a resolução de pendências. A tática era de alargar os tempos da resposta aos problemas para negociar mais adiante, quando o país tivesse melhores condições de barganha.

E havia ainda um elemento de política interna. Qualquer sugestão de parceria com os Estados Unidos seria associada ao alinhamento tentado no início do regime militar. No debate público interno, o trabalho conjunto com os Estados Unidos era sempre visto como coisa da direita.

Quem pagara o maior custo disso nos últimos meses fora Celso Lafer.

LAFER TINHA 60 anos quando substituiu Lampreia no Itamaraty, em 2001. Herdeiro de um poderoso clã industrial de São Paulo e apaixonado pelos claustros universitários, ele circulava com a mesma desenvoltura nos conselhos diretivos de grandes empresas da família e em salas de aula mundo afora.

Sua vida na política começou para valer em 1986, aos 45 anos, pelas mãos do governador Franco Montoro. Três anos depois, tornou-se professor titular da USP. Em seguida, chegou a chanceler, no fim do governo

Collor. Em 1995, FHC deu-lhe a representação perante a OMC em Genebra, onde foi presidente do Órgão de Solução de Controvérsias e do Conselho Geral da organização.

Em 1999, FHC nomeou-o ministro do Desenvolvimento, Indústria e Comércio, pedindo-lhe o cargo apenas sete meses depois, em função de um rearranjo na coalizão governista.

A oportunidade de retornar ao governo surgiu em 2001, quando Lampreia pediu para deixar o ministério por motivos pessoais. Faltavam apenas dezoito meses para o fim daquele governo, e a primeira-dama, Ruth Cardoso, insistiu com o marido de que o cargo deveria ir para Lafer como modo de compensar a desfeita durante sua última passagem pelo poder.

Ele era um caso único, no Brasil, de homem de negócios, político experiente e intelectual público. Também era uma raridade no ambiente acadêmico: entre os 34 e os 58 anos, publicara nove livros sobre política externa brasileira, transformando-se no maior especialista não diplomata do país.

Assumindo o Itamaraty no fim do governo FHC, sua principal tarefa era a de tocar as negociações da Alca. Em janeiro de 2002, porém, um episódio fortuito mudou-lhe a sorte.

O chanceler viajou para os Estados Unidos em um voo de carreira. Lá chegando, precisou atravessar os novos procedimentos de revista que os aeroportos norte-americanos instituíram após os ataques de 11 de setembro do ano anterior. Quando lhe pediram para tirar os sapatos, o ministro recusou-se. Tentou acionar autoridades locais que pudessem evitar o embaraço, sem êxito. Para não comprometer a viagem nem criar um caso, foi adiante. Tirou os sapatos em aeroportos de Washington e Nova York.

A imprensa fez a festa. E, a partir daquele dia, o ministro responsável pela Alca virou o símbolo que o PT, em clima de pré-campanha, precisava para acusar o governo FHC de submissão aos caprichos dos Estados Unidos.

No Planalto todos concordaram que o melhor era manter distância dos Estados Unidos. Como já dissera Paulo Tarso Flecha de Lima, que fora embaixador naquele país: "A atribuição de prioridade por Washington [...] é frequentemente [...] um sintoma de crise."[10]

Lafer passou o resto de seu tempo no comando do Itamaraty tentando desfazer a imagem de subserviência ao poder americano. Era um desfecho irônico, pois seus interlocutores em Washington o viam como um negociador duro.

Dada a largada da corrida presidencial brasileira, em janeiro de 2002, Rubens Barbosa começou a apostar todas as fichas em José Serra. "Quero ajudar no que for possível", escreveu ao candidato por fax. Uma semana mais tarde, uma nova missiva: "Serra, acompanhei de Washington o lançamento de sua candidatura. Vamos ganhar! Gostei da introdução do teleprompter na política brasileira! Conte comigo!"[11]

Dez dias depois, o embaixador entrou em contato de novo.

"Quando você puder", escreveu, "gostaria de conversar sobre sua movimentação externa. O Lula está planejando vir aos EUA. Acho que isso pode ser importante para a repercussão interna".

Mais poucos dias, outra tentativa:

> Não sei se recebeu mensagem que pedi para transmitir a você sobre a vinda de Lula aos EUA. Acho que você deveria começar a pensar em uma programação no exterior: EUA e Europa (França, Alemanha, Inglaterra, por exemplo). Aqui nos EUA, penso que você deveria vir depois do Lula. Você podia vir para falar aos empresários e interessados no Brasil, encontrar membros do governo, do congresso e da mídia, o que daria grande exposição no Brasil e faria um bom contraste com o que Lula vai apresentar por aqui.[12]

No entanto, Serra manteve silêncio. Quem entrou em contato com o embaixador foi o próprio Fernando Henrique, para dar-lhe uma instrução: "Se a equipe de Lula te procurar", disse o presidente, "quero que você dê todo o apoio necessário".

O pedido veio, e Barbosa deu início a um relacionamento com Dirceu e Palocci que duraria toda a campanha. Ele continuava tucano de carteirinha, mas entendeu que o jogo iria mudar.

Barbosa mobilizou a embaixada com esse fim: facilitou contatos e sugeriu lugares em Washington para que os colaboradores de Lula divulgassem sua mensagem. Quando Dirceu começou a preparar sua ida aos Estados Unidos, o embaixador contribuiu com detalhes da agenda, aconselhando-o: "Em NY, parece-me importante incluir encontro com o Citibank, que é quem está mais preocupado."[13]

Só que Barbosa não tinha entrada própria no PT, onde alguns o consideravam intolerável. Ele somente possuía um canal de acesso potencial que, até aquele momento, não precisara acionar: Marta Suplicy, uma das amigas mais próximas de sua mulher.

O embaixador relatou à então prefeita de São Paulo suas conversas com funcionários de alto escalão do governo Bush.

> Pude detectar sinais claros de que, dependendo do resultado da eleição, o início do novo governo (e mesmo o período de transição) seria muito facilitado se vocês anunciassem, o mais cedo possível, os nomes para a Fazenda, o Banco Central e o Itamaraty. Seriam pontos de referência para os contatos com o exterior e, dependendo das escolhas, de sinalização forte de que o que vocês estão dizendo na campanha (inclusive a Carta ao Povo Brasileiro) é o que vocês vão fazer. No âmbito do governo Bush há expectativa, há alguma preocupação, mas, até aqui, há grande boa vontade para iniciar um diálogo imediato.[14]

Em julho de 2002, Barbosa voltou a insistir:

"Meu caro Serra, tentei falar com você para dar notícias da vinda do José Dirceu por aqui e transmitir-lhe algumas sugestões... Há uma grande convergência de opiniões entre vocês... sobretudo na área econômica."[15]

Em correspondência, o embaixador alertou Serra de que a oposição petista estava ocupando um espaço que deveria ser dos tucanos. Por isso, sugeria uma retórica mais nacionalista: criticar a política americana para a produção de medicamentos, os subsídios ao algodão e até mesmo a Alca. "O nacionalismo econômico, com argumentação precisa, para não parecer retórica vazia, ainda não apareceu na campanha", escreveu. Barbosa ficou sem resposta.[16]

Eleito Lula, o embaixador batalhou uma entrevista com o presidente eleito. Ele sabia que Marta Suplicy e José Dirceu haviam sugerido seu nome para a lista de possíveis candidatos a chanceler.

Barbosa já levara a José Dirceu papéis com reflexões suas sobre a relação com os Estados Unidos, o futuro do comércio internacional, Alca,

Mercosul, o sindicalismo norte-americano e a Terceira Via. Agora, precisava conversar com o presidente eleito ao vivo.

<hr />

No FIM DO DIA, a televisão anunciou o resultado das eleições legislativas norte-americanas. Bush não apenas ganhou, como sua vitória foi avassaladora. Obteve a maioria no Senado e manteve a que já tinha na Câmara. O último presidente que conseguira aumentar o número de cadeiras nas duas casas durante uma eleição legislativa fora Franklin Delano Roosevelt em 1934.

Mais fortalecido do que ele próprio imaginara, agora teria as maiorias necessárias para ir à guerra contra o Iraque.

Em São Paulo, Lula e Dirceu entenderam que teriam de conviver com um Bush muito fortalecido. A criação de um mecanismo formal para aumentar a regularidade e o nível dos contatos bilaterais, tal como sugeria Barbosa, talvez não fosse loucura. Com a Casa Branca em guerra, esse esquema poderia dar ao novo governo do PT mais espaço de manobra.

De repente, a equipe de transição passou a ver Rubens Barbosa como uma figura útil. Em conversas ao pé do ouvido com seus colaboradores, Lula começou a levar a sério a possibilidade de convidar o embaixador para ser seu chanceler. Nem se preocupou com ser criticado por dar ainda mais continuidade ao governo FHC.

Havia muito mais em jogo. E, naquele mesmo dia, como FHC fizera antes dele, Lula fechara o acordo para outorgar a presidência do Senado Federal ao PMDB.

Dia 10

Quarta-feira
6 de novembro de 2002

Bush amanheceu exultante com a vitória, mas seus colaboradores mais próximos mal podiam esconder a ansiedade que se espalhara pelo grupo.

Dois dias antes, as forças armadas dos Estados Unidos assassinaram Qaed Salim Sinan Al-Harethi, um dos líderes da Al-Qaeda. O ataque fora realizado com um *drone* — um veículo não tripulado. Quando o míssil atingiu o carro em que o suspeito se encontrava, os cincos passageiros que lá estavam morreram incinerados. Um deles era cidadão americano.

A Casa Branca saíra em defesa do ato. O porta-voz presidencial dissera à imprensa: "Às vezes, a melhor defesa é uma boa ofensiva." A mesma mensagem seria repetida por terceiros. Thomas Friedman, colunista do *New York Times*, diria que: "Às vezes, essa é a única maneira de fazer justiça."[1]

No entanto, todos na Casa Branca sabiam que a operação era uma bomba-relógio prestes a explodir. Ao justificar o assassinato como *autodefesa preventiva* contra uma rede terrorista, Bush estaria usando o mesmo argumento do serviço secreto de Israel para dar um véu de legalidade ao extermínio de lideranças palestinas na Europa e no Oriente Médio. A legislação americana proibia expressamente o assassinato político de estrangeiros.

A operação era ainda mais problemática por ter ocorrido no Iêmen, país contra o qual não havia uma declaração formal de guerra.

Desde os atentados de 11 de setembro, Bush autorizara a construção de centros secretos de detenção em todo o mundo, além de centros móveis em aeronaves e navios sem identificação. Em outubro de 2001, apareceram os primeiros relatos de tortura e desaparecimento de detentos. E era cada vez mais difícil manter em segredo a prática de afogamento e sufoco, abdução extralegal, aplicação forçada de drogas, privação de sono e pau de arara.

O vice-presidente Dick Cheney explicara: "Muito do que precisa ser feito tem de ser feito silenciosamente, sem discussão."[2] Mas grupos de direitos humanos começariam a atacar o governo a qualquer momento.

Por isso, em fevereiro de 2002, a Casa Branca apresentou novas justificativas legais. Bush decretou que as Convenções de Genebra sobre direito da guerra não valiam para Talibã e Al-Qaeda, "combatentes fora da lei". Em agosto, autorizou oficialmente o uso de "métodos extremos" de interrogatório, legalizando a tortura.

Agora, o *drone* que sobrevoara o Iêmen abria um novo capítulo. E o presidente, a bordo do *Air Force One*, inaugurava uma nova fronteira na guerra ao terror: ainda naquele dia, sua equipe aprontou um informe secreto para o Congresso dos Estados Unidos. Lia-se no texto que havia 388 funcionários norte-americanos na Colômbia. Era a entrada da América Latina no combate.[3]

A COLÔMBIA VIVIA algo parecido a uma guerra civil. Seu território encontrava-se retalhado por organizações guerrilheiras como Farc e o Exército de Libertação Nacional (ELN), além de grupos paramilitares criados para combatê-las. As forças do governo apenas controlavam uma parte do país, e a indústria ilegal da cocaína estava presente em todas as áreas da vida pública.

Os Estados Unidos começaram a envolver-se por volta de 1989. Ao longo dos dez anos seguintes, fizeram transferências da ordem de mais de US$ 1 bilhão para o governo colombiano. Só que os resultados eram patéticos. Apesar de o governo fumigar plantações de coca, as áreas cultivadas, em vez de ficarem menores, cresceram puxadas pela demanda internacional, passando de 25 mil hectares (1981) para 150 mil hectares (2002). No mercado negro americano, o preço da cocaína colombiana caiu e sua qualidade aumentou.[4]

Quarta-feira, 6 de novembro de 2002

A Colômbia tinha uma estatística de cem mortos por dia. Entre 1995 e 1999, houve 9.400 sequestros. Em 1998, 194 massacres. Aproximadamente 10% dos municípios estavam parcial ou totalmente destruídos, e quase 10% dos guerrilheiros eram menores de idade.

Em meados da década de 1990, o governo colombiano reconheceu as Farc como parte legítima do conflito com o objetivo de buscar uma solução negociada. Ofereceu-lhes uma área desmilitarizada do tamanho da Suíça como sinal de boa vontade. A pedido de Bogotá, Clinton realizou uma rodada de conversas com as lideranças do grupo. Tudo colapsou meses depois com o assassinato de quatro cidadãos americanos. Em Washington, o Partido Republicano acusou o presidente de fazer o inaceitável: negociar com terroristas.[5]

As Farc se profissionalizaram. Compraram celulares e antenas para ter comunicação em tempo real. Os mais velhos impuseram novas regras de disciplina e hierarquia aos quadros mais jovens, aumentando a eficiência do grupo em situações de combate. Um sistema de extorsão de camponeses e fazendeiros aumentou os recursos disponíveis para sustentar uma tropa estimada de 18 mil pessoas que, em 1998, tinha condições de operar em metade do território colombiano. Alguns observadores avaliavam que, se as Farc fossem para a legalidade, virariam uma força política poderosa.

O grupo também construiu uma estrutura diplomática própria, nomeando representantes que começaram a viajar mundo afora. A imagem apresentada pelos negociadores era de um movimento rural que demandava o fim da opressão de uma elite brutalmente violenta que insistia em descartá-lo como um bando de fanáticos e assassinos. Na realidade, diziam, as violações aos direitos humanos mais estarrecedoras eram perpetradas pelas forças do próprio governo.

A iniciativa teve bons resultados. Na Europa e na América Latina, muitos governos passaram a argumentar que, gostando-se das Farc ou não, o fim da guerrilha não tinha solução militar à vista. Era necessário negociar.

No ENTANTO, por volta de 1999, o ambiente político colombiano mudou com rapidez. Exasperada pelo coquetel de crime organizado, atentados, tráfico de drogas e incompetência governamental, a população foi às ruas. Em outubro daquele ano, uma mobilização contra as Farc reuniu mais de um milhão de colombianos sob a bandeira de "No más".

As autoridades em Bogotá começaram a referir-se ao conflito como uma "guerra". E, como o governo colombiano não tinha os recursos necessários para vencê-la, as autoridades montaram um projeto de resgate internacional. A proposta incluía um investimento de US$ 7,5 bilhões para reconstruir as Forças Armadas, preparando-as para um confronto militar.

A embaixada colombiana em Washington transformou-se no centro de operações. Em poucos meses, o embaixador colombiano nos Estados Unidos, Luís Alberto Moreno, virou estrela da cidade. Seu objetivo era arrancar um pacote de ajuda do Congresso americano. Ele visitou os governadores dos estados mais afetados pela cocaína, convencendo-os a mobilizar suas próprias bancadas no legislativo. Foi aos meios de comunicação para explicar o projeto em termos compreensíveis para o eleitor norte-americano e acionou a comunidade latina. A toque de caixa, Moreno liderou a transformação da Colômbia de país ignorado pelos Estados Unidos a aliado na chamada "guerra contra as drogas".

No ano 2000, o Congresso dos Estados Unidos aprovou o Plano Colômbia no valor de US$ 1,6 bilhão. Era o único projeto americano dessas proporções fora do Oriente Médio. Os Estados Unidos proveriam equipamentos, tecnologia e inteligência. Além disso, haveria até quatrocentos assessores militares americanos em território colombiano.

O plano ficaria circunscrito a prover ajuda no combate às drogas, reprimindo o comércio de ilícitos, fumigando plantações de coca e caçando narcotraficantes e guerrilheiros, muitos dos quais seriam extraditados aos Estados Unidos. Parte dos recursos poderia ser utilizada para contratar empresas de segurança privada, mas elas tinham de ser americanas. Avaliava-se que a vitória levaria entre cinco e sete anos de trabalho.[6]

O governo em Bogotá estava pronto para iniciar os trabalhos quando, de repente, veio a surpresa.

Em 11 de setembro de 2001, tudo mudou para a Colômbia. Um candidato presidencial conservador, Álvaro Uribe, passou a referir-se às Farc

Quarta-feira, 6 de novembro de 2002

como um inimigo de todos. Afinal, a guerra contra o terror somente funcionaria se fosse travada em escala planetária.

Em maio de 2002, Uribe elegeu-se presidente com o argumento de que a guerrilha não merecia o status de combatente legítimo. O novo presidente prometeu diluir a distinção legal e prática entre a política antidrogas e a política anti-insurgência.

Ciente do que estava por vir, a guerrilha reagiu: no dia da posse de Uribe, uma bomba explodiu a poucos metros do presidente.

Bush apoiou o colega desde a primeira hora. Mas, em agosto de 2002, o Congresso dos Estados Unidos aprovou uma expansão inesperada do objetivo original: ele não se limitaria a erradicar as drogas e prestar cooperação às forças armadas colombianas, mas também a combater a guerrilha por via militar.

A COLÔMBIA NUNCA FORA PRIORIDADE para a política externa brasileira. Nenhum chefe de Estado brasileiro visitara o país até a década de 1980. Quando a guerrilha ameaçou tornar a sociedade colombiana ingovernável, na década de 1990, o governo FHC se recusou a tratar grupos insurgentes como "organizações terroristas".

Em 1995, 1996 e 1999, a Casa Branca pediu ao Brasil participação no conflito colombiano, chegando a sugerir uma iniciativa militar multilateral na América do Sul. Nunca obteve êxito. "Seria amarrarmos o nosso barco a um navio desgovernado", diria Lampreia.[7]

A pressão americana para que o Brasil fizesse alguma coisa em relação ao vizinho, contudo, continuava. Durante uma visita oficial do secretário de Estado Warren Christopher, Lampreia aguardou a comitiva, como de costume, no saguão do Itamaraty, junto a assessores e à imprensa. Seguindo o protocolo, fez os devidos cumprimentos formais. No entanto, ao encaminhar-se para a sala de reuniões, voltou-se para Christopher, pegando-o pelo braço e murmurando: "Queria conversar com você a sós antes de começarmos a reunião."

Sem ter combinado o gesto previamente, o chanceler levou o secretário de Estado a uma pequena sala adjacente, deixando tensos os seguranças da comitiva. Não há registro escrito dessa conversa, mas Lampreia disse algo assim:

> Essa colocação [sobre a participação brasileira na crise colombiana] tem tudo para envenenar as nossas relações. A concepção de uma força multilateral para o combate ao narcotráfico sob comando estrangeiro, para nós, é uma ideia muito constrangedora e muito desagradável. Eu acho que é muito importante que vocês ponham uma surdina nessa coisa, procurem outras formas. Sabemos que é um problema delicado, mas nós vamos dar a nossa própria resposta pelos nossos próprios meios e dificilmente as nossas Forças Armadas vão ter uma participação nesse assunto. No Brasil, esse é um assunto da Polícia Federal e vai continuar sendo assim.

Christopher nunca mais tocou no assunto com Lampreia, mas seu governo continuou pressionando.

Fernando Henrique aceitou vender aviões Super Tucano da Embraer para a Colômbia, mas negou ajuda militar e não autorizou o uso de pistas brasileiras para voos de aeronaves militares colombianas.

Washington também pediu ao Brasil que vendesse para a Colômbia dados obtidos por seu sistema de controle por radares e satélites da Amazônia, o Sivam. O Brasil oferecera vender esse tipo de informação para Bolívia, Equador, Peru, Venezuela, Guiana e Suriname, mas não para Colômbia. O governo FHC recusou-se a fazê-lo. E quando as Farc tentaram estabelecer um canal de diálogo com autoridades brasileiras, o Planalto declinou da proposta. Fernando Henrique queria distância do assunto.[8]

PARA A OPINIÃO pública brasileira, o terrorismo era uma ameaça distante. A maioria nunca ouvira falar em Talibã, Al-Qaeda ou Osama Bin Laden. Ninguém considerava como atos terroristas a brutalidade das gangues e do narcotráfico nas grandes cidades brasileiras, ou os abusos da polícia e das forças de repressão do Estado. Da mesma forma, ninguém achava que o país seria alvo de um ataque. Depois de 11 de setembro de 2001, os aero-

Quarta-feira, 6 de novembro de 2002

portos brasileiros mantiveram níveis de segurança mínimos, deixando visitantes estrangeiros alarmados ou surpresos.

O governo brasileiro não designava Hamas, Hezbollah ou Farc como grupos terroristas. A legislação nacional nem sequer tipificava o terrorismo.

A memória histórica não contribuía para isso. Durante os anos de chumbo, alguns dos colaboradores mais próximos a FHC haviam sido classificados como "terroristas". Na sociedade civil, muitos temiam que qualquer legislação sobre o tema criminalizasse os movimentos sociais, especialmente o Movimento dos Trabalhadores Rurais Sem Terra (MST), que já utilizara a força para desapropriar terras.

Classificar um grupo como "terrorista" sempre é uma operação altamente politizada: Margareth Thatcher chamou Nelson Mandela de terrorista, ao passo que Ronald Reagan apoiou Osama Bin Laden como "guerreiro da liberdade" contra o império soviético, que o tratava como terrorista. No Planalto de FHC, temia-se que, ao classificar as Farc como uma organização terrorista, a América do Sul entrasse de vez no radar dos Estados Unidos.

Na prática, as autoridades brasileiras temiam o Plano Colômbia mais do que a presença do narcotráfico e da guerrilha colombiana nas fronteiras. Nas ocasiões em que membros das Farc violaram o território nacional, foram expulsos pelas Forças Armadas brasileiras em operações sem alarde e estritamente unilaterais.[9] O raciocínio era simples: se a guerrilha ataca o Brasil, responde-se à bala; se os Estados Unidos plantam raiz na Amazônia, não tem quem os tire.

Ninguém no governo ou na opinião pública do Brasil da época argumentou que a crise colombiana afetava a vida cotidiana dos brasileiros, alimentando o crime organizado na área de fronteira. Ninguém alertou que, se o Plano Colômbia funcionasse, as instalações de refino da cocaína colombiana poderiam migrar para o Brasil, aumentando a insegurança. Ou que o porto de Santos poderia virar o novo entreposto comercial da cocaína exportada. O efeito potencial disso seria o aumento da violência urbana vinculada ao narcotráfico, que já assolava metrópoles como Rio de Janeiro, São Paulo, Vitória, Salvador e Recife.

Assim, o Plano Colômbia foi visto como uma ameaça a ser resistida. Segundo um documento do Itamaraty:

O Brasil não se sente com "responsabilidade" pelo problema colombiano, não vai "liderar" qualquer ação internacional, não apoiará a presença de tropas estrangeiras na Colômbia, e na medida de suas possibilidades, irá opor-se à presença dessas tropas em solo colombiano. Não contempla tampouco dialogar com a insurgência colombiana, nem reconhece qualquer representação das Farc em território nacional.[10]

Em setembro de 2000, Lampreia disse à imprensa que a presença americana na Colômbia poderia intensificar o conflito, em vez de resolvê-lo. Era um ataque à principal iniciativa norte-americana na região. O Departamento de Estado ficou furioso: por acaso Brasília não entendia que a Colômbia poderia sofrer um processo de "balcanização"?[11]

Um ano depois, o secretário de Estado Colin Powell sugeriu a possibilidade de expandir o Plano Colômbia, fazendo "uma espécie de Plano Andino, como forma de minimizar os riscos de *spill-over* (transbordar, na expressão em inglês), e indicou a disposição dos EUA de discutir ideias e sugestões para tornar mais efetiva essa 'regionalização'". A diplomacia brasileira desconversou.[12]

Essa atitude era um problema grave para o governo Uribe. Sem ajuda brasileira, seria mais difícil esmagar a guerrilha. As Farc poderiam buscar refúgio na gigantesca fronteira com o Brasil, ganhando tempo, fôlego, armas e alimentos. O apoio brasileiro também era essencial para quebrar as rotas da cocaína. O governo colombiano sabia que havia cidadãos brasileiros envolvidos no contrabando de armas para a guerrilha e que muitos voos clandestinos eram feitos em aeronaves que usavam o território brasileiro para reabastecer.[13]

A diplomacia colombiana ressentia-se do Brasil. O Planalto não apenas mantinha distância, como jogava contra.

Enquanto o Plano Colômbia era negociado no Congresso dos Estados Unidos, Fernando Henrique chamou o projeto de "indevido". Na As-

Quarta-feira, 6 de novembro de 2002

sembleia Geral da ONU, Lampreia afirmou que a presença americana "somente serviria para agravar um quadro já complexo, que deve ser superado pelos próprios colombianos". E o Planalto recusou-se a assinar as principais convenções internacionais sobre o terrorismo, apesar de uma gestão do G8 e boa dose de pressão dos Estados Unidos.[14]

Ainda assim, o espaço de ação brasileiro começou a ficar progressivamente limitado depois de 11 de setembro de 2001, pois as demandas norte-americanas aumentaram.

Washington começou a jogar pesado para que o Brasil aprovasse uma "lei de abate" de aeronaves clandestinas. O Brasil autorizara o uso do tiro de destruição contra aeronaves suspeitas em 1988, mas Fernando Henrique negara-se a regulamentar a lei. Para aumentar a pressão sobre Brasília, Washington aplicara sanções comerciais a peças da indústria americana para aeronaves da Embraer. Dificultara também o financiamento do Eximbank americano para o Sivam. Mesmo assim, a postura brasileira não mudou. Quando os americanos retiraram as sanções, em março de 1999, o Itamaraty concluiu que "a questão está equacionada". Não estava.[15]

Em 2002, o governo americano sugeriu a abertura de um escritório do FBI no Brasil e a criação de uma secretaria nacional antidrogas. Sentindo que o ambiente internacional havia mudado, o Planalto adaptou-se à nova realidade. Quando o Sivam identificou 22 pistas de pouso ilegais no território adjacente à fronteira brasileira com Guiana e Suriname, além de outras 68 pistas do outro lado das fronteiras com os vizinhos, a Força Aérea Brasileira e helicópteros da Polícia Federal fizeram uma bateria de bombardeios.[16]

Quatro anos antes, Brasília rejeitara uma proposta americana de consulta bilateral sobre crime organizado e terrorismo. Agora, em 2002, os países assinaram um memorando de entendimento na área de drogas pelo qual o Tesouro americano repassaria US$ 6,5 milhões para o governo brasileiro.[17]

Outro tema pendente era a região da tríplice fronteira entre Brasil, Paraguai e Argentina. Os americanos suspeitavam ser um centro de lavagem de dinheiro de onde, em 1994, teria sido planejado um ataque contra a comunidade judaica em Buenos Aires, com saldo de 85 mortos e trezentos feridos. A postura brasileira era de negar que houvesse problemas. Caso reconhecesse a gravidade da questão, Brasília também teria de reconhecer que não tinha recursos próprios para lidar com o desafio.[18]

Nos bastidores, as autoridades brasileiras estavam preocupadas havia algum tempo. Em maio de 1998, durante uma visita do diretor do FBI ao Brasil, o Itamaraty aproveitara a ocasião para perguntar ao funcionário norte-americano se eram verdadeiros os boatos de que estaria havendo deslocamento do tráfico de cocaína da Colômbia e da Bolívia em direção ao próprio Brasil. O chefe do FBI confirmou a informação, acrescentando que, embora não houvesse indício de atividades terroristas, havia operações financeiras clandestinas.[19]

Um mês depois dos atentados de 11 de setembro de 2001, a CIA convocou o embaixador brasileiro em Washington para alertá-lo sobre os riscos de a tríplice fronteira virar um grande centro de financiamento para atividades terroristas. Embora não houvesse provas concretas de que o fosse, o clima de pânico na capital americana contribuía para aumentar a pressão sobre o governo FHC. Mas Fernando Henrique estava de saída e não pretendia fazer mais concessões.

Um ano depois, quando Lula começou a despontar como candidato preferido, voltaram à cena boatos de que ele teria laços estreitos com as Farc.

Em 1990, Lula criou o Foro de São Paulo, uma congregação de mais de quarenta movimentos esquerdistas latino-americanos. O grupo realizava um encontro por ano para discutir o futuro da esquerda na região.

Em pouco tempo, ficou evidente a distância entre Lula e a maior parte dos movimentos ali representados. O PT estava se movendo para o centro.

"Era cada coisa que você ouvia no Foro que eu botava a mão na cabeça e dizia: pô, assim não dá", lembra Lula. Havia movimentos que defendiam tomar o poder pelas armas ou uma ditadura do proletariado.

Ainda no início da década de 1990, Lula passou a utilizar os encontros do Foro para defender a integração da esquerda à onda de democratização que varria toda a região. Para algumas lideranças esquerdistas latino-americanas, o petista havia se rendido ao grande capital. Para os observadores norte-americanos, tratava-se de notícia bem-vinda.

Quarta-feira, 6 de novembro de 2002

Lula nunca convidou as Farc a participar do encontro, mas indivíduos que se autodenominavam representantes da guerrilha estiveram em um dos encontros. Não era incomum que houvesse penetras. Hugo Chávez, então conhecido como um militar golpista, também tentara participar. O PT trabalhou para impedir a presença das Farc e de Chávez.

Mesmo assim, muita gente achava que a melhor forma de destravar o problema colombiano era pelo diálogo com a guerrilha. Não se tratava de apoiar o movimento ilegal, mas de desmobilizá-lo por meio de um processo político. Foi isso que o assessor de relações internacionais de Lula propôs a Lampreia durante uma visita ao Itamaraty. O chanceler descartou a proposta na hora, mas a imagem de um PT de mãos dadas com as Farc correu o país.[20]

MARCO AURÉLIO GARCIA era fundador do PT. Fora filiado ao Partido Comunista Brasileiro e diretor da União Nacional de Estudantes. Estudante de Filosofia e Direito, interessou-se por teatro e cinema, ganhando fama de intelectual. Em seguida ao golpe militar de 1964 foi preso, mas solto pouco depois. Abandonando o partido e impressionado pela radicalização da esquerda, partiu para fazer uma pós-graduação em Paris. Aguentou pouco tempo longe e, sem terminar a tese, voltou para o Brasil, de onde teve de fugir logo depois. Do Uruguai, ele seguiu para o Chile, até que o golpe de Augusto Pinochet o fez retornar à França.

De volta ao Brasil pouco antes da anistia, ele acompanhou de perto as greves do ABC e, em 1980, foi o relator da ata de fundação do PT. Começou a trabalhar na Universidade Estadual de Campinas, a Unicamp, na organização de um acervo. Dentro do partido, todos o tratavam como um acadêmico, mas ele nunca escreveu um livro.

Seu estilo era negociador. Tinha paciência e sabia ouvir. Tratava os rivais com o tom educado que, nos embates do PT, o ajudaram a consolidar uma imagem de intelectual. Na realidade, ele se transformou em um dos correligionários mais próximos de Lula. Na primeira viagem internacional da campanha petista de 1989, já estava presente. A partir daí, passaria dez anos na chefia das relações internacionais do PT.

Agora, com o PT eleito para governar o país, os vínculos do partido com as Farc prometiam envenenar as relações entre o Brasil e os Estados Unidos.

Em Washington, os assessores de Bush decidiram que, na primeira conversa pessoal com Lula, o presidente americano deixaria claro ao novo colega quais eram os limites daquilo que estava disposto a tolerar. Qualquer apoio brasileiro à guerrilha colombiana — real ou simbólico — soaria o alarme da Casa Branca com péssimas consequências para o relacionamento bilateral.

Dia 11

Quinta-feira
7 de novembro de 2002

Era hora do almoço quando Aécio Neves abriu sua residência oficial de presidente da Câmara dos Deputados para as lideranças do PSDB. Era o primeiro encontro do tucanato depois da derrota nas eleições de outubro.

Recém-eleito governador de Minas Gerais, Aécio disputava a liderança do grupo com Geraldo Alckmin, eleito governador de São Paulo. Eles cumprimentaram-se com simpatia, mas sem esconder a tensão.

O maior constrangimento era de José Serra, o candidato derrotado. Todos os comensais presentes sabiam que muitos tucanos haviam trabalhado abertamente contra a candidatura dele. Talvez por isso, na hora de tirar uma foto coletiva, ele sumisse. Chamaram-no, insistindo que se juntasse ao resto dos comensais. Aceitou e, olhando para a câmera, sorriu como pôde.

Fernando Henrique chegou ao conclave tucano com pressa. Pedindo a palavra, disse que o partido deveria fazer oposição responsável. "O PSDB tem crédito com setores da sociedade porque agiu com responsabilidade fiscal e política. Não cabe ao PSDB fazer propostas irrealistas, fazer o que o PT fez conosco." A mensagem era clara: "Não faremos um *Fora Lula*."[1]

Para Fernando Henrique não era fácil almoçar com os correligionários naquele momento. Chegava ao fim do mandato com a popularidade no chão. O ambiente sombrio era intensificado pelo boato daquela semana de que o PMDB, antes aliado tucano, estava negociando sua adesão ao futuro governo Lula.

Em tom de brincadeira, mas sem esconder a acidez, FHC interrompeu a própria fala abruptamente. "Tucano fala demais", disse, "por isso perde as eleições". Levantou-se antes que outra pessoa tomasse a palavra e foi embora.

O presidente mal sabia que seu dia ficaria ainda pior. Do QG petista em São Paulo, Lula jogou uma bomba no colo do Palácio do Planalto: por meio de seu porta-voz anunciou à imprensa que queria adiar a data da posse.

A legislação estipulava a passagem de poder no dia 1º de janeiro, um dia péssimo para quem assume, pois as festas de fim de ano esvaziam a Praça dos Três Poderes e dignitários estrangeiros enviam assessores de segundo escalão para representá-los. Lula queria uma megafesta popular e a presença maciça de chefes de governo de outros países.

Fernando Henrique ficou furioso, e sua resposta não demorou. Poucas horas depois do anúncio petista, seu porta-voz revidou: o presidente da República não ficará no poder um minuto a mais do que estabelece a lei.[2]

Era a primeira rachadura pública no pacto de transição. Banal à primeira vista, a disputa pela data da posse dissolvia o verniz de civilidade até então preservado pelo presidente em exercício e por seu sucessor. Se a disputa escalasse, poderia dar vazão a forças imprevisíveis, antagonizando as duas lideranças políticas do país a poucas semanas da troca de guarda. De um lado e do outro, colaboradores próximos pediram a seus chefes moderação. Havia muita coisa em jogo.

"Depois de ultrapassados tantos percalços políticos e econômicos, a maturidade de suas excelências claudica e transforma a posse numa questão pessoal", concluiu a colunista Dora Kramer.[3]

Em Washington, contudo, ninguém prestou atenção. A preocupação pelo futuro da democracia na América do Sul não passava pela picuinha entre tucanos e petistas, mas pelo redemoinho político que avançava sobre Caracas.

——— • ———

Hugo Chávez era um gênio dos movimentos táticos. No início da década de 1990, foi preso ao tentar dar um golpe de Estado. Uma vez solto, porém, montou alianças, atraiu seguidores e elegeu-se presidente pelo voto popular. Antes mesmo da posse, em 1999, foi a Brasília pedir ajuda a Fernando Henrique.

Chávez disse ao presidente brasileiro que iria substituir empreiteiras norte-americanas por brasileiras e citou uma lista de polpudos contratos: o metrô de Caracas, uma ponte sobre o rio Orinoco e conjuntos habitacionais para a população carente.

FHC reagiu com simpatia. Nos 18 meses seguintes, manteve o número inédito de cinco encontros com Chávez. Juntos, inauguraram uma estrada entre Manaus e Caracas, além de uma rede elétrica entre Roraima e o território venezuelano. Patrocinaram reuniões periódicas dos respectivos exércitos, celebraram um acordo entre a petrolífera venezuelana, a PDVSA, e a Petrobras, e instituíram um conselho empresarial. O presidente brasileiro defendeu que a Venezuela deveria se transformar em país associado ao Mercosul.[4]

FHC não fez nada disso por gosto pessoal. Nos corredores do Palácio do Planalto falava-se do chavismo com condescendência. O estilo de Chávez — estridente, dramático e popular — era objeto de piadas regulares nos jantares do Alvorada. Mas ninguém no tucanato tinha medo dele.

As avaliações iniciais do Itamaraty eram até mesmo otimistas. Chávez teria chegado ao governo de um país que vivia um "virtual desmonte do Estado". Não havia "alternativa política" a ele. O risco de uma aventura internacional contra Colômbia, Guiana ou Trinidad e Tobago — países com os quais a Venezuela tinha antigas disputas — era remoto. "O relacionamento bilateral é bom e não temos contenciosos com a Venezuela", concluía o ministério.[5]

FHC sabia que Chávez, um ex-golpista, lhe causaria problemas com os Estados Unidos. Como o governo norte-americano desgostou do presidente venezuelano desde o início, o Planalto saiu em apoio ao vizinho. Rusgas públicas entre Washington e Caracas somente atrapalhariam a política regional do Brasil.

O governo tucano começou a disseminar mensagens positivas sobre Chávez. Ao então secretário-geral da ONU, Kofi Annan, Lampreia disse confiar que Chávez tinha "sinceridade de propósitos, ainda que marcados por voluntarismo excessivo, reflexo, provavelmente, de sua formação militar". Em seu discurso na Assembleia Geral da ONU, em 1999, o chanceler brasileiro falou da ascensão de Chávez como "processo a ser respeitado, pois nasce de manifestação clara e legítima do povo venezuelano em favor da renovação".[6]

Ao governo Clinton, a diplomacia brasileira disse não haver riscos de uma escalada autoritária na Venezuela porque Chávez era "bem-intencionado, informado e realista". Ele podia ter um caráter difícil, mas seu empenho era "genuíno no saneamento do sistema político venezuelano".[7]

Brasília avaliava que as palavras de FHC a respeito de Chávez tinham influência em Washington. Afinal, o tucano era o estadista mais experiente da região e presidia o país que mais tinha a perder caso a Venezuela entrasse em uma rota autodestrutiva.[8]

Na prática, a mensagem de FHC fortaleceu setores da diplomacia americana que queriam evitar uma ruptura com a Venezuela. Para esse grupo, o presidente brasileiro era claro: não importa quantos gritos Chávez dê, o importante é prestar atenção àquilo que ele faz. E, nesse quesito, o chavismo não representava uma ameaça.

Mesmo assim, a Casa Branca pediu ao Brasil uma posição de mediação. Bush estava disposto "a relevar esquisitices" irritantes como uma visita de Chávez ao Iraque de Saddam Hussein. Mas havia temas que seriam seriamente prejudiciais, como o apoio do chavismo às Farc da Colômbia. E Fernando Henrique era o melhor emissário para transmitir a mensagem.[9]

Tal posição, entretanto, era desconfortável. FHC tinha pouca capacidade real de demover Chávez de suas decisões. E não concordava com boa parte da política norte-americana para a Venezuela. Uma vez, cansado de receber pedidos americanos, FHC desabafou com um colaborador: "Mas o que é que eles acham, hein?! Eu não tenho influência nenhuma sobre Chávez!" Era um exagero do presidente. Chávez o ouvia. Mas a tensão entre Venezuela e Estados Unidos era crescente, e FHC temia ferir-se em meio ao fogo cruzado.

Roger Noriega lembra daquela época assim: "Tínhamos a expectativa de que o Brasil lidasse com Chávez. Os brasileiros nos disseram que fariam isso, mas nem sequer tentaram."

Quinta-feira, 7 de novembro de 2002

O PROBLEMA FUGIU DE CONTROLE NO INÍCIO DE 2002, quando uma bateria de manifestações contra Chávez levou centenas de milhares de pessoas às ruas de Caracas. Para os críticos, a nova elite chavista no poder preparava uma escalada autoritária. Para seus defensores, era a primeira vez na história do país em que um governo se comprometia com o bem-estar da população mais pobre.

Os protestos contra Chávez enfraqueceram as vozes que, no governo americano, pediam cautela. Na Casa Branca e no Congresso americano, o espaço para a acomodação ficou restrito porque o presidente venezuelano virou inimigo da vez da direita dos Estados Unidos. No Departamento de Estado, Otto Reich e Roger Noriega aumentaram o volume de suas declarações antichavistas e incentivaram a oposição venezuelana a partir para o ataque.

Paralisada por uma greve geral, a economia do país começou a encolher. Os chefes militares mais poderosos abandonaram o presidente um a um. A explosão aconteceu em abril de 2002, quando um choque entre chavistas e seus inimigos entrou em espiral descontrolada. Com 14 mortos nas ruas, Chávez mandou fechar os canais de televisão que filmaram o massacre.

Em 11 de abril, um grupo pediu a Chávez a renúncia, ameaçando um golpe caso ele não deixasse o poder voluntariamente. Os interlocutores que foram lhe dar o ultimato chegaram a lhe oferecer milhões de dólares para se afastar. Vencido, Chávez deixou o palácio.

O grupo que se livrou dele se autoproclamou autoridade legítima da Venezuela e revogou a Constituição. Para observadores estrangeiros em Caracas, o estilo tosco e a velocidade com que esse grupo aferrou-se ao poder lembravam as repúblicas bananeiras da década de 1950.

No entanto, os golpistas em seguida receberam uma manifestação positiva dos Estados Unidos. Sem consultar a Casa Branca, Otto Reich deu uma declaração na qual reconhecia a legitimidade do novo governo.

Reich não estava totalmente louco. Agiu dessa forma porque o clima nos Estados Unidos tinha virado contra Chávez. Em seguida ao golpe, um editorial do *New York Times* afirmara: "A democracia venezuelana não está mais ameaçada por um pretenso ditador." O sentimento era similar na vizinhança. Quando o Departamento de Estado convocou uma reunião com as embaixadas latino-americanas para discutir o tema, o único representante que pediu a palavra para criticar o golpe fora o brasileiro.[10]

O QUE ACONTECEU a seguir foi uma virada digna de ficção. Chávez, que se encontrava sob custódia militar, deu a volta por cima. Com apoio dos serviços de inteligência de Cuba, reconquistou a simpatia de alguns chefes militares. Foi solto e, menos de cinquenta horas depois de ter renunciado, voltou ao palácio presidencial. Os golpistas fugiram sem resistência.

A partir de maio de 2002, Chávez começou a se radicalizar. Justificou um novo pacote de reformas que lhe davam hegemonia política sob o argumento de que os golpistas continuavam à espreita. Em tom rancoroso, caçou cada um dos antigos aliados que o desertaram. Suas políticas públicas ganharam um verniz mais militante, e as denúncias ao imperialismo americano cresceram.

Chávez pôde fazer isso graças a Bush. Os rumores de uma guerra norte-americana contra o Iraque causaram uma disparada no preço do barril do petróleo, responsável por 25% da economia venezuelana à época. Pela primeira vez em anos, uma enxurrada de recursos inundou a Venezuela. Com dinheiro fácil em caixa, Chávez teve, pela primeira vez, os recursos necessários para fazer as mudanças que vislumbrara ao chegar à presidência.

No início de novembro de 2002, porém, a empresa estatal de petróleo entrou em greve uma vez mais. Desta vez, seus funcionários estavam determinados a desferir um golpe violento ao chavismo. Sentindo o risco da ameaça, Chávez ligou para FHC. Queria que a Petrobras proviesse algum petróleo para impedir uma paralisação geral da economia venezuelana.

FERNANDO HENRIQUE apenas ajudaria Chávez se tivesse o apoio de Lula, que ocuparia sua cadeira no Planalto em menos de dois meses.

Lula aceitou a proposta. Combinou com FHC que seu assessor internacional de longa data, Marco Aurélio Garcia, visitaria a Venezuela antes mesmo da posse.

Quinta-feira, 7 de novembro de 2002

Ao menos oficialmente, o objetivo da visita de Marco Aurélio não seria dar apoio inconteste a Chávez, mas chamá-lo para a moderação. O plano do enviado do PT era ter encontros também com a oposição, suspendendo o tom abertamente pró-Chávez que Lula utilizara na campanha. Enquanto isso, Lula se prepararia para tratar da Venezuela em seu primeiro encontro com Bush.

FHC e Lula concordavam que o Brasil tinha responsabilidades especiais na América do Sul. A crise venezuelana não se limitava a afetar interesses brasileiros pontuais, mas também ameaçava a sobrevivência da democracia em um país vizinho.

A CRENÇA EM responsabilidades especiais pela democracia na vizinhança nasceu no Paraguai. Em abril de 1996, o presidente Juan Carlos Wasmosy contemplou a possibilidade de demitir o todo-poderoso chefe de Exército, Lino Oviedo. O general tratava o presidente como seu subordinado, mandando nas promoções militares, nas indicações para a Corte Suprema e opinando sobre política econômica e obras de infraestrutura. Oviedo tinha tal comportamento porque fora artífice da chegada de Wasmosy à presidência. Para Wasmosy, porém, a situação ficara insuportável.

Wasmosy sabia que Oviedo se recusaria a deixar o cargo tranquilamente. Por isso, antes de agir, foi de jatinho privado até Brasília para uma conversa com FHC no Palácio da Alvorada: "Vou demitir Oviedo. Quero saber se você me apoia", indagou o presidente paraguaio. A resposta de FHC foi positiva.

Wasmosy voltou no mesmo dia para Assunção. Pediu a renúncia a Oviedo, que, conforme esperado, a rejeitou. O general ficou tão indignado que redobrou sua aposta: convocou a imprensa para prometer "rios de sangue" se alguém ousasse demiti-lo.

Indeciso e assustado com o tom belicoso de Oviedo, Wasmosy redigiu sua própria carta de renúncia. Se houvesse uma escalada, ele mesmo deixaria o poder. O presidente mostrou a carta ao embaixador do Brasil no Paraguai, Márcio Dias. Dias não era uma mera autoridade estrangeira, mas também uma figura pública de prestígio na capital paraguaia e amigo íntimo do presidente, com quem praticava esporte todas as semanas. O embaixador não fez cerimônia: ao pôr as mãos na carta, rasgou-a na frente do presidente paraguaio, guardando os pedaços de papel no bolso. "Você não vai renunciar, não. Você tem apoio e ninguém vai te tocar."[11]

Às 18h36 do dia 22 de abril de 1996, a embaixada americana soltou um comunicado de apoio a Wasmosy. Vinte e cinco minutos mais tarde, Dias fez o mesmo em nome dos quatro países do Mercosul. Às 20h30, os embaixadores de Argentina, Brasil e Estados Unidos tentaram falar pessoalmente com o general Oviedo, que se recusou a recebê-los. Inflexível, ele ameaçou atacar o palácio presidencial. Com medo, Wasmosy refugiou-se na residência do embaixador americano.[12]

Wasmosy recebeu telefonemas de apoio de Bill Clinton, de César Gaviria, secretário-geral da OEA, e do primeiro-ministro da Espanha, Felipe González. Enquanto isso, milhares de manifestantes começaram a juntar-se nas ruas da cidade para marchar em direção ao palácio presidencial em repúdio às ameaças do militar.

De Brasília, FHC acompanhava a crise ao telefone. Preocupado com o tom incendiário de Oviedo, o tucano convocou ao Alvorada o secretário-geral do Itamaraty, Sebastião do Rego Barros, e o embaixador responsável pela América Latina, Luiz Augusto de Castro Neves, pois Lampreia se encontrava fora do país. Os dois diplomatas deveriam partir em direção a Assunção num jato da FAB de imediato. Sua missão era a de dizer pessoalmente a Wasmosy e a Oviedo que o Brasil não toleraria uma ruptura da ordem constitucional em um país-membro do Mercosul.

Enquanto seus diplomatas embarcavam, FHC pediu a seu ministro do Exército, o general Zenildo, que telefonasse para Oviedo. Além de ser colega de farda, Zenildo fora instrutor de Oviedo anos antes. Como no Paraguai todos sabiam que o Exército brasileiro era pró-Oviedo, uma palavra de Zenildo teria mais peso do que qualquer pressão feita pelo Itamaraty ou pelo próprio Planalto. Afinal, a missão militar do Brasil no Paraguai fora, durante décadas, um dos principais centros de poder e influência da vida paraguaia. Com toda a intimidade que tinha com o colega paraguaio, Zenildo pediu: "Lino, não faz isso."

Os diplomatas brasileiros pousaram na capital paraguaia e seguiram em comboio para o centro da cidade junto a representantes da Argentina e do Uruguai. Juntos, mostraram-se unidos em apoio a Wasmosy.

Por volta de 1h30 da madrugada, Oviedo recebeu uma proposta escrita de Wasmosy: se aceitasse renunciar, Wasmosy passaria o governo para o Senado em caráter provisório. Em uma tentativa de demonstrar força, Oviedo respondeu que só lhe interessava a renúncia do presidente.

Só que as ruas estavam abarrotadas de gente apoiando o presidente. Animado com a reação popular, Wasmosy decidiu ficar. Mas seu medo de um confronto com Oviedo permanecia intacto e, por isso, ofereceu ao general uma troca: deixar a chefia do Exército, mas assumir o Ministério da Defesa. Ele perderia o comando direto da tropa, mas continuaria no governo. Oviedo aceitou.

No dia seguinte, contudo, enquanto o general se preparava para assumir a pasta, o povo foi às ruas para denunciar o recuo de Wasmosy como covardia. O que fora uma onda de apoio no dia anterior agora ameaçava engolir o próprio governo. Acuado, Wasmosy retirou o convite feito a Oviedo. Fraco e isolado, o general não teve opção a não ser deixar o cargo. Ficou sem nada.

O PRESIDENTE argentino Carlos Menem e FHC viram a crise como uma oportunidade. Assim que a temperatura baixou em Assunção, começaram a trabalhar para que o Mercosul criasse condicionalidades formais: o país--membro que tivesse seu processo democrático interrompido seria punido coletivamente.

Para a diplomacia brasileira, tratava-se de uma mudança radical. Ao ouvir as ideias vindas de Buenos Aires e do Planalto, o Itamaraty reagiu negativamente: nem a Carta da ONU fazia referência explícita à democracia, nem a União Europeia tinha uma cláusula democrática vinculante. Por que o faria o Mercosul?[13]

FHC ignorou a resistência do ministério. E pediu a Lampreia para explicar ao mundo a nova postura brasileira. Incumbido da tarefa, o chanceler fez aquilo que todo ministro do Exterior latino-americano faz quando precisa espalhar uma mensagem com celeridade: viajou até o Vaticano para comunicar a guinada ao papa. Como o Vaticano é uma praça diplomática pequena onde a fofoca corre velozmente, em questão de horas a mensagem circulava por toda parte.[14]

A fórmula elaborada pelas diplomacias argentina e brasileira foi formalizada sob o título de Declaração de São Luís. Ao prever a aplicação de sanções em casos de ruptura democrática, era totalmente inédita.

Ao estabelecer que o país sancionado poderia ser punido com a suspensão de todos os acordos bilaterais com outros membros do Mercosul, tratava-se de um texto radical. Na prática, isso significava que o Brasil poderia suspender o repasse de royalties de Itaipu ao país vizinho. Embora Itaipu fosse uma empresa binacional, a gestão financeira era do Tesouro do Brasil. Esses repasses equivaliam a quase um quarto de toda a economia paraguaia.[15]

Pouco tempo depois, a nova tese ganharia força jurídica com uma Cláusula Democrática do Mercosul.

A crise paraguaia de 1996 havia acabado, mas Oviedo não sumiu do mapa. Em 1999, o general voltou à cena. O então presidente paraguaio, Raúl Cubas, também começou a temer um golpe e apelou para FHC.

Quando Cubas disse ao tucano que precisava de armas e munições brasileiras para se defender, FHC respondeu: "Presidente, acho que não tem alternativa, o senhor tem que falar pessoalmente com Oviedo. O senhor não deve sujar suas mãos com sangue porque isso é uma coisa irrecuperável."

Só que a crise piorou, a temperatura aumentou e não havia solução à vista. Ao telefone, FHC sugeriu a Cubas que renunciasse, enviando-lhe um avião da FAB para levá-lo junto à família para o Brasil.

Oviedo não ocupou o lugar de Cubas, mas continuou operando politicamente até que, em maio de 2000, patrocinou a sublevação da cavalaria, mais uma demonstração de força. Fracassando de novo, fugiu do Paraguai. Desta vez, a solução foi mais rápida: a polícia brasileira prendeu-o em Foz do Iguaçu. No apartamento em que foi encontrado, havia um revólver calibre 38, dez telefones celulares e uma peruca. Dezoito meses depois, o Supremo Tribunal Federal extraditou-o ao país de origem, onde foi preso.

O Palácio do Planalto participou ativamente da vida política do Paraguai porque tinha poder para fazê-lo. Tratava-se de um vizinho fraco e atrelado ao vizinho mais forte. Além de Itaipu, a economia paraguaia era

Quinta-feira, 7 de novembro de 2002

dominada por bancos, empreiteiras, cervejarias, locadoras de automóvel e grandes fazendeiros do Brasil.

A dependência também era cultural. Médicos, engenheiros, advogados e políticos paraguaios haviam estudado no Brasil, falavam português e mantinham apartamentos de férias no Rio de Janeiro.

Uma das maiores fontes de renda do Paraguai, o contrabando, também acompanhava o mercado brasileiro. A relação era tão escancarada que, em Brasília, a uma curta distância da Praça dos Três Poderes, havia uma "Feira do Paraguai", onde se vendiam bugigangas contrabandeadas. Quem ali chegasse, veria anúncios à luz do dia de excursões semanais para fazer compras de produtos falsificados no país vizinho.

O Paraguai também operava a reboque do Brasil em outros negócios sujos. O país transformara-se no centro de operações de Fernandinho Beira-Mar, principal narcotraficante brasileiro da época. O Paraguai também era peça de grandes esquemas de corrupção brasileira, pois recebia recursos que, em seguida, repatriava na forma de financiamento ilícito de campanhas políticas, como ocorria no estado fronteiriço do Paraná.

Por que as autoridades brasileiras não faziam nada a esse respeito? "Porque muita gente no Brasil ganha dinheiro com a esculhambação paraguaia", diz um embaixador brasileiro.

Os americanos se exasperavam: "O Paraguai parece um ônibus com o motor quebrado; não importa quantas vezes você muda o motorista, o ônibus continua parado." Mas eles deixavam o problema para o Brasil: "Ninguém entende o Paraguai tão bem como o Brasil. [É] a *via crucis* de vocês."[16]

Washington ignorava o Paraguai e o que o Brasil lá fizesse. Onde o governo americano estava mais atento e preocupado era no Peru.

Alberto Fujimori elegeu-se presidente peruano em 1990. Com apoio do FMI, implementou o pacote de reformas neoliberais mais profundo da América Latina. Privatizou empresas públicas, desregulou a economia e cortou subsídios. A inflação, antes galopante, cedeu, e a economia teve um surto de crescimento. Fortalecido por ampla aprovação popular, em 1992, o presidente deu um golpe branco: suspendeu a Constituição, trocou juízes e fechou o Congresso, à época nas mãos da oposição. O ato recebeu boa dose de aprovação popular, permitindo a Fujimori argumentar que se tratava de um exercício de "democracia real".

Argentina, Chile e Venezuela protestaram, mas Brasil e Estados Unidos se ajustaram à situação sem alarde. Para o Itamaraty e o Departamento de Estado, Fujimori era a principal força política do Peru e devia ser reconhecida como tal.

Em 1995, o presidente reelegeu-se com ampla vantagem, em uma vitória celebrada internacionalmente. Isso deu-lhe força política para encerrar disputas territoriais com o Chile e assinar um acordo de paz com o Equador, que contou com mediação brasileira. As relações entre Brasília e Lima eram boas.

Fortalecido, porém, Fujimori embarcou na rota que o levaria à própria queda. Lançou um programa de esterilização forçada de mulheres do campo para controlar a taxa de natalidade e criou um Estado paralelo sob o comando do chefe dos serviços de inteligência, Vladimiro Montesinos.

Juntos, Fujimori e Montesinos patrocinaram uma repressão brutal ao movimento maoista Sendero Luminoso e ao grupo Túpac Amaru. Esses grupos haviam dominado a vida pública do país na década de 1980, controlando parte do território peruano, comprando juízes e políticos, impondo uma lei do silêncio nas cidades em que mais atuavam e, ao longo de quase quinze anos de existência, produzindo 20 mil mortes.

Na sua guerra contra eles, Fujimori armou as "rondas campesinas" na zona rural e criou tribunais militares secretos para julgar os membros da guerrilha capturados. Anos depois, uma comissão da justiça relataria a carnificina a que foi sujeita a população que estava no meio do caminho entre as forças do governo e a guerrilha.

Fujimori e Montesinos também organizaram diversos esquemas de desvio de dinheiro público, com estimativas que chegam às centenas de milhões de dólares. Quando os índices de aprovação popular do governo começaram a cair na virada do ano 2000, Fujimori elegeu-se para um terceiro mandato com uma margem mínima e sob suspeita de fraude eleitoral.

O porta-voz do Departamento de Estado dos Estados Unidos chamou as eleições de "inválidas" (no dia seguinte reduziu a intensidade da acusação, substituindo a palavra por "falhas"). Para os críticos de Fujimori, seria necessário convocar novas eleições ou algum tipo de esquema de transição para um governo provisório.

No entanto, a acusação mais grave ficou por conta da OEA, que declarou as eleições estarem "longe de ser consideradas livres e justas". Tratava-se da primeira vez na história que uma eleição era considerada ilegítima por esse organismo.

Membros da OEA apresentaram resolução para sancionar o Peru. Mas a reação em Brasília foi péssima. "É preciso buscar o equilíbrio apropriado entre as preocupações com a consolidação da democracia e o respeito aos princípios de não ingerência e da soberania nacional", disse o governo brasileiro. E foi além: "O presidente Fujimori conta com o apoio da maioria da população peruana."[17]

O governo FHC formou uma coalizão junto à Venezuela e ao México para preservar Fujimori, impedindo que a OEA sancionasse o Peru.

Empossado, porém, Fujimori enfrentou protestos crescentes. A corda arrebentou quando um vídeo mostrou como Montesinos pagava propina a um deputado de oposição. Fujimori, que estava em viagem oficial à Ásia, decidiu não voltar, exilando-se no Japão.

Por que o Brasil agiu com força para proteger a democracia no caso do Paraguai, mas manteve-se distante no do Peru? Um embaixador explica com clareza.

"No Paraguai, a gente tinha cacife. Uma coisa é você se meter em uma jogada na qual sabe ou presume que pode ir até o fim. Outra coisa é se meter em uma jogada que pode levar você a dar com os burros n'água."

Agora, em 2002, ninguém sabia ao certo até onde Lula estaria disposto a se envolver no destino da Venezuela.

Dia 12

Sexta-feira
8 de novembro de 2002

Lula pousou em Brasília pouco depois das 19 horas. Caminhar pelo aeroporto se tornara impossível. Por onde passava, o presidente eleito era seguido por uma multidão querendo tirar fotos, abraçá-lo ou beijá-lo. Velhos conhecidos até mesmo se aproximavam para pedir emprego.

Enquanto esperava que os carros do comboio se aproximassem até o avião para escoltá-lo com suas sirenes e batedores, Lula sentiu o peso da presidência. Um assessor acabara de fazer os cálculos em uma folha de papel. Nos cinco meses seguintes, ele teria de indicar três ministros do Supremo Tribunal Federal. Até 2007, mais três. Apenas no primeiro mandato, teria escolhido metade da corte suprema do país.

Lula seguiu diretamente até o Palácio da Alvorada, onde FHC o esperava para jantar. Havia problemas urgentes que precisavam ser resolvidos de forma compartilhada: um leilão de ações do Banco do Brasil, nomeações para grandes autarquias, uma reforma das repartições públicas e a privatização de bancos. Fernando Henrique não queria dar toda a autoridade ao sucessor, mas tampouco queria arcar sozinho com o ônus das decisões.

A conversa voltou-se para a visita do FMI planejada para os próximos dias. Os presidentes discutiram a melhor estratégia a ser seguida, e combinaram que Pedro Malan e Antônio Palocci trabalhariam em sintonia para apresentar um fronte unido aos funcionários do Fundo.

Para Lula, tratar de FMI com Fernando Henrique era delicado porque sua tarefa era encontrar um equilíbrio entre forças opostas: por um

Sexta-feira, 8 de novembro de 2002

lado, o compromisso com a continuidade econômica; por outro, a rejeição ao cânone ortodoxo.

Para o círculo mais próximo do presidente eleito isso não era uma impossibilidade. Bastava apresentar as decisões adotando o tom nacionalista que FHC tanto rejeitara durante sua passagem pelo poder. Dirceu explicaria o assunto assim:

> O subconsciente do país é nacionalista. Precisa de Estado. Apesar da modernidade dos tucanos, de eles serem paulistanos, serem a elite intelectual, a política que fizeram não correspondia ao sentimento histórico do brasileiro médio, que é a ideia de que o Brasil basta a si próprio, que é uma grande nação, um país que pode. Houve um certo desprezo tucano pelos nacionalistas. A leitura do getulismo, do nacionalismo, do estatismo, mesmo dos militares — apesar da crítica necessária a isso —, se transformou em uma negação. FHC negou a própria formação cultural e histórica do Brasil.

Nem Dirceu nem Palocci temeram o potencial impacto negativo, junto à opinião pública, de seguir a política econômica de FHC à risca durante os primeiros meses de governo.

Em determinado momento do jantar, um comensal presente ao encontro perguntou qual seria o futuro do Itamaraty.

"Minha sugestão é que você escolha um diplomata de carreira para ser seu chanceler", disse FHC a Lula. "O chanceler precisa te ajudar fora do país, mas ele também precisa pôr ordem na casa e colocar a máquina para funcionar."

Lula listou alguns nomes, mas confessou estar na dúvida. Ao ouvir as opções, Fernando Henrique acrescentou mais uma: Celso Amorim.

Lula já ouvira falar do embaixador, mas não o conhecia. Nem se lembrava de um coquetel ocorrido anos antes no qual haviam sido apresentados.

Celso Amorim vinha de uma família de classe média que já passara por dificuldades financeiras, sem conexões nem acesso a gente poderosa. Aos 20 anos, o rapaz ingressou em primeiro lugar para o Instituto Rio Branco.

151

O golpe militar de 1964 aconteceu antes de ele completar a preparação para a carreira diplomática. Servindo em Londres, viu-se defendendo o regime em seu período mais brutal, entre 1968 e 1971. De lá migrou para a OEA, em Washington, outro organismo que o governo Médici transformou em escudo contra críticas externas.

Ao voltar para o Brasil, Amorim aproximou-se do poder cedo e alcançou voo próprio. Aos 37 anos, virou diretor da Embrafilme, de onde foi demitido três anos mais tarde por aprovar financiamento para um filme, *Pra frente, Brasil*, de Roberto Farias, que expunha a tortura nos porões da ditadura. Seguiu para uma espécie de degredo na Holanda, de onde voltaria três anos depois, como assessor do ministro da Ciência e Tecnologia do governo Sarney, Renato Archer, seu mentor e principal alavanca na carreira. A performance de Amorim foi exemplar e, de lá, tornou-se diretor do Departamento Econômico do Itamaraty, em 1990. Ficou pouco tempo porque, em seguida, foi nomeado embaixador junto ao GATT, em Genebra.

Em 1993, Itamar Franco o trouxe de volta, desta vez como chanceler. A primeira escolha do presidente fora o político mineiro José Aparecido de Oliveira, que recusara o cargo por motivos pessoais. Entretanto, Aparecido virou embaixador em Lisboa e fez questão de manter rédea curta na política de promoções e remoções do Itamaraty, principal recurso de poder que um chanceler tem para disciplinar a tropa. Amorim sentiu na pele os custos de não ter acesso privilegiado à Presidência da República.

Sua relação com Fernando Henrique, a quem sucedeu na chefia do Itamaraty, era cordial, mas sem intimidade. Eles se respeitavam mutuamente, embora tivessem avaliações diferentes da cena internacional. Enquanto um via a globalização como força irresistível à qual o Brasil precisava se adaptar, outro enxergava a onda neoliberal como um *projeto* politicamente controlado pelas grandes potências, que tinha de ser resistido e negociado.

No início da década de 1990, ao passo que Fernando Henrique defendia a acomodação a um mundo dominado pelos Estados Unidos, Amorim discordava. "Não me parece viável que um estado de coisas como esse possa durar por muito tempo", escreveu. Para ele, "um processo de revisão está em marcha". A "utopia conservadora" da globalização abrirá espaço a novos "polos de poder". O Brasil tinha de tirar vantagem disso para ter jogo próprio.[1]

Como chanceler, em 1993, Amorim ganhou fama de duro com os Estados Unidos. Um mês depois de assumir a pasta, fustigou uma delegação americana.

"Vocês não sabem apreciar o que temos feito para reformar o perfil do Brasil", disse. "O reconhecimento desse esforço está em patamar bem inferior ao que é concedido a países como a Rússia", reclamou.

"Só posso concluir que, do ponto de vista de vocês, o relacionamento era melhor no período ditatorial brasileiro, apesar de todos os problemas derivados de nossa economia fechada, do regime político autoritário e das violações de direitos humanos." Ele gostava de esticar a corda.[2]

<hr />

DO LADO DE FORA DO PALÁCIO, a imprensa aguardava ansiosa notícias do encontro. Em sua obsessão pelos detalhes da conversa, os jornalistas ignoraram uma das notícias mais importantes do dia: Palocci mencionara em público, pela primeira vez, a possibilidade de Lula visitar a Casa Branca antes da posse.[3]

Em Washington, ainda era madrugada quando Bush recebeu a notícia de que a Rússia estava satisfeita com a última versão do texto. A diplomacia americana negociava havia dias a resolução sobre o Iraque que seria apresentada ao Conselho de Segurança. Reino Unido, China e França já haviam dado luz verde. Agora faltava somente convencer um país que, apesar de não ser membro permanente do Conselho, lá tinha uma cadeira rotativa e poderia criar problema: a Síria.

Bush pediu a Colin Powell que telefonasse pessoalmente para Bashar al-Assad em Damasco. Era para pressionar o sírio até obter seu acordo. Às oito horas da manhã, já estava tudo acertado.

Duas horas depois, o Conselho de Segurança das Nações Unidas aprovou a Resolução 1441 com unanimidade.

O texto acusava o Iraque de não cumprir suas obrigações em matéria de desarmamento e instituía um novo regime de inspeções. Saddam Hussein deveria satisfazer todas as demandas dos inspetores da ONU. Caso contrário, afirmava a resolução, seu país enfrentaria "graves consequências".

A aprovação unânime dessa expressão era prova cabal da autoridade que Bush obtivera no mundo.

"Se Saddam Hussein confessar que tem armas de destruição em massa, saberemos que trapaceou resoluções da ONU no passado", raciocinou o porta-voz de Bush depois. "Se ele disser que não as tem, então saberemos que está enganando o mundo novamente."[4]

De um jeito ou de outro, o cerco contra Saddam se fechara.

Os Estados Unidos estavam em guerra contra o Iraque havia mais de uma década.

Bush (pai) forçara a retirada de tropas iraquianas do Kuwait em 1991. A partir daquele momento, a coalizão anglo-americana impusera zonas de exclusão aérea ao Norte e ao Sul do país, com cinquenta aeronaves de guerra patrulhando quase 60% do território do país. Bill Clinton manteve a postura.

Em dez anos, os pilotos americanos e britânicos sobrevoaram o espaço aéreo do Iraque 150 mil vezes. Entre 1992 e 1998, o país foi atingido por uma média mensal de 12,5 toneladas de artilharia. Entre 1999 e 2000, o volume chegou a 390 toneladas por mês. Tratava-se da mais longa campanha militar da história americana, excedendo inclusive a do Vietnã.[5]

A exportação de petróleo — principal atividade econômica do país — foi embargada. Segundo o Unicef, o impacto do embargo e de outras sanções causou a morte de 80 mil crianças apenas nos dois primeiros anos. Em dez anos, a renda per capita encolheu seis vezes.[6]

Agora, em 2002, o Iraque era um dos países mais pobres do planeta.

No entanto, Saddam manteve seu poder intacto. As sanções impostas pela ONU eram tão ineficientes que ele pôde recriar o fluxo de dinheiro por meio de um mercado negro de venda de petróleo que se espraiou em uma rede global de corrupção, envolvendo empresários russos, franceses, americanos, funcionários da própria ONU e Kojo Annan, filho de Kofi, o secretário-geral do organismo internacional. O programa da ONU *Oil-for-*

-Food permitiu ao regime em Bagdá desviar centenas de milhões de dólares que, em tese, deveriam comprar alimentos para a população. Anos depois, uma auditoria descobriu que, ao chegar ao Iraque, boa parte da comida estava estragada.

Saddam também aproveitou a guerra para manter força hegemônica na política iraquiana. Quando uma rebelião curda e xiita eclodiu no Norte do país, o presidente justificou a repressão com o argumento de que era um plano estrangeiro para subjugar o Iraque ainda mais. O saldo foi de 100 mil mortos.

Os opositores ao regime, em vez de lutar, fugiram. Qualquer suspeita bastava para perder a vida: Saddam gostava de dar o exemplo, mandando matar dezenas de pessoas de uma vez só diante da menor dúvida a respeito de sua lealdade. Avalia-se que, na década de 1990, 2 milhões de pessoas tenham deixado o país a pé pelas fronteiras com Irã e Turquia.

Nos Estados Unidos, o Iraque virou um tema de política interna. Em 1998, a maioria republicana no Congresso desferiu um golpe contra o governo Clinton aprovando a chamada Lei de Libertação do Iraque. O texto criticava a política adotada pela Casa Branca até então por ser frouxo. Obrigava o governo a adotar, como política oficial, o objetivo de remover Saddam do poder, concedendo US$ 100 milhões em financiamento para grupos iraquianos de oposição.

Saddam reagiu à aprovação da lei com a suspensão do acesso até então dado aos inspetores da ONU. Como os republicanos haviam previsto, isso deixou Clinton sem escapatória.

Se ele não fizesse nada a respeito, o público americano se voltaria contra ele. Se ele agisse, as chances de Saddam cair aumentariam, consagrando a política republicana.

O espaço de manobra de Clinton era pequeno. Todos sabiam que a disputa tinha pouco a ver com o regime iraquiano em si. O presidente, afinal, estava às vésperas de enfrentar um processo na Câmara dos Deputados pelos crimes de perjúrio e obstrução da justiça no caso Monica Lewinsky. Sua sorte dependia dos deputados, que poderiam tirar-lhe o cargo.

Para impedir que a maioria republicana se livrasse dele sob o argumento de que um presidente politicamente ferido era incapaz de proteger os interesses americanos no mundo, em dezembro de 1998, Clinton reagiu. A operação Raposa do Deserto foi curta, mas feroz: em apenas quatro dias, a coalizão anglo-americana lançou 415 mísseis em território iraquiano. Milhares de civis morreram no processo e Saddam continuou no poder.

Meses depois, já salvo do risco de um impeachment, Clinton completou seu mandato com 68% de aprovação popular. Junto a Franklin D. Roosevelt e Ronald Reagan, Clinton chegou ao fim do governo com o melhor índice da história americana.[7]

BUSH ENTROU na Casa Branca querendo fazer algo a respeito de Saddam Hussein. Países como o Iraque, disse, "odeiam nossos amigos, odeiam nossos valores e odeiam a democracia e a liberdade".[8]

Antes mesmo de tomar posse, sua equipe pediu aos chefes militares para que lhe fossem apresentadas as diferentes opções de invasão. Não foi uma surpresa para ninguém que na própria noite dos ataques de 11 de setembro, quando o presidente ainda tentava entender os eventos do dia, alguém sugerisse retaliar o Iraque.

Só que nenhum dos presentes apoiou uma medida dessa natureza. Nada ligava Saddam aos ataques, disse Richard Clarke, um dos mais próximos colaboradores de Bush. "Seria como reagir ao ataque do Japão a Pearl Harbor invadindo o México."[9]

Dois meses depois, contudo, o governo americano começou os preparativos para uma eventual guerra contra o Iraque. Em janeiro de 2002, Bush fez seu famoso discurso sobre o "Eixo do Mal", apontando o Iraque como uma ameaça, junto a Irã e Coreia do Norte. A maioria dos assessores presidenciais acreditava que Saddam possuía armas químicas ou biológicas, ou pelo menos tinha a capacidade para produzi-las rapidamente.

Na Casa Branca, entretanto, havia outros motivos para ir à guerra. O governo queria uma vitória contra um inimigo claramente identificável, coisa que a batalha contra o regime Talibã no Afeganistão não garantia.

De todos os regimes inimigos, o iraquiano era o mais fácil de derrubar porque estava enfraquecido depois de uma década de ataques anglo--americanos e sanções. A invasão, seguida de uma constituição democrática, teria enorme impacto regional.

Sexta-feira, 8 de novembro de 2002

Afinal, o Oriente Médio ainda era uma região relativamente fechada aos Estados Unidos, com sociedades resistentes à cultura americana, mesmo dentre os aliados, como a Arábia Saudita. Para a Casa Branca, era importante transformar essa situação promovendo uma imagem positiva.

Funcionários do governo Bush começaram a fazer apresentações com PowerPoint nas quais um Iraque pós-Saddam aparecia como centro irradiador de liberdade para todo o entorno regional. Como Saddam era odiado por grande parte da população iraquiana, descontou-se como líquido e certo que a intervenção seria bem-vinda.

O Iraque também era suficientemente rico em petróleo para financiar sua própria recuperação após a guerra. Isso permitiria ao país transformar-se em exemplo das virtudes da economia de mercado no Oriente Médio.

Em oficinas com exilados iraquianos meses antes da invasão, planejou-se que, após a queda de Saddam, os serviços públicos iraquianos fossem privatizados. O grupo concluiu:

> Outros podem ter discussões intermináveis a respeito de por que "o capitalismo triunfa" em alguns países e fracassa no resto do mundo. Nós preferimos arregaçar as mangas e mover céu e terra para fazer o sistema cooperativo da livre iniciativa triunfar no Iraque nesta hora de necessidade.[10]

Em poucos meses, a guerra contra o Iraque passou a despertar interesse em muitos polos de poder dentro dos Estados Unidos. As Forças Armadas enxergaram uma oportunidade para se modernizar e atualizar suas doutrinas. A iniciativa privada deu boas-vindas à perspectiva de novos negócios criados por um governo amigo.

Condoleezza Rice fora diretora da companhia petrolífera Chevron, que batizara um navio petroleiro com seu nome. Cheney trabalhara como diretor executivo da Halliburton, conseguindo-lhe, tão logo assumiu a vice-presidência, um contrato de dez anos para prover serviços para as Forças Armadas. Entendeu-se desde o início que os serviços da ocupação militar do Iraque — segurança, alimentação e saneamento — seriam prestados não pelas Forças Armadas, mas por empresas privadas.

A decisão de atacar o Iraque foi tomada ao longo daqueles meses sem que houvesse um debate sério na Casa Branca a respeito da ameaça representada por Saddam. Não houve uma só reunião dos principais assessores com o presidente na qual o tema pudesse ser discutido. Bush conversava com os membros da equipe em caráter individual. O mais resistente à ideia era Colin Powell. Quando pediu uma audiência para manifestar sua hesitação, o encontro durou 12 minutos. O secretário de Estado disse que apoiaria o chefe caso ele decidisse atacar.[11]

Em julho de 2002, a decisão já estava tomada. Mesmo sem ter provas, o governo americano diria que Saddam tinha armas de destruição em massa e vínculos com redes terroristas. Em outubro, antes de Lula ser eleito, a prova de que a Casa Branca precisava apareceu: Ibn al-Shaykih al-Libi, um operativo da Al-Qaeda, deu um depoimento em que mencionava o vínculo entre a organização terrorista e o ditador iraquiano. A informação fora dada no Egito, em uma sessão de tortura.[12]

Nas altas rodas, poucos se atreviam a criticar os planos de guerra de Bush. Formou-se um consenso de que algo deveria ser feito a respeito de Saddam. Quem não seguisse o argumento corria o risco de ver-se isolado.

Rara exceção foi um jovem senador negro de Chicago. "Oponho-me a uma guerra estúpida e apressada", disse Barack Obama.[13]

Nos últimos dias de setembro de 2002, o embaixador Rubens Barbosa encaminhou a José Dirceu uma avaliação sobre os impactos no Brasil de uma eventual guerra no Iraque. O cenário era péssimo.

Segundo Barbosa, as avaliações norte-americanas de gasto com o conflito eram subestimadas e os números eram pouco confiáveis. Larry Lindsay, principal assessor econômico de Bush, cogitava algo entre US$ 100 bilhões e US$ 200 bilhões — um número relativamente baixo. Paul O'Neill, secretário do Tesouro, dizia poder absorver esses custos sem problema.

No entanto, a economia americana dava sinais de fadiga, o déficit estava descontrolado e a inflação aumentava, assim como o preço do barril de petróleo. Uma guerra, previu o embaixador, assustaria agentes de mercado em todo o mundo, que hesitariam ainda mais do que o normal antes de investir no Brasil.

Barbosa tirou disso uma conclusão cujo objetivo era alertar a equipe do presidente eleito: Lula enfrentava pressões dentro do PT para repudiar a guerra no Iraque em termos duros, mas era preciso ter cuidado.

Quando a Casa Branca anunciar o ataque, explicou Barbosa, a coisa inteligente a fazer é manter baixo perfil. Qualquer manifestação brasileira mais firme será retaliada. O clima no governo americano é de *vamos ver quem são nossos verdadeiros amigos*.

Posições principistas, por mais justas e justificáveis que sejam, vão ter de ser temperadas por uma atitude pragmática de resguardo de nossos interesses mais gerais, que já estão sendo afetados pelas consequências econômicas do conflito.[14]

Em Washington, a equipe de Condoleezza Rice preparou uma lista de países que poderiam prestar ajuda ao esforço de guerra. Eram países que, na perspectiva norte-americana, poderiam ter interesse em contribuir com dinheiro, equipamento militar ou tropas. Na América Latina, os potenciais aliados eram México e Argentina.

Em nenhum momento contemplou-se a possibilidade de incluir o Brasil. "Nunca achamos que o Brasil fosse ajudar, então nunca pedimos", explica John Maisto, principal assessor de Rice para a região. "A gente sabia perfeitamente que Fernando Henrique era de centro-esquerda. Não adiantava sequer tentar."

Dia 13

Sábado
9 de novembro de 2002

"Fico satisfeito se, no primeiro ano de governo, a gente conseguir tocar o Fome Zero, controlar a inflação e evitar uma recessão", disse Lula ao abrir a reunião do dia com seus colaboradores.

O presidente eleito estava de bom humor. Aquela semana chegava ao fim com uma redução do risco-país. O dólar, que na campanha batera na casa dos R$ 4, caíra para R$ 3,55. A previsão para os dias seguintes era de valorização ainda maior da moeda brasileira.

Antônio Palocci, José Dirceu, Luiz Gushiken, Luiz Dulci, Gilberto Carvalho, José Alencar, Marta Suplicy, Aloizio Mercadante e José Genoíno chegaram às 10h30 para encontrar o chefe no hotel Meliá, em São Paulo. Saíram de lá somente oito horas mais tarde. Ouviram o relato de Lula sobre o jantar da noite anterior com FHC, fizeram piadas e planejaram o futuro.

Em Brasília, FHC acordou já avançada a manhã chuvosa. Horas depois, sua escolta foi abrindo caminho pelas ruas de Brasília até a base aérea.

Ao subir as escadas do *sucatão*, a aeronave presidencial, Fernando Henrique estava embarcando em sua última viagem internacional como presidente da República. Estava cansado.

Apesar disso, o presidente estava satisfeito com a semana. Gostara muito da conversa com Lula na noite anterior e respirara aliviado com as boas notícias da economia. Achava que a passagem de comando estava encaminhada: até mesmo a Radiobrás já começara a cobrir os eventos do

Sábado, 9 de novembro de 2002

PT e do governo de transição, recém-instalado no Centro Cultural do Banco do Brasil.

FHC tinha um motivo adicional para estar contente. Naquela semana, ele também passara o chapéu junto ao PIB nacional: em jantar com empresários, pedira doações para um instituto com seu nome. Além de ser um centro de pensamento com sede em São Paulo, o instituto teria função análoga à das bibliotecas presidenciais norte-americanas, que armazenam papéis, livros, títulos e presentes recebidos pelo ocupante do cargo.

O modelo do instituto era norte-americano, mas a forma de obter recursos era bem distinta daquela utilizada pelos presidentes dos Estados Unidos. Lá, grandes empresas eram convidadas a doar. Aqui, FHC pedia de uma posição privilegiada — seus potenciais financiadores dependiam do Planalto para obter empréstimos ou rolar dívidas com o BNDES, o grande banco estatal.

Foi Elio Gaspari quem fez as contas em sua coluna do dia. O jantar de FHC com empresários incluíra Pedro Piva (Klabin), que esperava a aprovação de um crédito de R$ 450 milhões do banco. Emílio Odebrecht, Benjamin Steinbruch (Companhia Siderúrgica Nacional) e David Feffer (Suzano) já detinham, somados, uma carteira de R$ 2 bilhões junto ao BNDES. Alguns dos presentes deviam a outro comensal, Lázaro Brandão (Bradesco). O interesse de Brandão era que os outros lhe devolvessem o dinheiro emprestado, o que poderiam fazer tirando vantagens do crédito subvencionado do BNDES.[1]

Em Washington, Bush amanheceu radiante com a Resolução 1441 do Conselho de Segurança da ONU.

"Se o Iraque não obedecer, os Estados Unidos, em coalizão com outras nações, desarmarão Saddam Hussein", disse no rádio em tom triunfante.[2]

O que Lula, FHC e Bush não imaginaram no início do dia era o turbilhão que varreria a cidade de Florença, na Itália, ao longo da jornada.

Os organizadores do Fórum Social Europeu planejaram atrair alguns milhares de pessoas para uma manifestação de rua contra Bush ao longo de três dias. Com isso, pretendiam inaugurar jornadas de protestos maciços em todas as capitais europeias, pressionando seus respectivos governos a se afastarem da empreitada militar de Bush.

Só que nem dera meio-dia quando a polícia já calculava um público bem maior que o esperado. Em poucas horas, havia meio milhão de pessoas nas ruas da cidade. Caso a moda pegasse, a Europa viveria meses de ebulição.

Florença viu milhares de cartazes, músicas e máscaras ridicularizando o presidente americano. O que ninguém vislumbrara era que boa parte da raiva dos manifestantes fosse canalizada contra as Nações Unidas.

Ao aprovar a Resolução 1441, o Conselho de Segurança da ONU enterrara a esperança daqueles que viam naquele foro uma chance de parar a guerra. Na opinião de quem estava na rua, a reputação do organismo ia a pique.

FHC NUNCA DIZIA isso em público, mas tinha pouca paciência com a ONU. O problema não era a ineficiência da burocracia ou as dificuldades de gerar consenso entre tantos países, mas algo mais fundamental: não era ali que operavam as verdadeiras forças da política internacional.

Na opinião de Fernando Henrique, essas forças eram as grandes potências e o capitalismo. A ONU era mera caixa de ressonância disso. Se a política externa brasileira quisesse operar em favor do país, deveria focar seus esforços em permitir que o Brasil se beneficiasse dos fluxos de capital, evitando o investimento em causas perdidas.

Ao assumir em 1995, o presidente não precisou perder tempo convencendo seu chanceler de que a ONU não deveria ocupar espaço excessivo. Luiz Felipe Lampreia também reclamava da "falta de objetividade e de resultados" do organismo. O ministro achava que o Itamaraty dava atenção desproporcional ao tema. "A gente não vai alimentar a ênfase onusiana do Itamaraty", confidenciou Lampreia a um embaixador amigo logo no início da gestão.

A missão brasileira junto à ONU era um dos postos mais prestigiosos da diplomacia brasileira. Além da vida em Nova York, o posto era uma das raras ocasiões em que diplomatas brasileiros podiam testemunhar os grandes eventos mundiais em primeira mão.

Na ONU, a diplomacia brasileira também podia exercitar sua capacidade de aglutinação junto aos latino-americanos e ao chamado G-77, o

Sábado, 9 de novembro de 2002

bloco de países em desenvolvimento. Embora tivesse de competir com outros países por espaço naqueles foros, o Brasil tinha tamanho suficiente para ter impacto. Era o único lugar fora da América do Sul no qual os diplomatas brasileiros tinham influência significativa.

E era na ONU onde, de vez em quando, o governo brasileiro tinha a oportunidade de exercer poder nos grandes temas da guerra e da paz. Afinal, apesar de o Conselho de Segurança do organismo ter apenas cinco membros permanentes — China, Estados Unidos, França, Reino Unido e Rússia —, sempre havia dez assentos que podiam ser ocupados em caráter rotativo durante gestões de dois anos.

Na condição de membro rotativo era possível participar, mesmo que marginalmente, da política das grandes potências, usando a palavra e tomando parte das negociações de bastidor. O Brasil ocupava assentos rotativos sempre que possível (com exceção da ditadura militar, que apenas o fez no biênio 1967-68).

"Depois de servir em Nova York, *it's a long way down*" (em tradução livre, "é um longo caminho de descida"), repetiam os velhos embaixadores do Itamaraty.

POR ISSO, QUANDO A ASSEMBLEIA Geral da ONU daquele ano iniciou uma rodada de discussões sobre uma possível reforma de seu Conselho de Segurança, o chanceler recebeu a notícia com descrença.[3]

Era pouco provável que esses países abrissem o clube a novos membros. Se o fizessem, a briga entre os candidatos seria feroz. O resto do mundo terminaria sendo tragado na disputa, pois a reforma despertaria interesses conflitantes em todo o planeta: Itália contra Alemanha, Paquistão contra Índia e China contra Japão. Acima de tudo, a reforma levaria Argentina e México a desafiar um eventual pleito brasileiro. Lampreia preferia evitar o percalço.

Só que o ministro tinha as mãos atadas. A mera possibilidade de uma reforma obrigaria o Brasil a se manifestar. Se o governo não o fizesse, apanharia da opinião pública e da oposição. Afinal, a obtenção de um assento permanente no Conselho era um elemento central da retórica diplomática brasileira. O argumento era simples: por seu tamanho e pela natureza de sua identidade, o Brasil era merecedor de um lugar naquele foro.[4]

Ao longo da história, porém, a retórica diplomática nunca fora acompanhada de um projeto sério. O Brasil pedira um assento permanente durante a criação da ONU, em 1945, mas o fizera em tom morno e sem lançar uma campanha dedicada a convencer as grandes potências. Os governos democráticos que se seguiram ao Estado Novo nunca fizeram disso uma bandeira, ao passo que a ditadura militar instalada em 1964 desistiu de vez.[5]

Com o retorno dos civis ao poder, em 1985, o tema voltou à pauta do Itamaraty. Sarney e Collor participaram das sessões anuais da Assembleia Geral, mencionando explicitamente a necessidade de reformar a instituição. Mas nunca se destacou um embaixador para lidar com o tema exclusivamente nem viajar pelo mundo promovendo a ideia. O número de diplomatas lotados no escritório da missão em Nova York continuou relativamente baixo, e o ministério não adotou a política comum de terceiros países de brigar para colocar cidadãos brasileiros em cargos-chave no Secretariado da ONU.

No Itamaraty, em Brasília, o grupo de pessoas responsáveis pela ONU continuou mínimo: assoberbados de trabalho, eles tinham dificuldade até mesmo de emitir todas as instruções de que a missão em Nova York precisava.

Essa falta de apetite ecoava o parco interesse da sociedade pelo assunto. Era impossível estudar segurança internacional ou técnicas de resolução de conflitos nas universidades brasileiras. Cidades pequenas, como Copenhague, Oslo ou Toronto, em países que não eram membros do Conselho nem pretendiam sê-lo, tinham mais especialistas em assuntos de guerra e paz do que o Brasil inteiro.

Lampreia não tinha ilusão de que isso fosse mudar. Se outros países reacendessem a chama da reforma, ele seria forçado a mostrar apoio à causa e mobilizar seu ministério. O faria com resignação.

QUEM MENOS GOSTAVA da ideia de um assento permanente para o Brasil era a Argentina. O país vizinho estava autoconfiante e não assistiria de braços cruzados ao lançamento de uma campanha brasileira pela reforma do Conselho.

Sábado, 9 de novembro de 2002

O governo de Carlos Menem debelara a inflação, atraíra bilhões de dólares com privatizações, provera crédito barato aos consumidores e reformara a Constituição. Menem transformara seu país de pária internacional em um dos mais afoitos seguidores dos regimes da época: direitos humanos, não proliferação nuclear e comércio internacional. Embalada no prestígio obtido, a Casa Rosada foi para o ataque.

Em setembro de 1995, os argentinos disseram a Lampreia que uma candidatura brasileira dividiria a América Latina. O chanceler respondeu garantindo que: "O Brasil não está engajado em uma campanha." Só que os diplomatas argentinos souberam do encontro que Lampreia teve naquela mesma ocasião com os chineses. Lá, o ministro brasileiro confirmou que o Brasil não investiria em uma campanha. No entanto, notou: "Por todos os critérios, o país mais qualificado na América Latina para ocupar um assento permanente, caso essa decisão venha a ser tomada, é o Brasil."[6]

Menem dava tanta importância ao tema que decidiu entrar pessoalmente na jogada. Sugeriu a FHC que a única forma de a reforma da ONU não atrapalhar a relação bilateral seria os argentinos apoiarem a candidatura brasileira para um Conselho reformado e os brasileiros apoiarem uma candidatura argentina, em troca. O Planalto rejeitou a proposta.

Em seguida, o governo argentino propôs um rodízio entre dois ou três países latino-americanos que teriam a titularidade do assento permanente, mas o ocupariam alternadamente. Lampreia descartou a sugestão na hora. Como o chanceler brasileiro não mostrasse flexibilidade, o argentino confidenciou-lhe que a Argentina até poderia apoiar o pleito brasileiro um dia, mas não naquele momento. "Daqui a dez anos."[7]

Menem estava assustado. Mesmo que o Brasil não investisse na reforma, a dinâmica das negociações em Nova York poderia colocar o tema na pauta, onde fugiria ao controle de Buenos Aires.

Por isso, o presidente argentino levou a batalha a Washington. Explicou aos Estados Unidos que qualquer insistência brasileira no tema racharia a região. E raciocinou que o Brasil podia ser mais poderoso que a Argentina, mas esta não teria outra alternativa que atrapalhar qualquer pretensão do vizinho. Os americanos se sensibilizaram. Strobe Talbott, vice-secretário de Estado, contatou Lampreia. "Entendo o pleito do Brasil", disse. Mas também há "outros países no hemisfério".[8]

Lampreia era consciente do risco de uma crise regional por causa do tema. "Não estamos conduzindo uma campanha, nem achamos que o Conselho seja um órgão ao qual um país postule seu ingresso", disse. E cunhou um slogan para apresentar em suas conversas com autoridades estrangeiras e com a imprensa: "O Brasil não tem qualquer obsessão com o assunto."[9]

Fez isso porque, ainda em 1996, os americanos lhe confidenciaram que a reforma não sairia. Sem apoio dos Estados Unidos, o assunto não tinha a menor chance de sobrevida. "Não há qualquer forma de consenso à vista", relatou o ministro a FHC.[10]

As conversas do chanceler com países que também pretendiam aceder ao clube do Conselho — Alemanha, Índia e Japão — eram frias e distantes. "Gastar muito capital diplomático nessa investida seria um certo desperdício de recursos", diria Lampreia anos depois.[11]

No início de 1997, em conversa com os americanos ele não deixou dúvidas: a reforma do Conselho "não constitui uma prioridade na agenda atual do governo".[12]

Seis meses depois, porém, uma fofoca fez a maré virar. Ainda era verão em Nova York quando o rumor tomou conta da ONU: alguns países estudavam uma fórmula rotulada de *quick fix*, gambiarra pela qual o Conselho de Segurança seria reformado, mas apenas para dar assentos permanentes a Alemanha e Japão, sem abrir a discussão mais ampla e difícil sobre outros membros.

Semanas depois, começou a circular um novo boato: haveria chancelarias estudando uma fórmula "*quick fix* pela porta dos fundos", modelo pelo qual Alemanha e Japão seriam premiados com assentos permanentes plenos, ao passo que grandes países do Sul, como Brasil e Índia, ganhariam assentos rotativos por períodos maiores a dois anos.

Ao saber de cada uma dessas notícias, Lampreia entendeu que seu espaço ficara reduzido. Se ficasse em cima do muro, a opinião pública brasileira não perdoaria o governo. Precisava ir para a briga.

A REFORMA DA ONU FOI o grande tema da Assembleia Geral de 1997. Ninguém sabia quantos assentos novos seriam criados ou quem os ocupa-

Sábado, 9 de novembro de 2002

ria. Como as fórmulas *quick fix* nunca foram formalizadas, os países não podiam discuti-las oficialmente. A conversa entre delegados tinha lugar à beira do rio Hudson, em voz baixa e na informalidade, no amplo bar da ONU.[13]

Em questão de horas, porém, não se falava em outra coisa. Quem quebrou o gelo e trouxe o assunto à tona escancaradamente foi o embaixador do Brasil perante o organismo, Celso Amorim. A reforma poderia agravar a clivagem entre o Norte industrializado e o Sul em desenvolvimento, disse. *Quick fix* era uma fórmula discriminatória.

Amorim pisou no acelerador, agendando reuniões para discutir o tema e animando os embaixadores de países potencialmente aliados. Podia fazê-lo porque tinha a autoridade de quem já fora ministro do Exterior pouco tempo atrás, no governo Itamar Franco. Além disso, o embaixador tinha acesso direto a FHC. Eles não eram amigos próximos, mas se chamavam pelo primeiro nome e Amorim não hesitaria em apelar diretamente ao mandatário caso a máquina do Itamaraty o atrapalhasse.

Amorim fez da reforma do Conselho sua principal bandeira. O chanceler argentino, Guido Di Tella, reclamou pessoalmente com Lampreia: "Amorim está pisando toda hora nessa tese na ONU", acusou. "Ele tem uma obsessão voraz com esse assunto, e isso é um fator de perturbação."

Lampreia devolveu a bola: "Amorim não é o problema, ministro. O problema é o Fernando Petrella", disse o chanceler, referindo-se ao embaixador argentino na ONU. Lampreia fustigou: "É Petrella quem adota posturas excessivamente antibrasileiras."

Nas semanas que precederam a Assembleia Geral, a Argentina operou para que a candidatura brasileira não decolasse, e Menem começou a repetir publicamente que a entrada do Brasil no Conselho provocaria desequilíbrios regionais. O vice-chanceler argentino, Andrés Cisneros, disse aos interlocutores que "o Brasil pode vir a ser o líder da América Latina um dia, mas não pode pretender ser seu patrão". O Grupo do Rio, que congrega países latino-americanos, não fez declaração de apoio unânime ao Brasil.

FHC não estava disposto a bancar uma crise diplomática com a Argentina em nome de uma hipotética reforma da ONU que, a julgar pelo que os americanos diziam, não tinha chance de sair do papel. Por isso, o governo tucano testou a hipótese de pedir dois assentos permanentes: um para o Brasil, outro para a Argentina.

O objetivo era "neutralizar qualquer impressão de que aqui haveria antagonismos da natureza e alcance dos que se verificam em outras regiões". Enquanto esse era o clima em Brasília, porém, em Buenos Aires o governo Menem aumentou o volume das críticas públicas. A repercussão na imprensa brasileira foi tão intensa que o Planalto viu-se sem alternativa a não ser partir para cima.[14]

LAMPREIA CHEGOU a Nova York em setembro de 1997 para o lançamento oficial da candidatura brasileira a um Conselho de Segurança reformado.

"Não queremos que o assunto afete adversamente as relações com a Argentina, nem a coesão do Mercosul", explicou o ministro aos jornais. "Não queremos que se instrumentalizem esse e outros temas para criar a cizânia entre parceiros especiais."[15]

Nos bastidores, o chanceler confidenciou à secretária de Estado, Madeleine Albright: "Queremos diminuir o perfil da questão na região." Ou seja, o Brasil manteria sua candidatura, mas não faria dela sua principal bandeira no diálogo com os países da região.[16]

Isso era impossível porque a disputa já estava em andamento. A decisão brasileira de anunciar uma candidatura oficialmente energizou os países que a ela se opunham.

O chanceler do México protestou, propondo que o assento permanente latino-americano rodasse entre Argentina, Brasil e o próprio México, nos moldes do que ocorria no FMI e no Banco Mundial. Depois de Lampreia rejeitar a proposta, os mexicanos se aproximaram novamente, com uma sugestão secreta: a rotação poderia acontecer apenas entre México e Brasil, deixando a Argentina de lado. O chanceler brasileiro desconversou.[17]

Apesar dos boatos de reforma, o impulso necessário para avançar essa agenda não existia. O governo Clinton estava inflexível, os indianos descrentes, e Lampreia disse a Albright que o melhor mesmo seria deixar o tema da reforma para dali a "10 ou 15 anos".[18]

Sábado, 9 de novembro de 2002

De volta ao Brasil, o chanceler tentou baixar a temperatura junto à opinião pública. "Fomos para lá com a impressão de que o copo estava meio cheio", publicou o *Correio Braziliense*. "Mas agora vemos que, na realidade, o copo está meio vazio."[19]

PARA o chanceler brasileiro, um dos problemas de o Brasil lançar sua candidatura era financeiro.

O Brasil era um dos maiores devedores das Nações Unidas. O Itamaraty tinha dotação orçamentária de US$ 24 milhões para pagar dívidas com organismos internacionais, mas devia US$ 64 milhões. E, caso o processo de reforma ocorresse, o Brasil seria forçado a aumentar suas cotas, que eram baixas para uma economia do seu porte.[20]

Lampreia estava convencido de que o Brasil não tinha ainda as condições para aspirar a voos tão altos. O país precisava de ajuste e reforma, uma parcela significativa da população vivia na miséria e a única saída do atoleiro era a contenção de gastos. Uma reforma do Conselho que levasse o país a um assento permanente atentava contra esse projeto de normalização. Era o tipo de ambição que devia ser deixada para mais tarde, quando a casa estivesse arrumada.

Todos na ONU sabiam das limitações financeiras do Brasil. Em 1999, Sérgio Vieira de Mello, à época representante da ONU no Timor Leste, solicitou tropas brasileiras para ajudar na estabilização do país asiático de língua portuguesa. Lampreia respondeu-lhe que o país apenas poderia fazer uma contribuição simbólica: ofereceu cooperação técnica, observadores eleitorais e um contingente de noventa soldados, a um custo de US$ 2,5 milhões.[21]

Para Lampreia, havia um problema adicional. Caso o Brasil fosse para a briga, seria forçado a se expor em assuntos de guerra e paz, tomando partido em temas que pouco lhe diziam respeito. A tensão com os Estados Unidos seria constante, pois a postura deles nesses assuntos era "irredutível, muito dogmática, nunca disposta ao debate".[22]

O ministro sentira na pele a dificuldade de contribuir para a paz e a segurança internacionais sem entrar em colisão com os Estados Unidos.

FERNANDO HENRIQUE mal havia assumido o governo quando uma guerra eclodiu entre Equador e Peru. Era a primeira crise internacional de sua presidência.

Os dois países brigavam por uma área de fronteira. O Peru era militarmente superior e não estava disposto a fazer concessões. Mas o Equador, apesar de mais fraco, acumulara capacidade militar suficiente para criar um problema permanente na fronteira.

A disputa territorial peruano-equatoriana era velha, já tendo levado a um choque militar cinquenta anos antes. Na ocasião, o Brasil fora o garantidor formal da paz junto a Argentina, Chile e Estados Unidos, com os quais formou o chamado grupo de países garantes. Em 1995, com o novo ciclo de conflito, FHC não tinha como fugir do problema: as escaramuças acionavam automaticamente o mecanismo formal de consulta entre os quatro garantes. O Brasil fazia parte da equação mesmo sem querê-lo.

Como os peruanos desconfiavam dos chilenos, e os equatorianos, dos argentinos, todos se voltaram a Brasília em busca de orientação. O governo Clinton, que também era garante, insistia em que a condução dos trabalhos fosse sul-americana, e recusaria qualquer pedido das partes de tomar a dianteira.

Mediar as relações entre Equador e Peru não era tarefa fácil porque o espaço de manobra de seus presidentes era muito reduzido. Cada vez que FHC propunha uma solução aos colegas, ouvia deles a mesma coisa: "Presidente, não me peça isso. Serei fuzilado em praça pública." Depois de dois anos, exasperado, Lampreia chegou a acreditar que o conflito não teria fim. Vai virar um "novo Chipre", escreveu em analogia ao velho conflito territorial sem solução aparente.[23]

Naquelas condições, FHC adotou uma postura minimalista. Ele não tinha recursos para compensar os vizinhos caso eles saíssem do impasse, nem a capacidade para forçá-los a fazê-lo por meio de ameaças. Assim, os governos de Quito e Lima avançariam apenas na medida de suas possibilidades. E Brasília se limitaria a facilitar o processo da conversa, sem tomar parte dela.

O Brasil recusou-se até mesmo a decidir qual seria o formato da negociação. Haveria encontros presenciais? As partes montariam listas de demandas escritas ou meramente orais? O diálogo seria formal ou de basti-

Sábado, 9 de novembro de 2002

dor? As anotações das conversas seriam feitas por diplomatas equatorianos e peruanos, ou por brasileiros? Todas essas perguntas foram respondidas pelos dois países em conflito.

Talvez por isso os americanos perdessem a paciência com o Brasil. "Vocês precisam pressionar seus vizinhos com mais vigor", repetiam, e Clinton chegou a apressar FHC pessoalmente. Às vezes, o fazia por meio de mensagens de terceiros. No Planalto, o sentimento era de incômodo.

Afinal, esse tipo de pressão era um exemplo daquilo que a diplomacia brasileira mais temia: uma expectativa norte-americana de que o Brasil cumprisse uma função na vizinhança que não queria ou não podia cumprir. "O processo de paz será lento", respondiam os brasileiros. Também será "artesanal". Para desespero do Departamento de Estado, Lampreia repetia: "Não pretendemos orientar o processo, mas apenas patrociná-lo."[24]

No início de 1998, as partes chegaram ao esboço de um acordo de paz. O problema era que seus detalhes ainda eram secretos pois envolviam significativas concessões de lado a lado. Antes de divulgar o texto final, seria necessário preparar as opiniões públicas de ambos os países para assegurar boa recepção. Foi nisso que FHC desempenhou seu papel mais relevante.

Alberto Fujimori, do Peru, e Jamil Mahuad, do Equador, levaram a proposta de acordo a FHC durante um encontro no Palácio da Alvorada. Eles assinariam o acordo de paz, disseram ao presidente brasileiro, mas diriam a seus respectivos públicos que o texto final era uma "imposição" dos quatro países garantes.

Fujimori e Mahuad achavam que isso lhes daria a cobertura necessária para combater eventuais críticas dos setores mais nacionalistas e dos militares.

Fernando Henrique achou o esquema muito arriscado. Raciocinou em voz alta: se houver paralisia na implementação da paz ou até mesmo um retorno à beligerância, a culpa cairá no colo dos garantes. Ele não aceitaria fazer algo assim.

Mas o presidente brasileiro teve uma ideia enquanto conversava com os colegas. Convidando Fujimori e Mahuad para dar uma volta a pé pelos jardins do Alvorada, pediu a assessores e seguranças que os deixassem em paz. Sozinhos, os três presidentes se afastaram do burburinho das respectivas equipes. À beira do lago Paranoá, FHC apresentou sua proposta.

> Eu faço isso que vocês estão me pedindo: apresento um acordo de paz que vai listar as concessões de cada lado e afirmo que é o consenso dos garantes. Mas preciso ter certeza de que, depois de dizer isso, ninguém vai voltar atrás. Então sugiro o seguinte: vocês voltam para casa agora e submetem um projeto de lei ou uma moção parlamentar aos respectivos congressos, pedindo a autoridade deles para aceitar a decisão dos países-garantes, seja qual for. Com isso em mãos, a gente apresenta o texto que vocês prepararam como se fosse nosso.

Fujimori e Mahuad concordaram na hora. Meses depois, encontraram-se novamente em Brasília para assinar a paz. Era 1998, e o governo tucano sentia pela primeira vez o prestígio presidencial crescer devido a um tema de segurança internacional.

Nada disso teria ocorrido sem o apoio de Clinton. Embora a negociação e seu calendário fossem de responsabilidade de Peru e Equador, enquanto Fernando Henrique falava com os presidentes vizinhos ao telefone ou em reuniões ao vivo, Clinton lhes enviava cartas e emissários. Quando o diálogo travava, era a pressão da Casa Branca que o tirava da paralisia. Ao longo de três anos, o processo de paz aproximou Clinton e FHC como nenhum outro tema o faria.

No entanto, as pressões norte-americanas não haviam sido triviais. Se o Brasil virasse membro permanente do Conselho de Segurança da ONU, elas virariam a nova realidade da política externa do país.

Em 1995, FHC nomeou Celso Amorim como seu representante na ONU. O presidente tinha simpatia pelo embaixador, embora não fossem amigos. Via nele um peso-pesado.

Durante o primeiro mandato tucano, Amorim trabalhou em Nova York para transformar o púlpito em tribuna. Ele tinha a energia e a ambição para pôr o Brasil no mapa.

Em pouco tempo, o embaixador virou conhecido de todos nos corredores da ONU. Seu estilo combativo era objeto da admiração de uns e do

Sábado, 9 de novembro de 2002

repúdio de outros. O projeto de reforma do Conselho de Segurança, elaborado por uma comissão criada especificamente para o tema, tinha seu dedo. Galgando posições, Amorim chegou a ser nomeado pelo secretário-geral da organização para presidir os painéis estabelecidos para investigar os impactos das sanções impostas ao Iraque depois da guerra de 1991.

Os painéis do Iraque tinham por objetivo restabelecer o papel da ONU naquele país. O objetivo era revisar a política adotada até aquele momento, criando as condições para que Saddam Hussein cooperasse com o órgão. Como presidente dos painéis, Amorim precisava lidar com as divisões no interior do Conselho de Segurança — três países dispostos a conversar com Hussein (França, China e Rússia) e dois que operavam na retranca (Estados Unidos e Reino Unido).

O embaixador propôs a criação de comitês técnicos que, no fim, distribuíram responsabilidades entre o Iraque e as forças de intervenção britânico-americanas. O tom era crítico, mas moderado. A mensagem mais dura do relatório Amorim era a mais óbvia: se o mundo quisesse instalar no Iraque um regime de inspeções efetivo, rigoroso e crível sob autoridade da ONU, então Londres e Washington deveriam suspender os bombardeios.[25]

A secretária de Estado Madeleine Albright elogiou o trabalho de Amorim, cujo efeito foi a criação de uma Comissão de Monitoramento, Verificação e Inspeção. Ela chegou a sugerir que o Brasil se envolvesse ainda mais no quesito Iraque e elevasse seu perfil nas atividades do Conselho de Segurança.[26]

No entanto, assim que os trabalhos dos painéis foram concluídos, em 1999, o governo FHC mandou Amorim para Genebra, onde seria representante junto à Organização Mundial do Comércio. O boato era que o embaixador teria gerado ciumeira em Brasília, atraindo todos os holofotes para si. A explicação oficial era que ele cumprira seu tempo no posto e, como todos os colegas, precisava rodar.

Ninguém imaginava que, ao trocar uma cidade pela outra, o embaixador carregaria os holofotes consigo.

Dia 14

Domingo
10 de novembro de 2002

À exceção de algum turista perdido e da sirene distante de uma ambulância, os quarteirões em volta à ONU ficam desertos aos domingos. Quando o céu está nublado e a rua molhada de chuva, como era o caso naquele dia, é uma região de Manhattan de pura solidão.

Essa foi a cena que Mohammed El-Baradei viu da janela do carro que o apanhou no aeroporto. Em Viena, ele deixara seus colaboradores em um clima de melancolia. Nas nove horas de voo até Nova York, ele revisara o texto do discurso que leria perante a Assembleia Geral no dia seguinte.

Sua tarefa era impossível. Como diretor geral da Agência Internacional de Energia Atômica, ele era o responsável por implementar as inspeções das instalações iraquianas. Cabia a sua equipe de inspetores avaliar — e comunicar ao mundo — se Saddam Hussein estava dando os passos que a Resolução 1441 demandava.

Na prática, ele sabia perfeitamente que seu espaço de manobra era minúsculo. A Casa Branca jogava pesado. Em uma conversa reservada, Condoleezza Rice lhe confidenciara que o governo americano agiria de acordo a suas próprias crenças, independentemente da opinião dos inspetores. Dick Cheney fora além: "Desarmaremos o Iraque", disse o vice-presidente sem remorso, "com o veredito positivo de sua agência ou sem ele".[1]

BUSH e seus colaboradores estavam frustrados com as regras de não proliferação nuclear havia tempo. Achavam que a agência atômica era útil para dilatar prazos e acomodar as demandas de ditadores mundo afora, mas

Domingo, 10 de novembro de 2002

ineficaz na hora de implementar as regras do jogo. Eles questionavam até mesmo a espinha dorsal de todo o sistema, o Tratado de Não Proliferação Nuclear (TNP).

Na opinião do governo Bush, o TNP mais atrapalhava do que ajudava. Garantia a países como Irã e Coreia do Norte o direito a desenvolver tecnologia nuclear para fins pacíficos, mas não tinha meios eficientes para impedir desvios da tecnologia para fins militares. Ao amparo do tratado, numerosos países dificultavam o acesso de inspetores a suas instalações.

Além do mais, na opinião da Casa Branca o TNP era tão antiquado que corria o risco de ser inócuo: reconhecia como potências nucleares somente aqueles países detentores da bomba em 1969, quando seu texto fora aprovado. Em plena década de 2000, o acordo não reconhecia a Índia como uma potência nuclear, por exemplo. Isso criava um forte incentivo para que os indianos permanecessem fora do clube nuclear, sem se submeter aos controles aplicados a outros países detentores da bomba.

Tal leitura ganhou força maior em Washington após o 11 de Setembro. A equipe do presidente temia um novo ataque terrorista contra uma grande cidade americana na qual seriam utilizadas explosões nucleares ou material radioativo. A Casa Branca não ficaria paralisada diante da lentidão ou da inoperância da agência de El-Baradei.

Bush partiu para cima. Em agosto de 2002, quando jornais do mundo inteiro estamparam em suas capas fotos de Natanz e Arak, duas instalações nucleares não declaradas e em vias de construção no Irã, o presidente não hesitou: violando um princípio básico do TNP e sem consultar a agência atômica, anunciou unilateralmente que o Irã deveria suspender todo tipo de enriquecimento de urânio em seu território. E ponto.[2]

LULA NÃO SE segurou. Falando para uma plateia de militares reunidos no Hotel Glória do Rio de Janeiro durante a campanha, soltou uma frase que, em poucas horas, se espalhou pela comunidade de especialistas em não proliferação nuclear mundo afora.

> Só teria sentido [o TNP] se todos os países que já detêm [armas nucleares] abrissem mão das suas. Ora, por que um cidadão pede para eu me desar-

mar, para ficar com um estilingue, enquanto ele fica com um canhão para cima de mim? Qual a vantagem que levo? O Brasil só vai ser respeitado no mundo quando for forte econômica, tecnológica e militarmente.[3]

Em Washington, o discurso caiu como uma bomba. "O Brasil só vai ser respeitado no mundo quando for forte econômica, tecnológica e militarmente" foi interpretado como um sinal de que o candidato petista poderia recuar do TNP. Como o Brasil era um dos poucos países em desenvolvimento capacitados para lançar um programa de construção de armas nucleares, essa manifestação de Lula estava longe de ser trivial.

Lula não estava defendendo nenhum programa dessa natureza. O que fazia era cortejar a plateia de militares, que não gostavam do TNP. Gostavam menos ainda de FHC, que aderira ao tratado apesar da resistência do estamento militar e de boa parte do Itamaraty.

O governo tucano ainda cortara o gasto militar, suspendera compras de armamento e criara um Ministério de Defesa sob comando civil para limitar o poder da corporação. O Planalto fizera tudo isso com alarde: altos funcionários do governo diziam aos quatro ventos que a luta contra o déficit público era maior do que qualquer preocupação militar, contribuindo na caserna para o sentimento de humilhação.[4]

Ao criticar o TNP, Lula estava acusando o governo tucano de submeter-se à pressão americana, abrindo mão do desenvolvimento nacional de tecnologia nuclear.

Para o PT, o apoio dos militares durante a campanha valia ouro. Aquela era a primeira vez que o candidato falava com eles desde um discurso feito na Escola Superior de Guerra quinze anos antes. O que estava em jogo agora não eram apenas milhares de votos potenciais entre os homens de farda e suas respectivas famílias.

Também havia um fator simbólico. Nas eleições de 1989, 1994 e 1998, os militares brasileiros haviam demonstrado verdadeira ojeriza do PT. Em 2002, o apoio deles à candidatura petista ajudaria a mostrar ao resto do país que Lula era consenso nacional. Ajudaria também a acostumar a militância petista, que tinha alergia aos militares, a conviver com eles.

Domingo, 10 de novembro de 2002

Ao SAIR DO Glória após a palestra, ninguém na cúpula petista imaginou o impacto do discurso fora do país. Velhas suspeitas a respeito das ambições nucleares do Brasil foram reacendidas.

A reação foi tão forte e imediata que, menos de 24 horas depois, o PT publicou uma nota de esclarecimento, afirmando o compromisso do candidato com a não proliferação nuclear e com o TNP.

Mas o mal estava feito. O presidente da Comissão de Relações Exteriores da Câmara dos Representantes dos Estados Unidos, um republicano, reagiu de forma exagerada.

> [São preocupantes] as declarações recentes do sr. Lula da Silva indicando interesse em reviver o programa brasileiro de armas nucleares que, entre 1965 e 1994, gastou enormes recursos que poderiam ter sido investidos para proteger os pobres, e projetou uma bomba nuclear de 30 mil toneladas que poderia ser rapidamente testada se o programa fosse retomado.[5]

Lula não falara em um programa de armas nucleares e o Brasil nunca construíra uma. Mas soou o alarme sobre as possíveis intenções nucleares de um governo petista. Afinal, no passado, o Brasil tivera, sim, um programa nuclear com componentes secretos. O Congresso americano chegara a impor sanções comerciais ao país, que levara quinze anos para aderir a todas as regras internacionais sobre a matéria. Nenhum tema da agenda Brasil-Estados Unidos fora tão perigoso e tenso quanto esse. Lula havia reacendido a chama de uma velha fogueira.

O BRASIL INICIOU seu programa nuclear ainda na década de 1940. Criou o Conselho Nacional de Pesquisa (CNPq), montou departamentos universitários de física, química, matemática e engenharia nuclear e enviou ao exterior alunos de pós-graduação para estágios na matéria.

Em 1945, funcionários brasileiros começaram a falar em adquirir a tecnologia para uma bomba atômica. Em 1953, testou-se com êxito uma bomba de implosão — um passo relevante para construir explosivos nucleares. No ano seguinte, por meio de acordo secreto, o Brasil e a Alemanha Ocidental planejaram trocar centrífugas e treinamento alemães por urânio e financiamento brasileiros. Na década de 1960, os dois países vislumbraram atividades conjuntas de enriquecimento de urânio (depois de perder a Segunda Guerra Mundial, os alemães não tinham permissão para desenvolver essa tecnologia em seu país).[6]

A partir de 1964, as ambições nucleares do Brasil cresceram a passo acelerado. O regime militar concebia as atividades nucleares como uma instância de modernização, assim como era o caso da Ponte Rio-Niterói, da Transamazônica, da Hidrelétrica de Itaipu.

O general Costa e Silva, presidente da República, afirmou em reunião secreta que: "Nada nos impede de fazer pesquisa [nuclear] e mesmo artefatos que possam explodir. Não vamos chamar de bomba, mas de artefato que pode explodir."[7]

Por isso, assim que entrou para o "Comitê dos 18", o grupo de países responsáveis por negociar um grande acordo multilateral de não proliferação nuclear, o Brasil começou a defender a legalidade das "explosões nucleares pacíficas" — uma fórmula jurídica utilizada para se referir ao uso de pequenas explosões nucleares na construção de grandes obras de infraestrutura.

A posição brasileira no comitê foi derrotada. O TNP, concluído em 1969, ainda estabeleceu outros princípios que o país buscara eliminar: a criação de direitos especiais para os países detentores de armas nucleares até aquela data, e o compromisso dos países não nucleares de nunca desenvolverem por conta própria (ou comprarem de terceiros) bombas atômicas.

Descontente com o resultado da negociação, o Brasil recusou-se a assinar o TNP junto a outros países — como Índia, China e França.

As desavenças em torno do TNP não criaram maior atrito bilateral entre o Brasil e os Estados Unidos. O governo brasileiro contratou a usina nuclear de Angra I junto à Westinghouse, uma empresa americana, e comprometeu-se a comprar do governo americano urânio enriquecido, o combustível da usina.

Os problemas começaram em 1973, quando a grave crise energética mundial levou os americanos a suspenderem a promessa de provisão futura de combustível para Angra (e para numerosas usinas em terceiros países). A suspensão do contrato de combustível deixou o governo brasileiro furioso.

Domingo, 10 de novembro de 2002

Em 1974, tudo piorou assim que a Índia explodiu, de surpresa, sua primeira bomba atômica. Assim como o Brasil, aquele país dizia estar comprometido com um programa nuclear para fins pacíficos. Assim como o Brasil, seus cientistas nucleares cooperavam ativamente com países europeus na provisão de tecnologia.

O teste nuclear indiano disparou o alerta em Washington a respeito das ambições nucleares do Brasil. Se a Índia construíra sua bomba no sigilo, o Brasil poderia ser o próximo país a se nuclearizar.

Brasília deu de ombros a essa preocupação. Em 1975, assinou com a Alemanha Ocidental o que, à época, foi o maior projeto de cooperação científica da história: a construção de quatro a oito reatores nucleares, instalações de enriquecimento de urânio e tecnologia para reprocessar o combustível utilizado, a um custo estimado de US$ 4 bilhões.

A reação internacional ao acordo teuto-brasileiro foi péssima. O *New York Times* chamou-o de "uma tragédia para a Alemanha Ocidental e para a humanidade como um todo", pois o governo de Bonn estava transferindo tecnologia nuclear para um regime militar pouco confiável e com um nefasto histórico de violação dos direitos humanos.

O governo brasileiro prometeu criar um complexo industrial nuclear no país. Investiu uma fortuna para aprovar novas leis, criar empresas estatais, financiar empresas privadas, contratar técnicos e treinar cientistas. Chegou até mesmo a injetar dinheiro público na compra de partes das empresas de tecnologia alemãs que precisavam de capital. Boa parte dessas iniciativas foi feita em sigilo e ao amparo de um Estado autoritário. Quando as primeiras denúncias de ineficiência e corrupção começaram a aparecer nos meios de comunicação, o governo agiu para abafá-las.

A pressão norte-americana sobre os alemães para limitar a transferência de tecnologia ao Brasil foi brutal — e bem-sucedida. Pouco tempo depois de assinar o acordo com Brasília, Bonn retirou as promessas originais de tecnologia sensível e condicionou toda a cooperação a acordos de salvaguardas. Era a primeira vez que um país não membro do TNP era forçado a isso.[8]

Por volta de 1978, o regime militar brasileiro entendeu que o acordo com a Alemanha não decolaria. Redirecionando seus esforços, apostou as fichas no enriquecimento de urânio.

O projeto seria conduzido por militares, sem salvaguardas internacionais, em instalações pequenas e em segredo. Sem alarde, o país buscaria dominar o ciclo completo do combustível nuclear — da mineração de urânio até seu enriquecimento para uso como combustível.

A decisão de investir nisso criou ciumeira automática entre as três forças. Por isso, o governo do general Geisel autorizou a cada uma delas construir seus próprios laboratórios, recrutar seus próprios cientistas e manter seus próprios orçamentos. Tratava-se de uma acomodação à competição entre Marinha, Exército e Força Aérea por dinheiro, prestígio e influência.[9]

O REGIME BATIZOU o programa de enriquecimento de urânio com o rótulo de "autônomo". Na realidade, as atividades estavam longe de ser autônomas, pois demandavam intensa cooperação internacional, ainda que em sigilo. Para obter tecnologia, materiais, peças e combustível, os militares, com apoio do Itamaraty, acessaram o mercado negro: compraram urânio altamente enriquecido da China e ofereceram pó de urânio a Saddam Hussein em troca de petróleo iraquiano abaixo do preço de mercado — o dinheiro ajudaria a financiar o programa secreto. Adquiriram peças para centrífugas da Holanda. E as autoridades brasileiras avaliaram — mas no fim rejeitaram — propostas de intercâmbio tecnológico vindas do Paquistão e da África do Sul.[10]

Em 1979, o governo também iniciou um programa de mísseis que poderiam tanto servir como foguetes para pôr satélites em órbita como para lançar uma ogiva nuclear contra um inimigo. O programa espacial brasileiro gerou enorme ansiedade fora do país, especialmente devido a boatos de cooperação com Iraque, Irã e Líbia. O clima ficou ainda mais tenso no início da década de 1980, à medida que chegou à imprensa a informação de que a Aeronáutica teria construído enormes buracos na serra do Cachimbo com o objetivo de realizar testes nucleares.[11]

A única perna do programa nuclear com resultados tecnológicos significativos foi a da Marinha, que construiu centrífugas capazes de enriquecer urânio. O anúncio foi saudado pela esquerda e pela direita, e celebrado como o primeiro passo em direção ao objetivo estratégico de longo prazo de montar um submarino brasileiro a propulsão nuclear.

Domingo, 10 de novembro de 2002

Só que o êxito do enriquecimento foi contraposto por críticas crescentes da sociedade civil. Comunidades de base, movimentos ambientalistas, associações científicas, sindicatos e partidos de esquerda começaram a denunciar a opacidade da política nuclear. Em meados da década de 1980, as denúncias contra os desmandos nessa área misturaram-se com o embate pela redemocratização.

Havia muito para criticar. Angra I era chamada de "vaga-lume" porque ora acendia, ora apagava, a um custo gigantesco, além de sofrer vazamentos de vapor e de água levemente radioativa. Funcionários da usina denunciaram falhas no sistema, e as máquinas foram paradas durante longos períodos durante toda a década de 1980. Em fevereiro de 1985, deslizamentos causados por chuva forte deixaram a usina isolada e a população local sem possibilidade de evacuação. Em 1986, dois funcionários foram contaminados por Césio 137.

Em setembro de 1987, ocorreu um novo acidente com césio, desta vez em Goiânia. O pânico alastrou-se, levando 112 mil pessoas para triagens coletivas. Houve 250 contaminados, 2 mil afetados diretamente pelo acidente, e quatro mortes imediatas. Estima-se que, até 2012, morreram outras 104 pessoas como resultado do acidente.

A falta de preparo das autoridades era estarrecedora: especialistas da Comissão Nacional de Energia Nuclear, sediada no Rio de Janeiro, levaram dois dias para chegar ao local do acidente porque não havia assentos nos voos de carreira para Goiânia.

O governo não aprendeu. Em uma noite de forte chuva em janeiro de 1989, um raio disparou quatro sirenes em Angra I. Assustada, a população local tentou entrar em contato com a usina e com a defesa civil por telefone. Ninguém atendeu. Centenas de pessoas deixaram suas casas, sem saber o que fazer nem para onde ir. Ninguém recebera treinamento para casos de evacuação.

Para os críticos, o programa nuclear não era prova da modernidade do regime militar, mas de seu oposto: o atraso.

Os Estados Unidos lidaram com o programa "autônomo" com um misto de pressão e acomodação. Por um lado, houve sanções comerciais a compras brasileiras de tecnologias sensíveis, ameaças de suspensão de acordos e ultimatos para que o Brasil levasse o programa para a legalidade. Por outro, contudo, sabia-se em Washington que a política do chicote somente lograria radicalizar o regime ainda mais.

Assim, na prática, os Estados Unidos tiveram uma postura mais flexível do que sugeria sua retórica pública. A CIA não utilizou espionagem para boicotar o programa, e o Departamento de Estado aceitou a tese de enriquecimento de urânio em território nacional e com tecnologia brasileira. Os americanos também lançaram uma iniciativa secreta para incentivar o Brasil a cooperar com a Argentina na área nuclear: a primeira proposta de um sistema de inspeções mútuas entre os dois países sul-americanos veio de Washington, mas foi mantida em sigilo para que os dois países pudessem ser donos da ideia.[12]

O Brasil arquivou planos para construir uma planta de reprocessamento de plutônio, vista como altamente perigosa. Manteve os planos para enriquecer urânio, mas sempre em níveis muito baixos. Brasília aceitou submeter o programa a inspeções estrangeiras e, em 1990, renunciou às "explosões nucleares pacíficas". Também colocou o programa sob controle civil e aderiu a um regime de controle de tecnologia de mísseis.

Por sua vez, os Estados Unidos responderam a cada passo brasileiro em direção a maiores níveis de transparência com incentivos: suspenderam as sanções comerciais, abriram linhas de cooperação científica e criaram laços entre laboratórios e universidades dos dois países. Washington normalizou os fluxos de suprimento de combustível nuclear para as usinas brasileiras. O governo americano ainda deu concessões na área de mísseis e apoio ao velho pleito brasileiro por um assento no restrito Grupo de Supridores Nucleares, órgão responsável pelas regras do comércio nuclear.

Isso não significou o fim da tensão bilateral no tema. Os americanos continuaram reclamando da ambiguidade brasileira: afinal, a lista completa das instalações e das atividades secretas nunca foi publicada e o Brasil se recusava a aderir ao TNP. Os brasileiros continuaram achando o regime de não proliferação discriminatório e injusto. Mas o diálogo, mesmo quando difícil, continuou existindo.

Quando Fernando Henrique chegou ao Planalto, em 1995, boa parte dos problemas já estava equacionada. Mas o Brasil ainda não assinara todos

Domingo, 10 de novembro de 2002

os compromissos internacionais de não proliferação. O presidente achava que isso poderia atrapalhar o processo de reformas econômicas e de políticas públicas que pretendia implementar.

Para além do cálculo instrumental, ele também achava sem sentido ficar fora desses acordos se o país já abdicara de construir uma bomba atômica.

"Não éramos uma pessoa safada com aparência virtuosa", lembra o embaixador Marcos Azambuja. "Éramos uma pessoa virtuosa dando ares de safadeza."

Na ótica de Fernando Henrique, melhor seria tirar vantagens de ser o único país em desenvolvimento desse porte a nunca construir armas nucleares.[13]

FHC terminou de alinhar o Brasil às regras de não proliferação com a força de um trator: reformou as instituições de governo que lidavam com o tema, assinou os documentos pendentes e passou por cima das resistências que encontrou nas Forças Armadas e no Itamaraty. Garantindo aos Estados Unidos que o processo era irreversível, FHC fez aquilo que uma geração de negociadores considerara impensável: aderiu ao TNP.[14]

Quando FHC convocou um grupo de embaixadores no Alvorada para comunicar sua decisão, os diplomatas prestaram apoio: Ronaldo Sardenberg, Marcos Azambuja, Jório Dauster, Rubens Barbosa, Celso Lafer, Paulo Tarso Flecha de Lima, Luiz Felipe Seixas Corrêa e Sebastião do Rego e Barros. Eles haviam lutado toda a vida contra o TNP. Ao justificar o apoio ao presidente, a maioria invocou os benefícios que a adesão traria ao programa espacial brasileiro. O país ainda enfrentava graves entraves para fazer seu veículo lançador de satélites decolar.[15]

No início de 2000, o programa espacial parecia andar sobre trilhos firmes quando um choque entre o governo e a oposição o descarrilhou.

A BASE DE ALCÂNTARA, no Maranhão, tinha potencial para ser um dos lugares mais lucrativos do mundo para lançamentos de satélites. Construída havia décadas, nunca tivera viabilidade comercial porque a demanda da indústria brasileira por lançamentos era parca e o programa espacial, muito incipiente. Embora o regime militar tivesse fabricado foguetes e feito planos para mísseis mais arrojados, sempre faltaram recursos humanos e financeiros. De quebra, a comunidade internacional restringira durante anos a venda de peças e tecnologias. Se o Brasil conseguisse destravar Alcântara, entraria para um mercado altamente lucrativo.

Não se tratava de um projeto fácil: o mercado de lançamentos era dominado por um punhado de empresas americanas forçadas a seguir a legislação dos Estados Unidos, segundo a qual os países lançadores deveriam assinar acordos de salvaguardas para impedir o roubo, cópia ou proliferação da tecnologia de veículos lançadores.

No entanto, o governo FHC entendia que a única forma de tirar o programa espacial do sucateamento em que se encontrava era lhe dar viabilidade comercial. Vendendo serviços de lançamento da base, o Tesouro contaria com recursos adicionais, fazendo caixa para investir em pesquisa espacial.

O governo tucano investiu grande esforço na negociação de um acordo com os Estados Unidos para Alcântara.

No início, as conversas foram duras: Washington esperava que Brasília negasse qualquer tipo de acesso a Alcântara a países não signatários do regime multilateral de controle de mísseis. Para os negociadores brasileiros, isso parecia uma fórmula para favorecer a Boeing e a Lockheed Martin, companhias americanas. Washington ainda pedia que Brasília abdicasse de construir seu próprio veículo lançador. E queria garantias de que as autoridades brasileiras não bisbilhotariam os veículos e as cargas lançadas por empresas norte-americanas da base brasileira.[16]

No entanto, no empurra da disputa, o Brasil resistiu à pressão e virou seus termos em benefício próprio. No fim, chegou a um acordo praticamente idêntico àqueles celebrados pelos Estados Unidos com países como China, Rússia e Cazaquistão, que também dispunham de bases de lançamento.

Segundo o texto final, de março de 2000, o Brasil aceitava autolimitar seu acesso à tecnologia americana lançada de Alcântara, mas retinha o direito de desenvolver sua tecnologia de lançadores e de autorizar (ou não) cada lançamento solicitado pelos Estados Unidos.[17]

Quando o texto chegou ao público, porém, a oposição lançou uma verdadeira ofensiva. As cláusulas dedicadas a proteger a tecnologia ameri-

Domingo, 10 de novembro de 2002

cana foram atacadas como entreguistas. O deputado Waldir Pires, do PT da Bahia, fustigou: "Qual o interesse estratégico que justifica uma capitulação dessa natureza?"[18]

Waldir conseguiu mobilizar deputados e senadores de todos os partidos. A negociação do governo com os americanos fora feita sem consulta prévia ao Congresso Nacional. Atacando o acordo como mais uma evidência do suposto entreguismo tucano, o deputado ocupou capas de jornal e de revista em todo o país.

Era irônico que assim fosse. Os dois diplomatas destacados pelo governo para negociar com os americanos eram Ronaldo Sardenberg (então ministro da Ciência e Tecnologia) e Antônio Guerreiro. Profissionais de carreira, ambos tinham impecáveis credenciais nacionalistas e um histórico de firmeza na hora de negociar com os americanos, tanto no diálogo bilateral como no multilateral. Ambos haviam sido treinados nas duras negociações nucleares da década de 1980.

O texto por eles acertado consumira enorme esforço e era o melhor possível. Sem ele, Alcântara ficaria inviabilizada, e o programa espacial também.

Defendendo o acordo à época em que o governo FHC já dessangrava em praça pública, Sardenberg virou alvo preferencial de Waldir. Isso também era irônico: o ministro era um dos profissionais preferidos de Lula, que o vira em ação em mais de uma ocasião e o admirava. Enquanto o PT atacava Sardenberg, Lula confidenciava a um amigo que, se um dia governasse o país, acharia um privilégio ter o ministro tucano por perto.

As denúncias do PT de que o governo tucano estava entregando o futuro espacial do Brasil aos norte-americanos impediram o público de ficar sabendo de uma realidade mais complexa.

Longe dos holofotes, por volta do ano 2000, a caneta de FHC começou a restaurar o programa nuclear brasileiro, asfixiado no início da década de 1990 por falta de recursos.

FHC encomendou novos planos para enriquecer urânio em escala industrial e tirou a poeira do velho projeto de um submarino brasileiro de propulsão nuclear. O presidente também autorizou a retomada do trabalho de construção de Angra II, que começou a operar em 2002. Se isso levasse a problemas com os americanos, paciência. Chegando ao fim do mandato, a tolerância de Fernando Henrique com Washington se esvaíra.

O presidente sabia que, com Lula ou Serra, o tema nuclear voltaria à pauta no diálogo com Washington. Bush elevara a não proliferação nuclear na lista de prioridades da Casa Branca e, quem quer que fosse o próximo presidente brasileiro, haveria atritos.

A notícia de que Lula criticara o TNP no Glória chegou a Brasília no mesmo dia. No terceiro andar do Palácio do Planalto, ouviu-se um conselheiro presidencial raciocinar assim: "Meu Deus, Lula não sabe o que está fazendo!

"Ele devia ficar calado e tocar a retomada do programa nuclear em paz, ao invés de servir um banquete em bandeja de prata para a turma dos falcões do Partido Republicano."

Nos dias seguintes, Fernando Henrique correu para acalmar os ânimos fora do país. Seus embaixadores repetiram uma e outra vez aos interlocutores na Europa e nos Estados Unidos: "Lula vai honrar o TNP, não se preocupem. Só falou aquilo no calor da campanha."

Alguns dos embaixadores responsáveis por divulgar essa mensagem o fizeram sem ter plena convicção do que estavam dizendo. O que Lula faria no campo nuclear ainda era uma incógnita.

AGORA, ENQUANTO El-Baradei chegava a Nova York, as equipes de transição de Lula e FHC precisavam lidar com um tema muito mais premente: a chegada da missão do FMI.

O Fundo pediria um aumento do superávit primário do governo no ano de 2003 — a diferença entre receitas e despesas. No acordo assinado em agosto de 2002, FHC e o FMI haviam acordado o número de 3,75% do PIB. No entanto, durante a corrida presidencial o dólar subira, puxando consigo a dívida brasileira indexada à moeda americana. Para o Fundo, isso impunha a necessidade de um superávit maior como forma de manter estável a relação entre dívida e PIB. Um aumento do superávit significaria, na prática, cortar gastos públicos.

Lula e FHC combinaram o jogo. Assim que pousou em Portugal, o presidente em função reuniu a imprensa nos jardins da embaixada brasileira para afirmar: "Não vejo razão nenhuma para que se precise de mais superávit neste momento."[19]

Domingo, 10 de novembro de 2002

Em Brasília, Palocci ecoou: "Não será bom neste momento criar constrangimentos novos."[20]

O êxito dessa mensagem conjunta era crucial. Afinal, os técnicos do Fundo deveriam decidir se o Brasil estava em condições de receber, em dezembro, a parcela de US$ 3 bilhões da linha de crédito de US$ 30 bilhões que deveria ser liberada até o fim de 2003.

O entendimento entre Lula e FHC em economia não contaminava a questão da data da posse. O PT insistia em adiar a transferência da faixa presidencial. Irritado uma vez mais, FHC vazou a informação de que não faria nada disso. Caso o Congresso prorrogasse seu mandato, qualquer decisão que ele tomasse depois do dia 1º de janeiro seria passível de questionamento nos tribunais. Se fosse o caso, ele preferia deixar o poder uns dias antes.

Os jornais do dia focaram nas 180 famílias do MST que invadiram duas fazendas no Vale do Paraíba. Era a primeira ação do grupo desde a eleição.

Ninguém deu muita atenção para a matéria que a *Folha de S. Paulo* dedicara na edição do dia ao tesoureiro do PT, Delúbio Soares. O jornal notava que o partido tinha uma dívida de R$ 10 milhões de gastos de campanha com gráficas, outdoors, produtoras de TV e aluguel de jatinhos. Agora, segundo apuração do periódico, o tesoureiro estava pedindo contribuições adicionais ao empresariado nacional.

Segundo a matéria, ele militava junto a Lula havia vinte anos, e era a única pessoa, além de José Dirceu, a ter uma procuração assinada por Lula para movimentar livremente a conta bancária da campanha.

Dia 15

Segunda-feira
11 de novembro de 2002

Antônio Palocci chegou ao Ministério da Fazenda no carro oficial da equipe de transição e não se surpreendeu ao encontrar jornalistas de todos os meios de comunicação. As principais redações do país haviam sido avisadas previamente da visita. O dia fora cuidadosamente coreografado para gerar o máximo de impacto.

Ele desceu do veículo sem tirar os óculos escuros. Sorrindo, fez-se de surdo aos pedidos de entrevista e rumou para um elevador privativo do ministro. Enquanto subia até o gabinete de Pedro Malan, talvez sonhasse acordado em ser o próximo ocupante daquele espaço. No mercado financeiro e na imprensa, a boataria o colocava como um dos candidatos. Lula, contudo, ainda não batera o martelo. Aloizio Mercadante e José Dirceu também estavam no páreo.

Palocci e Malan cumprimentaram-se com simpatia. Ao longo dos últimos meses, a relação pessoal entre eles se transformara no pilar do pacto de transição. Hoje, se reuniam para dar um passo importante.

Em poucas horas, pousaria em Brasília uma missão do FMI. O objetivo oficial da visita era acompanhar o andamento dos acordos assinados com o governo FHC três meses antes, pedir aumento no superávit primário e decidir a respeito da liberação da próxima parcela do empréstimo.

Na realidade, contudo, o Fundo vinha também para conhecer a equipe econômica de Lula. Em Washington, sede do organismo, ainda pairavam dúvidas a respeito das pretensões do PT. Queriam um sinal claro de que os compromissos vocalizados até agora sobreviveriam para além da posse.

Segunda-feira, 11 de novembro de 2002

Para Lula, a visita do Fundo podia ser uma armadilha. O FMI certamente pediria uma definição dos nomes da Fazenda, do Banco Central e do Ministério do Planejamento — o núcleo econômico do governo. Os técnicos do organismo ainda fariam perguntas sobre o nível dos cortes de gasto público que a administração petista pretendia impor no primeiro ano de mandato.

Lula estava determinado a não responder. Se suas indicações para os postos-chave fossem controversas, o risco de a economia desandar até a data da posse aumentaria; se os nomes denotassem continuidade, ele receberia a hostilidade de boa parte da esquerda, aumentando a pressão para que fizesse concessões em outras áreas. Independentemente do que dissesse, o presidente eleito viraria alvo de ataques antes de estar em condições legais, como presidente da República, de revidá-los. Manter-se calado era a melhor forma de preservar-se até 1º de janeiro de 2003.

Lula entendia o risco embutido em sua opção de manter silêncio. Investidores, banqueiros e o próprio FMI poderiam interpretar o gesto como indecisão, o que semearia mais insegurança.

Foi para solucionar esse problema que Palocci e Malan combinaram o jogo.

Eles realizariam seu encontro pela manhã. A natureza da conversa permaneceria reservada, sem a publicação de nota ou comentários sobre os assuntos discutidos, mas a notícia do encontro seria divulgada para toda a imprensa. Em seguida, Malan encontraria os técnicos do Fundo em uma bateria de negociações.

Apenas no fim da semana, depois de o governo tucano acertar os ponteiros com o organismo internacional, Palocci teria uma reunião protocolar com os visitantes.

Tal fórmula permitiria a tucanos e petistas deixar claro que eles convergiam em torno de uma postura similar nas negociações com o FMI, sem com isso denotar coincidência absoluta. Para o grupo de Lula, já bastava ter de lidar com a esquerda do PT, que se opunha a boa parte das novas medidas. Era importante deixar claro que entre o presidente eleito e o presidente em função havia diferença. "Transição não é cogestão", dizia Palocci. "Não somos governo", repetia Dirceu.[1]

A atitude brasileira com o Fundo seria dura. Nem Malan nem Palocci queriam dar a impressão de estar atuando sob pressão. Tão importante quanto o acordo era a forma na qual o Brasil o anunciava: tinha de ser feito sem parecer capitulação.

Só que, naquele dia, a aparente calmaria entre o governo que estava de saída e o time que estava entrando valia apenas para a economia. A disputa entre o presidente em exercício e seu sucessor não tinha trégua.

"A ALCA É UM TREM QUE JÁ PARTIU", afirmava um artigo de opinião publicado naquela manhã pela *Folha de S. Paulo*. A frase, do ministro tucano Sérgio Amaral, era uma provocação direta ao PT. Afinal, Lula chamara a Alca de "projeto americano de anexação da América Latina" e fizera campanha prometendo rever os termos da negociação até então conduzida por FHC. Serra, por sua vez, dera declarações que fizeram muita gente imaginar sua vitória como a retomada do protecionismo comercial.

Em seu artigo, Amaral explicou seu raciocínio assim. "A locomotiva são os Estados Unidos. Pode-se discutir a ordem dos vagões, os que viajam em primeira ou em segunda classe e os vagões que não seguirão até o fim. Mas o trem já está a caminho e o destino final é a integração hemisférica."[2]

A Alca fora o tema de política externa mais quente da campanha presidencial. Um acordo comercial dessas proporções teria enorme impacto sobre o Brasil, e marqueteiros de um e outro lado usaram essa distinção em benefício próprio: aceitar que tal acordo fosse ao menos discutido denotava tendências governistas; o rechaço frontal ao tema, pendor oposicionista.

Tanto Lula como FHC jogaram esse jogo, transformando o debate sobre o que poderia ser o mais ambicioso acordo comercial da história brasileira em bate-bola eleitoral. No ambiente tensionado da partida, contudo, os dois lados esconderam detalhes importantes, dando a falsa impressão às respectivas militâncias e ao eleitor indeciso de que o tema se resumia a uma escolha clara: sim ou não.

A realidade era mais complexa do que isso. FHC e sua equipe tinham numerosas restrições ao acordo, ao passo que Lula e os seus não queriam fechar a porta à possibilidade de assiná-lo. O medo deles era claro.

Segunda-feira, 11 de novembro de 2002

"O risco de manter posição defensiva e de espera diante desse novo quadro", dizia um embaixador, "é o de o Brasil ficar isolado e no fim da fila da negociação bilateral, confrontado com um modelo definitivo de acordo, sobre o qual não teremos nenhuma capacidade de influência".

Na campanha presidencial de 2002, contudo, as nuances desapareceram. Sem debate inteligente da questão, o tema dividiu a sociedade.

Agora, já eleito, Lula tinha um problema. Ele queria assinar algum tipo de acordo comercial com os Estados Unidos. Mas, com a politização do assunto, sua capacidade de costurar um acordo suprapartidário para isso era ínfima. Isso abriria espaço para aqueles que não queriam nenhum acordo convencerem o presidente a abandonar a ideia de vez.

Os Estados Unidos formalizaram a proposta da Alca em 1995, coincidindo com o início do governo FHC. O projeto consistia em criar uma área de livre comércio em todo o hemisfério, estabelecendo também disciplinas em temas como política trabalhista e social. A Alca era uma tentativa de consolidar a visão norte-americana na região e, de quebra, criar um modelo a ser aplicado, no futuro, a outras regiões.[3]

O acordo da Alca foi concebido como um entre muitos tratados comerciais. O governo americano avançaria com todos ao mesmo tempo, usando um para alavancar o outro, gerando um ciclo de liberalizações competitivas. Tais acordos, por sua vez, colocariam pressão na Organização Mundial do Comércio — o órgão multilateral responsável pelo tema.[4]

Em seguida ao lançamento da proposta, entretanto, o projeto travou dentro dos Estados Unidos. Para avançar, o governo Clinton precisava de uma autorização explícita do Legislativo, que se encontrava sob controle da oposição. Sem autorização para negociar, o Executivo não tinha alternativa a não ser manter a discussão em fogo brando e tentar obter o apoio de países da região.

Ao assumir a Casa Branca, George W. Bush converteu-se no mais fervoroso defensor da Alca, uma proposta coerente com os interesses dos grandes grupos empresariais que apoiavam o Partido Republicano.

Em seguida aos ataques de 11 de setembro, o governo americano investiu ainda mais no projeto porque, segundo assessores presidenciais, a pobreza extrema e a falta de democracia estariam por trás do fenômeno do terrorismo. O comércio livre — ao gerar riqueza e promover governos mais democráticos em todo o mundo — reverteria a situação.

Fortalecido após os ataques, Bush arrancou do Congresso aquilo que Clinton não obtivera: luz verde para negociar — *fast track* ou "Trade Promotion Authority", nas expressões em inglês.

O principal estrategista comercial de Bush era um homem excepcional. Robert Zoellick havia trabalhado para o Tesouro e para o Departamento de Estado. Durante a campanha de 2000, fora assessor de Bush para os temas relacionados à América Latina, tendo conseguido reforçar junto ao então candidato a importância estratégica da região.

Zoellick conquistou a confiança de Bush muito cedo. Seu conhecimento sobre direito comercial era minucioso; sua capacidade de negociação, surpreendente. O estilo era parecido ao do presidente: autoconfiante e agressivo. Profundo conhecedor da politicagem de Washington, ele tornou-se, em pouco tempo, um operador temido nas burocracias da capital. Um ataque vindo dele poderia encerrar uma carreira.

Com Zoellick, pela primeira vez na história, um presidente americano dedicou mais tempo a encontros com chefes de Estado latino-americanos que de qualquer outra parte do mundo. Foi Zoellick quem conseguiu a façanha de levar Bush ao Banco Interamericano de Desenvolvimento e à Organização dos Estados Americanos ainda no primeiro ano de governo. Como prêmio, o presidente deu-lhe o posto de negociador comercial do governo, com status de ministro.

Bush delegou a Zoellick toda a responsabilidade por Doha, Alca e demais negociações comerciais. Sua capacidade de trabalhar com o Congresso foi fundamental para aprovar o *fast track*. Com essa cartada, Zoellick garantiu portas sempre abertas na Casa Branca e no Tesouro — dois dos principais centros irradiadores de poder no país.

A PROPOSTA DA Alca pegou o governo brasileiro de surpresa, colocando-o imediatamente na defensiva. O projeto americano propunha abertura co-

Segunda-feira, 11 de novembro de 2002

mercial em áreas nas quais os Estados Unidos eram mais competitivos (como bens industrializados e serviços) e cedia pouco onde enfrentaria competição (como agricultura). Em 1995, as prioridades da diplomacia comercial brasileira eram exatamente opostas.

O Planalto de FHC entendia as vantagens da abertura comercial: o livre comércio beneficiava o brasileiro de baixa renda de duas maneiras — dando acesso mais barato a produtos de melhor qualidade e ajudando a controlar a inflação, verdadeira praga para quem não tinha conta bancária nem salário reajustado automaticamente.

No entanto, o livre comércio impunha perdas grandes a dois atores poderosos na política brasileira: o trabalhador da indústria, que ficava à mercê da competição externa, e o empresário nacional, que contava com um vasto mercado cativo e não tinha uma cultura de empreendedorismo.

Isso era problemático para o governo. Os trabalhadores tinham representação em sindicatos capazes de fazer estrago, ao passo que os empresários tinham representação em poderosas organizações e, além do mais, financiavam campanhas eleitorais. Inimigos em muitas lutas, trabalhadores e patrões uniram-se contra a Alca, argumentando que, de Collor a FHC, a tarifa média aplicada de importação já caíra de 50% para menos de 15%. Capital e trabalho queriam que o Planalto pusesse o pé no freio da proposta estadunidense.

No processo, o movimento anti-Alca espalhou-se por toda a sociedade brasileira. O precedente vinha de fora, com as manifestações de rua na rodada de Seattle, três anos antes. À época, a sociedade civil internacional convenceu-se de que as regras de comércio eram injustas e podiam ser desafiadas por coalizões de ativistas bem organizados.

No Brasil, estouraram protestos contra a Alca sob a liderança da União Nacional dos Estudantes (UNE), da Confederação Nacional dos Bispos do Brasil (CNBB) e de organismos não governamentais. Nenhum grupo organizado com capacidade de mobilização e influência advogou com força a favor do acordo.

A maioria dos países latino-americanos, contudo, recebeu a proposta da Alca de braços abertos. Isso gerou um problema para a diplomacia brasileira. "A dependência total dos Estados Unidos é o paradigma latino-

-americano", diria Lampreia. "O Brasil não pode ficar dentro desse paradigma. É grande demais e tem espaço demais. Precisa contrabalançar."

O método utilizado pelo Brasil para "contrabalançar" foi a politização da Alca. Assim, o governo FHC denunciou as disciplinas comerciais propostas pelos americanos como injustas e imperiais. Comprometeu-se a manter a proteção às indústrias de audiovisual, de telecomunicações, de seguro e de serviços de entrega expressa.

Quando o governo estadunidense reclamou da pirataria brasileira em áreas como música e filmes, Brasília respondeu dizendo que os verdadeiros piratas eram os americanos, usando a coerção e sua superioridade econômica para arrancar concessões de países mais fracos. FHC liberalizou o comércio no âmbito do Mercosul, onde a indústria brasileira era competitiva, mas, na prática, seu governo manteve intocada boa parte do arsenal protecionista para resguardar os setores que eram politicamente influentes.[5]

Em vez de rejeitar a Alca, FHC trabalhou para dilatar seus prazos. E quando os negociadores de Clinton começaram a reclamar que o Brasil estava "arrastando os pés", os diplomatas de FHC reagiram chamando-os de hipócritas: "Vocês pedem concessões nossas sem sequer ter autorização do Congresso para fazer gesto recíproco."[6]

A reação do governo Clinton foi a de aproximar-se dos vizinhos do Brasil dispostos a acelerar o processo da Alca: Bolívia, Chile, Colômbia, Equador e Peru, ameaçando o Brasil com a sombra do isolamento. O Planalto manteve sua postura, avaliando que a Casa Branca não tinha condições efetivas de obter o *fast track* para honrar as promessas feitas aos vizinhos, que terminariam sendo atraídos para a órbita da negociação nos termos propostos pelo Brasil.[7]

Dessa maneira, o governo FHC transformou-se no principal obstáculo à Alca fora dos Estados Unidos. Isso afetou a imagem do Brasil em Washington, mas teve um efeito positivo sobre o perfil do país na capital norte-americana: cientes de que precisariam da anuência brasileira, os americanos passaram a reconhecer o Brasil como o mais relevante interlocutor hemisférico. Raras vezes o Brasil fora visto como um país-chave.[8]

Segunda-feira, 11 de novembro de 2002

No início do governo Bush, em 2001, Condoleezza Rice entendia isso. Daí sua frase ao então chanceler Celso Lafer: "Precisamos de um impulso dramático, e queremos propor ao Brasil que a Alca seja concluída até 2003." Ela sabia estar fazendo uma proposta maximalista. Lafer descartou a sugestão na hora.[9]

Diante da negativa brasileira, Zoellick propôs que a liderança da negociação ficasse a cargo de um "mecanismo consultivo" com presença maciça do setor privado. Na concepção norte-americana, isso daria dinamismo à negociação, tirando a Esplanada dos Ministérios de seu imobilismo. Em Brasília, os diplomatas mataram a proposta.[10]

FHC TINHA BONS motivos para politizar a Alca. Lançada em 1995, ela coincidiu com o início das atividades da Organização Mundial do Comércio.

A OMC era a mais jovem instituição multilateral — e a mais revolucionária. Contando com um arrojado sistema de solução de controvérsias, era das raras organizações internacionais dotadas de dentes afiados. Ela começou a limitar o acesso dos países pobres aos mercados dos países ricos, que, por sua vez, não baixaram suas próprias barreiras comerciais. Poderosa e influente, a OMC empurrou os países em desenvolvimento contra a parede: ou se adaptavam ao liberalismo ou seriam marginalizados.

Havia mais. Os técnicos do órgão zelavam por regras de propriedade intelectual que protegiam firmas e patentes de países geradores de direitos autorais, tornando ilegais muitas das práticas de desenvolvimento tecnológico que, nos países em desenvolvimento, incluíam a quebra ou violação de patentes. Não à toa, os principais lobistas junto aos funcionários do organismo, em Genebra, eram empresas de Hollywood, grandes companhias farmacêuticas, além das gigantes Apple e Microsoft.

A OMC não se limitava a isso. Ainda disciplinava regras de conteúdo local em licitações públicas e regulava serviços públicos privatizados, tais como educação, saúde, coleta de lixo, tratamento de água, eletricidade e bancos, com um viés favorável a empresas multinacionais. Dizia pouco sobre subsídios agrícolas de países ricos ou sobre as restrições por eles impostas à livre circulação de mão de obra.[11]

O processo decisório da OMC era politizado e opaco. Na prática, mandavam Estados Unidos, União Europeia, Japão e Canadá — um grupo informal batizado de "Quad". As decisões eram tomadas sem minutas ou textos oficiais. Quando países em desenvolvimento ameaçavam se revoltar, os mais fortes não hesitavam em lançar mão de técnicas de intimidação, marginalizando quem tentasse resistir. Para muita gente, a OMC era um monumento à injustiça.[12]

QUALQUER EMBAIXADOR que assumisse a representação brasileira na OMC em 1999 estaria fadado a virar manchete. Em meio a uma crise financeira feroz, o Planalto ficara mais hostil em relação ao modelo de globalização proposto pelas grandes multinacionais e defendido pelo governo dos Estados Unidos.

O campo de batalha era a quebra de patentes de drogas antirretrovirais utilizadas pelo Ministério da Saúde no programa de combate ao vírus da aids.

Essa era uma briga de cachorro grande que colocaria o Brasil em rota de colisão com poderosos conglomerados farmacêuticos e com os Estados Unidos, forçando o resto dos países em desenvolvimento a optar por um lado. O homem à frente da negociação calhou de ser Celso Amorim.

A briga pelas patentes farmacêuticas pôs o embaixador no noticiário. Sua fama de negociador duro e militante somou-se à de habilidoso construtor de alianças, pois, na hora crucial, ele atraiu a Índia para seu lado, montando uma coalizão formidável. Depois de duros embates, em 2001, Amorim conseguiu a vitória na OMC, transformando o modo com que as farmacêuticas tratavam países como o Brasil. Junto a ele na negociação estava o ministro da Saúde, José Serra, pré-candidato tucano à sucessão de FHC.

Serra começou a pensar que, caso fosse eleito para ocupar a presidência em outubro de 2002, poderia convidar Amorim para o ministério. Na opinião do tucano, o embaixador era mais dinâmico e sagaz que seus colegas diplomatas, os quais Serra considerava pouco preparados para a defesa comercial. O ministro da Saúde estava convencido da necessidade de tirar

Segunda-feira, 11 de novembro de 2002

o portfólio comercial do Itamaraty, criando um órgão exclusivo para lidar com o tema. Se Amorim não virasse chanceler em uma nova gestão tucana, talvez pudesse ficar à frente desse novo órgão.[13]

A VITÓRIA DE Amorim na OMC dificultou o diálogo com os Estados Unidos sobre a Alca durante a campanha presidencial de 2002. Zoellick desenvolvera ojeriza visceral em relação ao embaixador, embora não tivesse opção a não ser negociar com ele. E vice-versa: o Brasil não tinha opção a não ser lidar com Zoellick. Mesmo o PT teria de engoli-lo porque, pela primeira vez em muitos anos, em 2002, os Estados Unidos começaram a ultrapassar a União Europeia como maior parceiro comercial do Brasil.

A capacidade de o PT fazer negócio com Zoellick fora abalada ainda em fevereiro de 2001, quando um evento trivial ganhou proporções gigantescas.

Samuel Pinheiro Guimarães, embaixador responsável por uma unidade do Itamaraty dedicada a organizar livros e seminários, criticou a Alca em palestra na Associação Brasileira da Indústria de Máquinas e Equipamentos. Pinheiro era um dos defensores mais veementes da tese de que o Mercosul era um escudo protetor contra a globalização neoliberal, e seu ataque à Alca deve ser visto nesse contexto.

Tratava-se de um gesto pouco usual, tendo em vista a disciplina militar que é marca registrada da chancelaria. Porém, não era a primeira vez que ele fazia algo assim. Todos sabiam que ele conversava havia anos com o PT. No passado, Luiz Felipe Lampreia ignorara gestos similares do subordinado.

Em 2001, contudo, o chanceler Celso Lafer e o secretário-geral do Itamaraty, Luiz Felipe de Seixas Corrêa, ficaram furiosos. Não apenas o embaixador destoava publicamente da linha do governo, como a crítica poderia atrapalhar a delicada estratégia de protelação da Alca. Afinal, um gesto dessa natureza, vindo de um embaixador brasileiro, poderia ser lido, nos Estados Unidos, como mensagem do Palácio do Planalto. Não o era.

Lafer exonerou Samuel Pinheiro Guimarães de imediato. O Itamaraty, porém, reagiu como uma tribo. Embora o embaixador não tivesse muitos amigos dentre o grupo de diplomatas no comando, embaixadores graúdos tentaram colocar panos quentes, recomendando ao chanceler deixar o caso de lado.

Guimarães estava longe de ser um peso-pesado nos corredores do ministério ou de ter influência na opinião pública. Nunca ocupara uma embaixada. Um livro de sua autoria, *500 anos na periferia*, interpretava a história das relações internacionais do país à luz das estruturas globais de dominação das grandes potências. O tom era nacionalista, podendo agradar à esquerda e à direita. A maioria dos diplomatas profissionais não levava aquilo muito a sério, embora o considerassem um sujeito simpático.

Lafer e Seixas Corrêa não aceitaram os argumentos da turma do "deixa disso", preferindo utilizar o caso para dar um exemplo à tropa. Assim, em 15 de fevereiro de 2001, a chefia do Itamaraty publicou uma nova regra pela qual manifestações de diplomatas de carreira em artigos na imprensa, entrevistas, publicações especializadas ou televisão teriam de ser autorizadas previamente pelo secretário-geral.[14]

A notícia caiu como uma bomba no ministério. Alguns embaixadores telefonaram para Lafer no intuito de demovê-lo. Os chefes das embaixadas em Washington e Buenos Aires — os dois postos mais importantes — reagiram por meio de telegramas formais.

"Não posso deixar de manifestar minha inquietação", escreveu Rubens Barbosa. "O texto pode dar lugar a cerceamento indevido, não só do direito de expressão, mas da própria ação diplomática. [...] O Itamaraty e os diplomatas que o compõem precisam de mais e não de menos exposição; de mais e não de menos interação com a sociedade brasileira; de mais e não de menos incentivos à reflexão, ao pensamento crítico e ao debate, inclusive de caráter público."

Da capital argentina, Sebastião do Rego Barros escreveu: "Permito-me sugerir a Vossa Excelência que reconsidere a instrução [...] e a substitua por um incentivo para que [...] o Itamaraty participe ainda mais do debate público sobre política externa, pautando-o, orientando-o e informando-o."[15]

Lafer não cedeu. Circulou outro documento em seguida. Ao longo de 19 parágrafos, justificou sua decisão enumerando quatro artigos da Constituição e duas leis federais. Fez referência à cientista política Hannah

Segunda-feira, 11 de novembro de 2002

Arendt, refletiu sobre a "relação entre o ser e o tempo" e negou estar adotando uma "gramática de obediência voltada para vigiar". "A palavra do diplomata", concluiu, "obedece a critérios que não são o do jornalista, do acadêmico ou daqueles que buscam apenas a fruição momentânea e fugaz da presença na mídia".[16]

Obediente, o Itamaraty ajustou-se à nova regra. Em ano pré-eleitoral, contudo, a oposição foi à forra. Da noite para o dia, Samuel Pinheiro Guimarães virou celebridade em campo oposicionista.

Na primeira entrevista que deu depois de ser demitido, o embaixador explicou sua visão com clareza:

"Minha conclusão é que a Alca terá efeitos profundos e negativos [...] O argumento de que 'ao final veremos se devemos participar' é ilusório e diversionista e desconhece a dinâmica das negociações e o poder de pressão política dos Estados Unidos."[17]

Seu livro virou bibliografia em cursos de Relações Internacionais, e sua agenda ficou cheia de compromissos, como palestras, aulas e apresentações públicas. Sem nunca ter imaginado que algo assim poderia lhe acontecer, ele se transformou no porta-voz da oposição para criticar a Alca.

Para muitos críticos, o embaixador representava uma concepção de política externa atrasada e desconectada das realidades do século XXI. Podia até ser. Mas seu pensamento estava enraizado na tradição autonomista que dava o molde conceitual mais duradouro da política externa brasileira. Todo diplomata profissional entendia aqueles conceitos. Caso eles pudessem ser adaptados ao contexto de um governo petista, o Itamaraty estaria em condições de embarcar no projeto político de Lula sem grandes sobressaltos.

LULA CRITICAVA a Alca sempre que possível, mas, faltando duas semanas para as eleições de outubro, um episódio endureceu-lhe o tom ainda mais.

O *Miami Herald* publicou uma declaração de Zoellick que foi vista por todos como uma estocada irônica e mordaz ao candidato do PT. Se a Alca não vingar, ele afirmou, os latino-americanos terminariam negociando com a Antártida.

199

Lula sabia que havia muito em jogo e respondeu contido. "Não vou interpretar a fala de um cara que não conheço. Não dá para um candidato a presidente responder a cada um que dá palpite sobre o Brasil", afirmou.

Só que os jornalistas queriam algo a mais, e provocaram o candidato. Insistiram na pergunta sobre o comentário de Zoellick sem parar. E havia um detalhe: na campanha de 1989, Zoellick fora destacado pelo Departamento de Estado para receber o então candidato presidencial petista. No dia marcado, furou, sem dar aviso nem explicações.

Agora, em 2002, irritado com o assunto, Lula respondeu no improviso, sem ter acertado forma ou conteúdo com seus assessores: "Eu não posso responder ao sub do sub do sub do secretário americano. Tem muita gente que fala bobagem a respeito do Brasil. E, se Deus quiser, essas pessoas vão passar a respeitar o país."[18]

Chamar Zoellick de "sub do sub do sub" era um equívoco. Tratava-se de um raro caso na história de um negociador comercial norte-americano cuja pasta estava no coração da estratégia de política externa da Casa Branca. Zoellick tinha autoridade ímpar e respondia exclusivamente ao presidente Bush. Ao revidar nesse tom, Lula estava fazendo aquilo que dizia não querer fazer: rebaixar-se.

"Eu fui ignorante", reconheceria Lula anos mais tarde. "Quem sabe eu tivesse que escolher outra palavra... Mas sabe de uma coisa? Depois daquela frase dura que eu usei ele passou a me respeitar. Isso é engraçado na relação humana: muitas vezes, a subserviência não ajuda, sabe? Ela atrapalha."

À época, porém, o gesto de Lula serviu para que os partidários de Serra apresentassem Lula como vítima fácil de arroubos de emoção que beiravam a irresponsabilidade.

A ELEIÇÃO MUDOU isso. Antes de completar uma semana como presidente eleito, Lula confidenciou a Donna Hrinak, a embaixadora americana em Brasília, que continuaria negociando. Afirmou que o pleito seria duro. "Mas eu não quero que isso atrapalhe a relação com a Casa Branca", afirmou. Também disse à embaixadora que talvez tirasse o Itamaraty da negociação da Alca. Ele sabia que, para os americanos, o ministério era um entrave.

Segunda-feira, 11 de novembro de 2002

O presidente eleito foi além, expressando o desejo de criar uma Secretaria de Comércio Exterior subordinada diretamente a ele na Presidência da República, nos mesmos moldes do que Bush tinha com Zoellick.[19]

Lula fez isso porque a Alca era a negociação internacional mais importante dos últimos anos. Seu impacto seria sentido dentro e fora das fronteiras brasileiras, além de marcar para sempre a memória histórica do governo que a assinasse.

Poucos dias depois, em conversa com um funcionário norte-americano, Lula disse querer duplicar o volume de comércio Brasil-Estados Unidos ainda no primeiro mandato. A referência não era à toa: era exatamente o que defensores da Alca diziam que aconteceria com o volume de comércio bilateral caso o bloco fosse criado.[20]

O presidente eleito ainda repetiu aos americanos aquilo que FHC dissera a Bush em seu encontro pessoal: "Considero a possibilidade de um acordo de livre comércio entre o Mercosul e os Estados Unidos." Reafirmando a mensagem, José Dirceu disse aos interlocutores americanos que Lula falava sério. O presidente consultaria Argentina, Paraguai e Uruguai, mas "não vamos ficar reféns deles". Referia-se aos três países que, junto com o Brasil, formavam o Mercosul.[21]

FHC FIZERA DO Mercosul a peça central do tabuleiro comercial brasileiro. Ao assumir, em 1995, seu governo definira que o bloco deveria ser mais do que uma simples área de livre comércio. Ele deveria ser também um mecanismo para impedir que grupos poderosos tentassem reverter a abertura comercial unilateral feita no governo Collor. Com o status de acordo internacional, o Mercosul reduziria as possibilidades de um retrocesso. Consagrando o princípio de uma economia mais aberta, o Mercosul seria um instrumento a serviço do fim da inflação.[22]

Ocorre que, ainda no primeiro mandato tucano, o Mercosul ganhou um significado adicional. FHC começou a pensar que a melhor forma de negociar a Alca com os Estados Unidos seria fazê-lo a partir de um bloco sul-americano bem azeitado. Por isso, o Planalto insistiu que o Mercosul assinasse acordos preferenciais com Bolívia, Chile e Venezuela. O Mercosul unido ainda permitiria abrir negociações com a União Europeia para contrabalançar os Estados Unidos.[23]

Quando entendeu a jogada, o ex-secretário de Estado Henry Kissinger brincou durante um café da manhã com Lampreia: "Vocês estão trabalhando tão discretamente que, quando os Estados Unidos acordarem para a realidade do Mercosul, Washington ficará perplexa."[24]

Lula concordava. Porém, em 2002, o núcleo que viria a compor a administração petista era consciente da necessidade de vender a ideia de um bloco sul-americano unido, sob a batuta brasileira, ao único país que tinha as condições efetivas de travar o projeto ou até mesmo levá-lo a afundar: a Argentina.

Dia 16

Terça-feira
12 de novembro de 2002

Lula já achava que a mudança da data da posse estava desgastando sua imagem antes mesmo de tomar as rédeas no Planalto. Mandou a cúpula petista recuar da ideia em público. Quem anunciou a notícia à imprensa foi o líder do partido na Câmara, João Paulo Cunha: "O PT não vai fazer nenhum cavalo de batalha [em relação à data]."[1]

Isso contribuiu para o bom humor de FHC, que palestrou para trezentos empresários portugueses no auditório do Hotel Ritz, um dos mais elegantes de Lisboa.

FHC era uma espécie de ídolo para aquele público. Antes de sua chegada ao Planalto, Portugal ocupava o 25º lugar na lista de investidores estrangeiros no Brasil; em oito anos de governo tucano, chegara ao terceiro lugar, atrás apenas de Estados Unidos e Espanha.

Mal começou a falar, Fernando Henrique alfinetou: "Lula não vai romper com o modelo herdado." E foi além. "Outro dia, jantei com Lula e Palocci", disse com ares de confidência, "e Palocci me falou assim: 'Presidente, já estou sendo considerado à direita de Pedro Malan'". Composto por boa parte do PIB português, o público presente caiu na gargalhada.[2]

Para os analistas interessados no Brasil em Wall Street e em Washington, contudo, havia pouco motivo para piada.

Com ou sem Palocci, o futuro da economia brasileira era por demais incerto. Mas, naquele dia, o foco deles não estava em Brasília, mas em Buenos Aires.

Roberto Lavagna embarcara em um voo do aeroporto de Ezeiza, em Buenos Aires, a caminho da capital americana. Um ano depois de a Argentina dar o maior calote da história, seu ministro da Economia viajava para tentar arrancar alguma concessão do FMI.

Se Lavagna tivesse êxito, a boa notícia respingaria no Brasil, melhorando as expectativas a respeito do início do governo Lula. Se fracassasse, a Bovespa poderia ser golpeada sob efeito dominó. Sem que FHC ou Lula pudessem fazer nada a esse respeito, a Argentina virara uma peça-chave da transição.

Todos sabiam que a situação econômica argentina era pior do que a brasileira. Só que a distinção tinha efeito prático limitado, pois a dependência mútua entre os dois países era profunda.

Como a Argentina era o principal mercado para produtos industrializados brasileiros, seu colapso tinha impacto direto no ABC paulista. Como parceira no Mercosul, seu enfraquecimento reduzia o poder de fogo brasileiro em grandes negociações comerciais. Sua implosão política e social reduzia a capacidade de seus diplomatas de trabalharem junto ao Brasil para fazer da vizinhança uma área de cooperação.

Por qualquer perspectiva que se adotasse, a *débâcle* argentina colocava em xeque a estratégia regional inventada por FHC: a transformação da América do Sul em espaço geopolítico privilegiado para a internacionalização do capitalismo brasileiro.

A TRANSFORMAÇÃO DA Argentina em elemento central da política externa brasileira ganhara impulso decisivo no ano de 1989, com a chegada de Carlos Menem ao poder.

Menem era um animal político extraordinário. Filho de imigrantes sírios de confissão muçulmana e oriundo de uma província pobre, representava a antítese da aristocracia portenha que sempre governara o país.

Chegando à presidência por um misto de sorte e astúcia, ele começou a trabalhar para enfraquecer os centros de poder capazes de fazer-lhe sombra: as Forças Armadas, o movimento sindical, os governos provinciais e a oposição.

Terça-feira, 12 de novembro de 2002

A principal revolução menemista ocorreu na economia. Menem removeu tarifas e barreiras ao fluxo de capitais, privatizou empresas públicas, flexibilizou o mercado de trabalho e cortou o gasto social. No processo, o parlamento aprovou uma lei de convertibilidade para amarrar o peso argentino à moeda norte-americana.

O início do plano foi turbulento, com poucos resultados e numerosas críticas, além de denúncias de corrupção generalizada. Entretanto, a partir de 1991, as reformas começaram a ter efeito, elevando a popularidade de Menem. Aviões abarrotados de turistas argentinos começaram a chegar às praias brasileiras, aos resorts de Cuba e aos shopping centers de Miami. Buenos Aires recuperou seu brilho como capital cultural latino-americana, transformando-se no maior destino turístico da região. De patinho feio da economia internacional, a Argentina se transformou no quarto maior receptor de investimentos estrangeiros no mundo.

O MENEMISMO acelerou o ritmo da integração com o Brasil. Criou-se o Mercosul entre Argentina, Brasil, Uruguai e Paraguai. Em tempo recorde, o grupo passou de área de livre comércio a união aduaneira, com a adoção de uma tarifa externa comum.

O Mercosul estava no coração da diplomacia menemista, selando o compromisso com a abertura econômica, além de integrar a Argentina às linhas de produção da indústria brasileira e abocanhar um mercado gigantesco para seus produtores rurais. Em pouco tempo, o Brasil transformou-se no maior mercado consumidor de produtos argentinos.

Para o menemismo, o Mercosul também possuía alto valor geopolítico, pois simbolizava a normalização das relações argentinas com o mundo depois de décadas de status internacional de pária. O acordo com o Brasil enterrava as suspeitas a respeito das ambições argentinas em matéria de defesa, mísseis balísticos e energia nuclear. De quebra, consagrava a posição de Buenos Aires como gestora, em parceria com Brasília, do ordenamento regional.

O êxito inicial do Mercosul foi espetacular. Gerou-se um fluxo de comércio antes inexistente, eliminou-se a hipótese de conflito armado entre os dois países e legitimou-se o mote de democracia com estabilidade econômica.

Havia desavenças entre os dois países, sem dúvida. Mas os atritos eram diluídos por meio de um sistema personalizado, onde o respeito ou o desrespeito às regras previamente acordadas eram acertados ao telefone, de modo informal, pelos presidentes dos dois países. Menem desenvolveu níveis de intimidade com Collor, Itamar e FHC sem precedentes na história da relação bilateral. "El Turco", como era chamado, fazia-o lançando mão de seu estilo atencioso que, por vezes, aparentava deferência diante do interlocutor. "Era um grande cavalheiro", lembra Lampreia.

Só QUE Menem tinha um entendimento do sistema internacional muito distinto daquele da diplomacia brasileira. O presidente argentino concebia o alinhamento aos Estados Unidos como instrumento para restaurar as credenciais de boa conduta de seu país. Na visão menemista, a Casa Branca era a única fiadora confiável da Argentina do futuro.

Para o Planalto, todavia, a melhor forma de lidar com os Estados Unidos era por meio da estratégia de distanciamento, mantendo o país fora do radar norte-americano. O Mercosul deveria ser visto como um instrumento a mais para esse fim, alavancando a capacidade brasileira de negociar com países fora da região, inclusive com os Estados Unidos.

Menem atrapalhava essa lógica. Afinal, ele decidira seguir a reboque dos Estados Unidos com grande pirotecnia. Despachara uma fragata como contribuição simbólica à guerra de Bush (pai) contra o Iraque. Trabalhara para isolar Fidel Castro nos foros regionais latino-americanos e seguira os Estados Unidos nas votações da ONU. O argentino ainda investira boa dose de capital político para obter a isenção de vistos para os turistas argentinos e favorecera grandes empresas norte-americanas com polpudos contratos do Estado argentino.

Fizera tudo com grandes gestos. Em passagem pela capital americana, dançara tango com a primeira-dama, Hillary Clinton. Guido di Tella, seu chanceler, afirmara que a diplomacia argentina queria ter "relações carnais" com os Estados Unidos. Perplexa com a expressão, a secretária de Estado Madeleine Albright consultara reservadamente o ministro Lampreia: "Você sabe o que di Tella quis dizer exatamente com aquilo?"

Terça-feira, 12 de novembro de 2002

Para Menem, a política de proximidade com os Estados Unidos tinha um dividendo adicional: era um método para contrabalançar o Brasil ascendente. Tendo acesso privilegiado ao governo norte-americano, a Casa Rosada teria alguma alavancagem na hora de lidar com o Palácio do Planalto. Pela primeira vez nos anais da diplomacia regional, a Argentina teria status especial nos Estados Unidos, e o Brasil, não.

A FESTA MENEMISTA estava, contudo, fadada a acabar. O fluxo de investimentos externos decorrera da privatização de empresas estatais. Um dia, não haveria mais nada para vender.

Além disso, os investidores estrangeiros apostaram na Argentina em um contexto de fraqueza econômica norte-americana. Uma recuperação dos Estados Unidos voltaria a atraí-los. Foi o que ocorreu no fim de 1994, quando uma elevação dos juros norte-americanos conquistou os investidores de volta, e uma crise no México golpeou ainda mais os chamados mercados emergentes. Em apenas seis meses, o desemprego argentino, que já era alto a 12%, pulou para 18%.

Menem recusou-se a desvalorizar a moeda porque todo o crédito disponibilizado à classe média e às novas empresas privatizadas estava denominado em dólares: a flutuação do peso argentino empurraria o país para o abismo.

Em 1996, quando o dólar americano ficou mais caro, carregando consigo o peso argentino, enforcou-se o importante setor agroexportador argentino. A moeda valorizada atraiu produtos mais baratos vindos do Brasil, inviabilizando indústrias argentinas tradicionais diante da competição brasileira.

Com a economia estagnada, a popularidade de Menem começou a sofrer a cada nova denúncia de corrupção. Para piorar a situação, apareceram notícias de abuso de autoridade e até mesmo de assassinatos políticos. Greves, manifestações populares, interdição de estradas, passeatas e saques a supermercados passaram a ser fenômenos cotidianos em todo o país.

O INÍCIO da crise do menemismo coincidiu com o começo do governo FHC, em 1995. Em sua primeira viagem a Buenos Aires como chanceler,

Lampreia encontrou "uma chuva de ressentimentos e de reclamações". Para produtores argentinos de todas as áreas, a dependência do Brasil passara a ser um problema real.

Tudo isso era agravado pela percepção argentina de que o Brasil tinha um sério pendor unilateral. FHC restringira a importação de autopeças argentinas, impusera seu entendimento de propriedade intelectual e um modelo de relacionamento com a indústria farmacêutica.

O Planalto ainda se recusava a negociar o fim das barreiras não alfandegárias brasileiras, dificultava o financiamento de compras de arroz e milho e estendia benefícios aos produtores de açúcar que atentavam contra as regras do Mercosul.

Contribuindo para engrossar o caldo, os argentinos se frustravam com a falta de ação de FHC contra tucanos graúdos, como José Serra, o influente ministro do Planejamento, que criticava o Mercosul — e a Argentina — abertamente.[3]

Quando a Casa Rosada pediu a criação de um órgão de solução de controvérsias para o Mercosul, o Planalto rejeitou a ideia. "Enquanto o atual sistema de resolver essas questões na conversa estiver dando certo, não se mexe em nada", disse um negociador brasileiro.[4]

Na leitura brasileira, o problema era a Argentina. O estilo de negociação do governo vizinho era malcriado, caprichoso e estridente. O Brasil mostrara-se generoso, aumentando as importações de petróleo, trigo e automóveis e aceitando financiar um déficit comercial com a Argentina. Mal-agradecida, Buenos Aires apresentara quinze processos de antidumping contra produtos brasileiros, dificultando a passagem de caminhões brasileiros destinados ao Chile e exigindo sobretaxas para uma série de produtos.[5]

AMBOS OS PAÍSES sabiam que a assimetria de poder entre si ficaria cada vez maior. A dúvida era como gerir esse processo. Para o Brasil, era natural que as regras do jogo beneficiassem o parceiro mais forte, e foi essa a orientação adotada nas negociações do Mercosul, levando a revista *The Economist* a sugerir, em tom de brincadeira, que talvez fosse hora de rebatizar o grupo com o nome de *Mercosil*.

Terça-feira, 12 de novembro de 2002

Em palestra reservada a jovens diplomatas do Instituto Rio Branco, logo no início do governo FHC, o chanceler Lampreia explicou a perspectiva brasileira da seguinte maneira:

O Brasil passou a ser realmente o centro, o miolo. [...] A Argentina abdicou, clara e completamente, de ser uma potência que disputa com o Brasil nos mesmos termos. [...] Não temos de preconizar que o Brasil assuma, de uma maneira truculenta, uma liderança ostensiva, e passe a distribuir não só guloseimas, mas também chicotadas ou palmadas.

Porém, notou o chanceler: "Se o Brasil provê, afinal de contas, o mercado [...] também tem que ter direito de dar um pouco o ritmo da dança."[6]

O MAIOR GOLPE, para os argentinos, foi a desvalorização do real em seguida à reeleição de FHC. De repente, a moeda brasileira ficou bem mais barata que o peso argentino. Os produtos argentinos ficaram excessivamente caros para o mercado brasileiro, com impacto devastador: o desemprego argentino aumentou e a criminalidade explodiu, contribuindo para o vácuo político que encerrou o ciclo menemista e deu vitória, em 1999, ao candidato de oposição, Fernando de la Rúa.

De la Rúa não tinha um projeto para tirar a economia do atoleiro, nem para apaziguar as manifestações sociais que eclodiam em todo o país. Em vez de oferecer algo novo, ele repetiu a dose de Menem: aumentou impostos, cortou gastos públicos e tomou um empréstimo emergencial do FMI, de US$ 40 bilhões, em condições draconianas.

O Mercosul entrou na UTI. Os setores mais afetados de ambos os países começaram a pressionar os governos por medidas protecionistas que violavam a letra e o espírito do acordo. Pela primeira vez desde a fundação do Mercosul, o volume de comércio entre os parceiros começou a cair.

Entre abril de 1999 e junho de 2000, a briga chegou a seu ponto mais alto, com ameaças públicas de retaliação comercial. O ambiente era tão encrespado que o setor privado começou a promover acordos de cavalheiros, sem a presença de funcionários públicos.

No governo brasileiro, havia sérias dúvidas a respeito da viabilidade futura do Mercosul, que eram amplificadas por Serra. Em julho de 1999, FHC tentou pôr ordem na casa: "O Mercosul será mantido", sentenciou a um grupo de embaixadores. "Ele é útil para resistir às pressões americanas na Alca e às europeias na OMC. É o melhor mecanismo que temos para consolidar nossa liderança", afirmou o presidente. "Teremos de tolerar a Argentina se quisermos obter algo maior."[7]

FHC COMEÇOU a imaginar um projeto regional mais ambicioso que o Mercosul ainda no primeiro mandato. Em 1997, durante jantar com embaixadores do Itamaraty no Palácio da Alvorada, o presidente raciocinou assim: "O enraizamento da democracia e a estabilidade econômica são a base de nossa projeção internacional." Ele continuou: "Dentro do país, hoje temos hegemonia: o povo quer a mesma coisa que o governo quer." Era hora de avançar uma nova visão regional. "O Brasil está organizado para exercer sua ascendência."[8]

FHC queria lançar o conceito de "América do Sul". Até aquele momento, a região à qual o Brasil pertencia era a "América Latina", mas era hora de fazer um ajuste. O presidente conversara sobre o tema com Pedro Malan e Rubens Barbosa, que insistiam em que o conceito de América Latina atrapalhava. Essa região era muito diversa e se encontrava dividida diante da proposta norte-americana da Alca. O mercado financeiro internacional tinha ojeriza à expressão, pois cheirava a calote, hiperinflação e irresponsabilidade fiscal.[9]

"América do Sul" seria a nova âncora regional do país. Ali, o Brasil era responsável por mais da metade do território, população e riqueza. "O Brasil é a pedra de toque da organização desse espaço", disse o presidente.

FHC decidiu assentar esse projeto por meio da oferta de crédito para que grandes empreiteiras brasileiras realizassem obras de infraestrutura capazes de integrar fisicamente o mercado brasileiro ao dos vizinhos sul-americanos. Em pouco tempo, o governo brasileiro ofereceu bilhões de dólares em megaprojetos voltados para expandir corredores de integração,

Terça-feira, 12 de novembro de 2002

aumentar acesso a regiões remotas, produzir energia, melhorar estradas, ferrovias, portos e controle aéreo.

A burocracia rotulou o projeto de Iniciativa de Integração da Infraestrutura Regional Sul-Americana. A sigla era estapafúrdia — IIRSA —, mas a ideia era poderosa: a provisão de crédito como ímã econômico para unir a América do Sul em volta do mercado brasileiro.

O PROJETO SUL-AMERICANO de FHC representava um desafio para o Mercosul. "Estou preocupado", escreveu Rubens Barbosa ao presidente, em meados de setembro de 2000. "Há uma falta de estratégia de médio e longo prazo [em relação ao Mercosul]. Acho uma pena não aprofundar o processo, visto no exterior como uma 'história de sucesso'. Creio que o Brasil tem de liderar de fato (não meio envergonhado). Tomara que o Itamaraty tenha desenhado uma estratégia."[10]

Os argentinos também estavam preocupados. No Mercosul, eles tinham poder de fogo. Em uma América do Sul unificada em torno ao Brasil, nem tanto.

FHC entendia isso, mas sabia que a Argentina teria de acostumar-se a ocupar uma posição cada vez mais secundária na estrutura regional. O Mercosul continuaria vivo porque seu valor econômico e geopolítico era inquestionável. Mas seria apenas uma perna da estratégia regional do Brasil.

A outra seria a América do Sul unificada. Foi isso que ele tinha em mente ao convocar a primeira reunião da história dos chefes de governo sul-americanos em Brasília, em setembro de 2000.

Os Estados Unidos celebraram a atitude. Para eles, era um sinal de que o Brasil estava finalmente disposto a assumir o papel de gestor da ordem regional. Em nenhum momento, o governo americano sentiu-se ameaçado por isso. A possibilidade de essa iniciativa atrapalhar as negociações da Alca eram mínimas.[11]

O encontro de Brasília foi um êxito. Porém, a Argentina marcou sua insatisfação. Embora tivesse aceito a sugestão brasileira de sediar uma segunda reunião sul-americana no futuro, na hora de apresentar sua candidatura, calou-se. Todos entenderam que se tratava de um gesto: os argentinos tentaram suprimir a legitimidade da iniciativa brasileira.

Em março de 2001, a Argentina aumentou unilateralmente as tarifas de importação para uma série de produtos. Buenos Aires afirmou que o Mercosul devia voltar a ser uma área de livre comércio, abandonando a tarifa externa comum. Brasília resistiu durante quatro semanas, mas terminou aceitando exceções adicionais à tarifa externa comum. Em pouco tempo, o Brasil retaliou, restringindo suas importações no setor de automóveis e autopeças. Depois das mais duras negociações na história do Mercosul, houve acordo. Mas a confiança mútua foi perdida.

O clima regional também ficou mais difícil para o Brasil. O projeto da IIRSA foi concebido sem preocupação com os efeitos não intencionais na vizinhança. Brasília não planejou regras comuns de licitação, auditoria de contratos, mecanismos anticorrupção ou licenciamento ambiental — elas eram definidas em Brasília e na sede do BNDES, no Rio de Janeiro.

De Quito a La Paz, de Lima a Caracas, funcionários sul-americanos graúdos começaram a referir-se ao Brasil com adjetivos e caracterizações que, havia pouco tempo, eram aplicados exclusivamente aos Estados Unidos: "imperialista, "hegemônico" e "unilateral".

Diante de uma Argentina cada vez mais resistente a cooperar com o Brasil e de países vizinhos ressabiados com o que enxergavam como um vizinho gigantesco cada vez mais impositivo, a política externa brasileira tinha agora um desafio inédito.

"DOU MINHA vida pela luta", afirmou dramaticamente De la Rúa em julho de 2001, "mas nunca vou desvalorizar a moeda". A situação, contudo, era insustentável. A população chegou a invadir pistas de aeroportos para protestar contra o governo.[12]

Em novembro, os argentinos passaram a sacar depósitos bancários na ordem de US$ 500 milhões ao dia. No início de dezembro, esse número dobrou. Desesperada, a Casa Rosada proibiu a retirada dos depósitos.

Diante da ebulição social que tomou conta de todas as grandes cidades do país, De la Rúa decretou o estado de sítio pela televisão. Antes mesmo que terminasse seu pronunciamento, uma avalanche de pessoas foi à rua com panelas na mão — o *cacerolazo*. No caminho, a população depredou estabelecimentos como o Citibank e o HSBC, a Telefónica e o

Terça-feira, 12 de novembro de 2002

McDonald's. Em 19 de dezembro, o choque entre o povo e a polícia deixou um saldo de 28 mortos, forçando De la Rúa a renunciar.

Nos dez dias seguintes, a Argentina teve quatro presidentes consecutivos, pois nenhum dos indicados conseguia acalmar as ruas. O quinto ficou.

Eduardo Duhalde fora vice-presidente de Menem. Agora, cabia a ele abandonar a lei de convertibilidade, deixar o peso flutuar e declarar o calote da dívida externa argentina.[13]

Em 2001, o número de argentinos vivendo abaixo da linha da pobreza era de 37%. Um ano depois, esse número chegou a 58%. A soma de desempregados e subempregados alcançou 43% da força de trabalho. Tratava-se de um acelerado processo de pauperização daquela que havia sido, no passado, a sociedade mais rica da América Latina.[14]

Para os argentinos, aquelas jornadas foram transformadoras, inaugurando uma era de mobilização popular. Surgiram assembleias de bairro para prover serviços públicos, como escolas e hospitais. Houve ocupações de fábricas e a criação de cooperativas de alimentos. As privatizações e o alinhamento aos Estados Unidos da era Menem eram um passado distante.

Durante a crise argentina, Bush ligou para FHC duas vezes para falar do tema. O presidente americano queria entender o que estava acontecendo e esperava que FHC pudesse cumprir uma função moderadora junto ao vizinho.

Para o Brasil, isso era quase impossível. Como estender a mão à Argentina se a economia brasileira também estava por um triz da quebradeira? Como conciliar uma mensagem de solidariedade ao vizinho ao mesmo tempo que o Planalto precisava distanciar-se dele a todo custo, de modo a impedir o contágio?

O ministro-chefe da Casa Civil, Pedro Parente, vivia o drama em seu dia a dia. "A visão era que a gente deveria ajudar, deveria contribuir, mas não transformar aquilo em um abraço dos afogados." O Brasil esperava que a ajuda viesse dos Estados Unidos.

Na leitura brasileira, chamava a atenção "a dura insensibilidade demonstrada pelas autoridades de Washington diante da grave deterioração do quadro político e econômico na Argentina".[15]

Bush explicou a FHC suas reservas. Referindo-se a Duhalde, afirmou: "Esse pessoal não é confiável."

Roger Noriega, um dos principais responsáveis pelo portfólio latino-americano do governo dos Estados Unidos, relembra a situação. "Nós ficamos preocupados com a *venezuelanização* da Argentina, com o retorno da velha política dos caudilhos. Precisávamos dar ao governo argentino algum espaço de manobra. O presidente Bush estava aberto à ideia de ajudar nisso, mas não estava disposto a investir nenhum dinheiro lá."

Na leitura norte-americana, o caso brasileiro era diferente do argentino. No Brasil, os fundamentos da economia eram mais sólidos. Depois da Carta ao Povo Brasileiro e da ascensão meteórica de Palocci na constelação de Lula, os americanos também avaliaram que a transição entre PSDB e PT seria mais tranquila e marcada por continuidade do que o previsto. Diferentemente do que ocorria com Duhalde, Lula, sim, era confiável perante observadores americanos.

Esse era o clima quando o petista foi eleito em outubro de 2002. A notícia eletrizou a opinião pública argentina, que elevou o status do petista ao de ídolo. Afinal, o ex-metalúrgico representava uma mensagem de mudança política e social que nenhum político argentino conseguia imitar.

No debate público argentino, criou-se a impressão de que valeria a pena apostar em mais aproximação com o Brasil, pois isso seria o oposto da malfadada tentativa menemista de estabelecer relações preferenciais com os Estados Unidos.[16]

Em Brasília, porém, o problema continuava sem solução: quem tiraria a Argentina da lama? O calote argentino ameaçava diretamente o início do governo petista.

Assim, enquanto o ministro Lavagna voava para Washington, o problema argentino irmanava Palocci e Malan, Lula e FHC. Eles queriam que a Casa Branca pressionasse o FMI a sentar-se à mesa com o ministro argentino — e assinar, sem demandas irrealizáveis, um cheque tão polpudo que fosse capaz de apaziguar as expectativas econômicas a respeito da Argentina e, por tabela, do Brasil.

Terça-feira, 12 de novembro de 2002

Ciente de que Bush não estava disposto a fazer muito a esse respeito, Lula tinha de decidir se, ao encontrar o colega americano pela primeira vez, valeria a pena mencionar o assunto ou aplicar algum tipo de pressão.

O que estava claro era que Lula seguiria de perto a máxima que FHC explicara dez dias antes da vitória petista nas urnas: "Mercosul é destino."

Dia 17

Quarta-feira
13 de novembro

O avião da Presidência da República pousou na base militar de Brize Norton, nas redondezas de Londres. Ao desembarcar, Fernando Henrique encontrou uma pista deserta, sem autoridades locais esperando-o ao pé da aeronave. Ele chegava para buscar seu título de doutor honoris causa na Universidade de Oxford.

Quem aguardava o presidente era seu embaixador perante a corte britânica, Celso Amorim.[1]

No trajeto de meia hora até a universidade, conversaram sobre o futuro governo. A composição do novo ministério tinha agitado Amorim naqueles dias.

Tudo começara quatro dias antes da eleição, quando o *Financial Times* soltara uma matéria a respeito do medo que Lula inspirava na direita norte-americana. O jornal repetia a velha notícia de que, para alguns comentaristas, o presidente eleito poderia unir-se a Hugo Chávez e Fidel Castro em uma versão latino-americana do "Eixo do Mal".

Como representante do Brasil no Reino Unido, Amorim sentiu-se na obrigação de responder. Ciente de que um golpe bem dado seria a melhor forma de apresentar-se à equipe que acabara de ser eleita, ele carregou nas tintas. Sua carta ao editor do jornal foi publicada na edição do dia seguinte — três dias antes da vitória de Lula nas urnas.

O fato de que comentários ridículos sejam publicados por um jornal prestigioso como o *Financial Times* dá crédito a um conjunto de opiniões

Quarta-feira, 13 de novembro

desinformadas e preconceituosas, que podem ser descritas como um "eixo da estupidez".[2]

Poucos dias depois do fechamento das urnas, o nome de Amorim começou a circular no mercado de apostas como potencial ministeriável do governo Lula.

Quando as primeiras notas apareceram na imprensa, a mulher de Amorim insistiu: "Você não pode ficar aí parado, feito um príncipe." Um amigo disse a ele: "Não fique encastelado na torre de marfim, ligue para o pessoal do Lula."

O embaixador hesitou. Em Brasília, uma das formas mais eficazes para queimar a possibilidade de alguém ser alçado ao ministério é divulgar seu nome como cotado na imprensa.

Mesmo assim, Amorim telefonara para Marco Aurélio Garcia, assessor internacional do PT, em seguida ao anúncio da vitória. Queria dar ao petista os parabéns e sondar o clima. A conversa fora cordial, e Marco Aurélio se despedira dele enterrando qualquer possibilidade de diálogo sobre o ministério: "Celso", confidenciou o professor, "você é meu candidato para a embaixada em Washington".

Agora, no carro com FHC, Amorim tinha uma dúvida simples: deveria ficar quieto ou mostrar interesse explícito no cargo de chanceler?

A conversa com o presidente deve ter ajudado a resolver o dilema do embaixador, pois, chegando a Oxford, Amorim telefonou para José Dirceu pedindo uma audiência com o presidente eleito. A sorte estava lançada.

FERNANDO HENRIQUE ENTROU pelos umbrais da Examination Schools precedido pela procissão de autoridades universitárias vestidas de toga. Enquanto mais de quinhentos estudantes se acomodavam em seus assentos, Chelsea Clinton, filha do ex-presidente norte-americano e estudante da universidade, aproximou-se para lhe dar um beijo.

Chegando ao púlpito, o presidente iniciou a leitura do discurso. Ele estava visivelmente cansado. Passaram-se poucos minutos de leitura até ele dar um suspiro resignado, colocar os papéis de lado e partir para o improviso.

"A gente sabe que a democracia está consolidada quando o povo elege um homem que não é do establishment", disse. Repetiu duas vezes que Lula fizera uma "oposição muito agressiva" a seu governo, mas o chamou de democrata.

Quando um aluno lhe perguntou qual acreditava ser o maior legado de oito anos de tucanato, o presidente respondeu com uma piada.

> Olha, os dois maiores presidentes da história brasileira foram Getúlio Vargas e Juscelino Kubitschek: o primeiro saiu do poder suicidando-se; o segundo mal podia andar pelas ruas, tamanha a hostilidade do povo. Eu não quero me matar e pretendo continuar vivendo no Brasil.

O presidente criticou abertamente o governo Bush. "O unilateralismo não é bom para a humanidade", afirmou enquanto arrancava aplausos dos estudantes. "É importante que os Estados Unidos reconheçam isso."

Enquanto Fernando Henrique discursava, do outro lado do globo o Partido Comunista chinês empossava Hu Jintao como chefe de governo. Toda a imprensa repetia o mote de que a China seria uma competidora formidável dos Estados Unidos, sacudindo o equilíbrio de poder daquele momento unipolar.

Para o presidente-sociólogo, porém, a consequência mais profunda da ascensão capitalista da China não era somente o choque geopolítico potencial entre Washington e Pequim. O legado da transformação chinesa era muito mais profundo, enterrando a crença de que o futuro pertencia a um modelo único de democracia liberal com economia de mercado — aquilo que o autor Francis Fukuyama chamara de "o fim da história".

Como o próprio FHC notara ainda em seu primeiro mandato: "Não tem nenhum 'fim da história'. Mas há uma nova história. É cedo, talvez, para vê-la com nitidez. Mas há, ou vai haver em breve, uma nova história."[3]

O que o presidente não sabia era que, naquele momento, na Casa Branca, o governo Bush estava prestes a dizer publicamente que o Brasil de Lula fazia parte do elenco especial desse novo enredo.

Quarta-feira, 13 de novembro

OS ATAQUES DE 11 de setembro de 2001 transformaram a apreciação do governo Bush a respeito dos chamados países emergentes. Não se tratava de uma reflexão profunda por parte da administração republicana, mas de pragmatismo puro: os governos de Rússia, China e Índia também enfrentavam inimigos internos aos quais rotulavam de terroristas. Em seguida aos ataques, esses três países viraram parceiros potenciais.[4]

O interesse da Casa Branca em estabelecer laços mais profundos com Moscou, Pequim e Nova Déli cresceu com vigor durante 2002. Ao longo do ano, essas capitais emitiram sinais de que, mesmo sem gostar da ideia de um ataque norte-americano ao Iraque, tolerariam a guerra em nome do bom relacionamento com o patrono da guerra ao terror.

O apoio vindo desses países impactou profundamente o grupo de pessoas que estavam no comando em Washington. Afinal, tratavam-se de nações relativamente distantes que, na hora da crise, mostravam-se compreensíveis. Diferente era o caso do aliado mais tradicional, que, na ótica de Bush, abandonara o barco: a Europa.

Juntos, Estados Unidos e Europa mantinham a principal aliança militar do planeta — a Otan. Suas trocas comerciais e de investimento representavam o centro nevrálgico do capitalismo global. Sua cultura compartilhada era o principal alicerce da civilização ocidental.

Em fevereiro de 2002, contudo, o então chanceler francês, Hubert Vedrine, chamou de "simplista [a redução] de todos os problemas do mundo à luta contra o terror". Seu colega alemão, Joschka Fischer, reclamou de ser tratado como "satélite". O comissário de relações externas da União Europeia, o britânico Chris Patten, alertou para os riscos de os Estados Unidos avançarem para um *overdrive* unilateral. Cada uma dessas declarações deixou Bush exasperado.[5]

Donald Rumsfeld, secretário de Defesa norte-americano, revidou, chamando França e Alemanha de "velha Europa", em oposição a países como Polônia e Hungria, recém-incorporados ao mundo capitalista e interessados em manter excelentes relações com os Estados Unidos.

Referindo-se ao futuro das relações internacionais, Rumsfeld repetiu uma frase que já estava virando chavão: "O centro de gravidade do planeta está migrando para o Oriente."

Os velhos aliados não se calaram. O ministro das Finanças francês chamou os comentários de "profundamente irritantes". Um jornal alemão qualificou o conteúdo da frase de "bobo". Em Bruxelas, o Parlamento Europeu aprovou uma resolução condenando qualquer ataque preventivo contra o Iraque.

Enquanto isso, em Washington, a conversa passou a ser pautada pela ideia de que era necessário calibrar a diplomacia norte-americana em função de uma nova realidade internacional. Os Estados Unidos precisavam inventar novas formas de lidar com os países emergentes, promovendo e facilitando sua ascensão, sempre e quando houvesse interesses convergentes.

O PRIMEIRO PAÍS escolhido foi a Índia, uma democracia multiétnica que atravessava uma fase de rápida ascensão social. O país compartilhava fronteiras com China, Afeganistão e Paquistão, países estratégicos para os Estados Unidos. E, depois de anos de protecionismo, a coalizão governista indiana abrira a economia, deslanchando um rápido processo de modernização.[6]

Detentora de armas nucleares, estava fadada a ser peso pesado da política internacional. "A Índia ainda não é uma grande potência", escrevera Condoleezza Rice durante a campanha de Bush pela presidência, "mas tem o potencial de emergir como tal".[7]

Para os Estados Unidos, montar uma parceria estratégica com os indianos seria uma tarefa árdua. A relação bilateral nunca fora boa, embora tivesse melhorado na década de 1990, quando os indianos abandonaram o modelo de industrialização por substituição de importações, fazendo reformas estruturais e arrumando as finanças públicas. Ninguém representava isso melhor que Manmohan Singh, o ministro da Fazenda reformista que fora eleito chefe de governo.

Historicamente, a Índia fora mais simpática à União Soviética do que aos Estados Unidos. Estes, por sua vez, eram aliados do maior inimigo indiano — o Paquistão. Os ataques de 11 de setembro criaram o contexto para que esses fatores fossem colocados de lado.

Agora, o governo americano queria elevar o status da relação e, para fazê-lo, estava disposto a um grande gesto. Depois de uma bateria de estudos, a Casa Branca fez o impensável: revertendo uma política antiga, reconheceu a legitimidade do programa nuclear indiano e ofereceu um acordo de cooperação na matéria, prometendo também excelentes oportunidades de negócios futuros.

Bush queria apoiar a ascensão indiana. Tanto ele como os indianos sabiam que uma sinalização emitida pela Casa Branca aceleraria o ritmo pelo qual a Índia galgaria posições no sistema internacional. Com celeridade, o governo americano estendeu um tapete vermelho para os governantes indianos, dando-lhe tratamento exclusivo e caprichando nos rituais diplomáticos.[8]

O NOVO STATUS da Índia no cálculo norte-americano de política externa afetou o Brasil em cheio, pois deu à Casa Branca uma moldura conceitual para lidar com Lula.

Condoleezza Rice, a responsável por dar substância à decisão de Bush de receber o petista antes da posse, começou a argumentar que havia numerosas semelhanças entre Índia e Brasil. Este podia não ter a mesma relevância geopolítica e, sem armas nucleares, ser mais fraco militarmente do que aquela. Mas o Brasil era cada vez mais relevante em temas como comércio, finanças e mudança do clima. Compartilhando fronteiras com dez vizinhos sul-americanos, era a potência regional candidata a pôr ordem naquele espaço. Sua sociedade era jovem, vibrante e, assim como a indiana, de rápida ascensão social.

Essa atitude era muito distinta daquela que vingara até então no Departamento de Estado, onde o secretário Colin Powell pensava no Brasil, essencialmente, "pelo que pode representar como símbolo para o hemisfério do que se pode alcançar com a democracia".[9]

As semelhanças entre Brasil e Índia não terminavam por aí. A diplomacia norte-americana tinha dificuldades também com a brasileira. Embora houvesse menos atritos do que era o caso entre Estados Unidos e Índia e, apesar da melhoria dos anos FHC, o relacionamento estava longe de ser produtivo.

A pergunta que Condoleezza Rice se fazia agora era simples. *Se o Brasil continuar no mesmo caminho, sua mudança de patamar no sistema inter-*

nacional é inevitável, mas o PT representará um passo adiante ou significará um retrocesso?

Ela convenceu-se de que valia a pena apostar em Lula. Era nessa direção que apontavam todos os sinais: a Carta ao Povo Brasileiro, o tom do próprio Lula durante a campanha, os telegramas de Hrinak, as mensagens de Antônio Palocci e Pedro Malan, a visita de José Dirceu aos Estados Unidos, a recomendação dada por Pedro Parente à Casa Branca no sentido de receber Lula com os braços abertos, o trabalho diplomático de Rubens Barbosa na capital americana e, nos bastidores, o apoio de um homem que, apesar das diferenças com Bush, era visto pelo presidente norte-americano como o estadista mais experiente da América Latina: Fernando Henrique Cardoso.

À época, o Conselho de Inteligência Nacional dos Estados Unidos organizou uma bateria de eventos reservados com acadêmicos, diplomatas e arapongas para entender melhor o significado da eleição de Lula. Um dos responsáveis pelo exercício lembra da pressão que recebia da Casa Branca para produzir material de primeiro nível.

"Nós precisávamos desenvolver uma atitude decente em relação ao Brasil. Sabe por quê? Porque se você ferra o Brasil, isso importa. É a mesma coisa com a Índia. Importa. Não é uma coisa trivial. E como você faz para não ferrar a relação? Você precisa criar canais de diálogo, memorandos de entendimento, marcos formais de cooperação. [...] Para nós, em Washington, o mais importante era impedir que os radicais de direita confundissem Lula com Chávez. O trabalho mais urgente era impedir que alguém tachasse Lula de *populista*. *Populista* é a palavra que usamos quando queremos chamar um líder estrangeiro de algo muito ruim, mas não podemos usar *comunista* nem *fascista*. A rigor, *populista* não significa nada. Mas, quando nós utilizamos a palavra, significa que nosso sistema político não respeita o líder em questão a ponto de termos uma política disciplinada para lidar com ele. Ou seja, significa que não vamos nos dar ao trabalho de ouvir, avaliar e considerar com cuidado o que vamos fazer a respeito dele. Que não vamos fazer nosso dever de casa e estudar. Que não daremos a ele o benefício da dúvida. Quando Lula entrou em contato querendo conversar com Bush, a Casa Branca decidiu parar e pensar antes de agir."

Bush não tinha tempo nem inclinação para prestar atenção a essas minúcias, confiando o tema a Rice. No papel, a função dela era a de coordenar os ministérios e agências do governo capazes de afetar as relações exteriores dos Estados Unidos. Na prática, ela era a conselheira pessoal do presidente. Condi, como ele a chamava, era uma das poucas pessoas que tinham licença para contradizê-lo. "É a natureza do trabalho dela", dizia ele.[10]

Rice lembra que Bush não hesitou em aprovar a política de aproximação em relação ao Brasil. "Tudo o que o presidente queria saber era se Lula tinha sido eleito em eleições limpas e se ele trabalharia para consolidar o Brasil como uma economia de mercado", diria ela anos mais tarde.

"O Brasil é importante demais para ser ignorado", repetia Rice à época. "E uma coisa adicional que contava a favor do Brasil", lembra, "era o fato de o governo lá sempre ter sido honesto conosco a respeito do Iraque". FHC sempre deixara claro que o Brasil não se envolveria nem apoiaria uma guerra que não fosse sancionada pela ONU. O candidato Lula, idem. Isso tinha alto valor para a Casa Branca — outros países latino-americanos importantes haviam prometido apoio concreto, mas começaram a reverter sua posição quando perceberam o impacto negativo que isso teria junto às respectivas populações.

Assim, Rice defendeu a ideia de que o Brasil era o tipo de país que pertencia à categoria de nações merecedoras de tratamento especial.

Ela tinha consciência de que montar uma parceria seria tão difícil quanto fazê-lo com a Índia. O Brasil insistiria em manter sua "autonomia estratégica", levando a atritos recorrentes. Para fazer esse plano decolar, ela teria de investir tempo e esforço em uma iniciativa diplomática paciente.

Antes de 2002, Rice não sabia quase nada sobre o Brasil. No período imediato à eleição de Lula, porém, ela virou uma defensora da política de aproximação. *O Brasil é uma potência em ascensão*, dizia, *cuja trajetória deve ser fomentada e celebrada.*

Agora, com Lula eleito, a equipe de Rice precisava dar forma diplomática a essa prioridade. Ela encomendou uma bateria de estudos ao diretor de planejamento diplomático do Departamento de Estado, Richard

Haas. Ele iniciou o trabalho com sua equipe usando como base o *US-India Strategic Framework Agreement*.

"Para nós", lembra Haas, "o Brasil parecia muito a Índia: temos uma relação com eles que é muito ideológica, áspera e limitada, mas estamos em um período histórico de transição e precisamos de uma relação mais madura". Ele conta: "O Brasil não tinha recebido, de Washington, a prioridade que merecia. Nosso prisma para lidar com o Brasil era muito limitado. Havia muitas suspeitas e desconfianças. Mas, com a eleição de Lula, tínhamos uma janela de oportunidade histórica para colocar a relação em outro pé."

A Casa Branca deu-se ao luxo de investir capital político em uma nova atitude para o Brasil porque ninguém temia que o país fosse um competidor ou uma ameaça. Pelo contrário, o entendimento na capital norte-americana era o de ser urgente fazer algo para reverter o tratamento de segunda classe, a marginalização e a subordinação com que o Brasil havia sido tratado no passado.

Ao consertar aquele equívoco, acreditava-se, os governantes brasileiros teriam espaço político para trabalhar com os Estados Unidos de forma mais estreita e mutuamente proveitosa.

Munido dos papéis estratégicos elaborados para o caso indiano, Haas foi procurar as duas pessoas em quem confiava para discutir o tema.

"As CONVERSAS que tive com Celso Lafer são das melhores que tive com qualquer ministro do Exterior no planeta", lembra Haas com admiração. O governo tucano já se encontrava nos estertores. Em menos de dois meses, o ministro estaria fora do governo, cedendo seu lugar para o grupo que até então estivera na oposição. Mesmo assim, Haas achou por bem conversar com o chanceler brasileiro.

Lafer deu a Haas uma ideia dos limites e das possibilidades de qualquer tentativa norte-americana de transformar o Brasil em um parceiro estratégico.

Para operacionalizar seus objetivos, contudo, o americano voltou-se para quem argumentava, havia tempos, pela criação de um marco formalizado de cooperação: Rubens Barbosa, o embaixador de FHC na capital norte-americana.

As ideias de Barbosa sobre como energizar o relacionamento vieram em boa hora. "Eu precisava de especialistas comprometidos a modernizar a relação", lembra Haas, "e em Rubens Barbosa achei um parceiro. Ele adorava a ideia da institucionalização e correu com ela para torná-la realidade. Era necessário convencer as burocracias a comprarem a ideia. Era necessário criar o hábito da cooperação". Haas completa: "Era fácil empreender algo novo com o Brasil porque não tínhamos, em Washington, resistências tão poderosas quanto havia em relação à Rússia ou à China."

A ironia era que o projeto de engajamento com o futuro governo Lula estava sendo costurado pelo governo norte-americano em consulta a expoentes tucanos. Ninguém nos altos escalões da diplomacia americana jamais mantivera diálogo regular com quadros do PT. Fora a visita de José Dirceu durante a campanha, nunca o PT considerara importante manter um canal de comunicação sistemático com as pessoas que faziam a política externa americana. O desconhecimento era mútuo.

Quem informou o PT das conversas sobre um possível acordo-quadro para institucionalizar a relação foi Rubens Barbosa. Em conversas com Palocci e Dirceu, o embaixador apresentou as vantagens de uma iniciativa desse tipo. Os dois homens-fortes de Lula se convenceram.

Em São Paulo, Lula passou a manhã conversando com governadores eleitos. Ele vivia na pele o processo que Elio Gaspari descrevia em sua coluna daquele mesmo dia: "Há algo de irracional na transformação de um presidente num astro pop", afirmava o texto. "A portaria do seu edifício em São Bernardo do Campo virou uma tenda dos milagres. [...] Para Lula, como aconteceu com todos os seus antecessores e acontecerá com todos os seus sucessores, são os melhores dias de sua vida. Tudo o que um presidente empossado gostaria de ser é a metade do que um presidente eleito pensa que é."[11]

O fato de não estar formalmente no comando do país, contudo, não o salvava de decisões amargas. Uma delas era o nome que viria a ocupar a embaixada em Washington.

Havia poucos dias, chegara a Lula a notícia de que alguém disposto a fazê-lo era José Maurício Bustani, um diplomata de carreira. Em 1997, Bustani se licenciara do Itamaraty para concorrer ao cargo de diretor da Organização para a Proibição de Armas Químicas (Opaq). Sua eleição havia sido contundente, sendo repetida três anos depois, quando foi reeleito por unanimidade. Em sua gestão, o organismo destruiu 2 milhões de armas químicas e dois terços das instalações desse tipo de armamento no mundo.[12]

Em 2001, contudo, Bustani convidou o Iraque a se tornar membro pleno da Opaq. O brasileiro argumentava que, dentro da organização, o regime de Saddam Hussein teria mais incentivos para cooperar em matéria de armas químicas. Mais do que isso, se Saddam assinasse a convenção de armas químicas e aderisse à organização, inspetores da Opaq poderiam visitar o país, iniciando o processo para a eliminação dos arsenais existentes. Na prática, era uma forma de desarmar Saddam por meios não violentos.

O governo norte-americano discordava dessa análise. Para Washington, Saddam não era confiável. Caso entrasse para a Opaq, seu regime utilizaria as regras da ONU como escudo defensivo, obstaculizando a capacidade da comunidade internacional de desarmá-lo efetivamente.

Bustani criou outros problemas adicionais para os Estados Unidos. Ele queria que o país se submetesse às mesmas inspeções que os outros membros da organização. E se negou — em sintonia com as regras do organismo — a dar aos norte-americanos informações confidenciais obtidas por inspetores da Opaq no Irã.

Washington interpretou esses gestos como afronta. Bustani transformara-se em um obstáculo à guerra que se aproximava.[13]

Durante uma visita oficial de Lafer aos Estados Unidos no fim de 2001, Colin Powell pediu ao chanceler uns minutos de conversa em particular.

"Tem gente aqui no governo que não quer ver mais Bustani", disse o secretário de Estado. "Meu papel é informá-lo disso, ministro."[14]

Em fevereiro de 2002, o caldo engrossou. Começaram a circular boatos segundo os quais ele teria sido conivente com corrupção e incompetência na gestão financeira do organismo. Um diplomata americano disse a dois assessores de Bustani que o embaixador deveria renunciar em até um mês, caso quisesse evitar "danos à sua reputação".

Em março, os Estados Unidos apresentaram uma moção de não confiança em Bustani perante o Conselho Executivo da Opaq, sem êxito.

Sentindo a pressão, o diplomata tentou baixar a temperatura propondo aos Estados Unidos que indicassem um nome para ser seu vice na organização, mas a diplomacia americana nem respondeu. Ele se colocara entre a máquina de guerra e o país que estava prestes a ser atacado.[15]

Em abril de 2002, contudo, a delegação norte-americana partiu para o ataque contra o brasileiro, pedindo uma sessão especial da conferência das partes do organismo para tratar do tema novamente. Com sete votos contra, 48 a favor e 43 abstenções, a moção foi aprovada de raspão, e o diretor geral perdeu seu cargo.

O caso ocupou jornais e televisões no mundo inteiro em meio à corrida eleitoral brasileira. Em seu diário, Rubens Barbosa notou que se tratava do pior momento da relação entre Brasil e Estados Unidos; Colin Powell entendia que o governo FHC fizera pouco para demover Bustani de suas intenções.

Por sua vez, Bustani saiu em defesa própria. Em julho, iniciou procedimentos perante o tribunal da Organização Internacional do Trabalho por término ilegal de contrato. Era a primeira vez na história que o tribunal avaliava a decisão de um organismo internacional de demitir seu chefe. O embaixador conseguiu limpar seu nome e até recebeu uma compensação pela demissão.[16]

No processo, além de denunciar as pressões americanas, Bustani também deixou correr a notícia de que Brasília não estava defendendo sua idoneidade com firmeza suficiente. No Itamaraty, a corporação diplomática solidarizou-se com o colega que virara alvo preferencial da diplomacia norte-americana. Lafer, depois de defenestrar Samuel Pinheiro Guimarães, agora fraquejava na hora de defender um diplomata do jogo sujo de uma grande potência.

Sem que FHC ou Lula o quisessem, Bustani virou tema da corrida presidencial quando setores do PT denunciaram a política externa tucana como subserviente aos Estados Unidos.

Agora, a hipótese de Bustani chefiar a embaixada brasileira em Washington era apresentada pelos proponentes como uma demonstração de força perante os Estados Unidos.

Lula descartou a ideia. Seria contraproducente, disse. Ele queria começar seu governo em paz com a Casa Branca.

Além disso, antes de definir o nome para chefiar a embaixada, ele precisava bater o martelo sobre quem seria seu chanceler.

O nome do diplomata de carreira e velho conhecido de Lula José Viegas já saíra do páreo, pois ocuparia a Defesa. Ronaldo Sardenberg era uma opção plausível, e contava com o apoio de José Sarney. Ainda havia Rubens Barbosa. Esses eram os nomes que Lula tinha em mente até que FHC mencionou Celso Amorim no jantar do Alvorada. Agora, José Dirceu vinha dizer-lhe que Amorim ligara pedindo uma audiência.

EM WASHINGTON, George W. Bush recebeu Kofi Annan, o secretário-geral da ONU. Enquanto eles conversavam no Salão Oval, um assessor presidencial desceu até a sala de imprensa e, na hora de ler os comunicados do dia, fez o anúncio que a equipe de transição petista aguardava.

"O presidente Bush receberá o presidente eleito do Brasil no próximo dia 10 de dezembro." Segundo o texto oficial: "Será uma oportunidade para os dois líderes reverem o objetivo dessa importante relação e discutirem seu caminho nos próximos anos."

Lula pediu que o anúncio à imprensa brasileira fosse feito por seu porta-voz. Assim que André Singer deu a notícia aos jornalistas, porém, apressou-se a esclarecer que o presidente eleito chegaria a Washington somente depois de passar, antes, por Buenos Aires e Santiago do Chile. Na volta dos Estados Unidos, ele ainda faria uma visita ao México.

Tão fundamental quanto a qualidade do encontro na Casa Branca era mostrar ao público brasileiro que Lula não estava disposto a seguir os americanos a reboque.

Por isso, quando um jornalista indagou quais as expectativas para o encontro com Bush, Singer prometeu jogo duro: "Os dois países querem a mesma coisa — Lula quer defender os interesses do Brasil com o mesmo rigor que os Estados Unidos defendem os seus."[17]

Dia 18

Terça-feira
10 de dezembro

O relógio deu 7h quando Lula começou a reler a lista de temas para a audiência de 30 minutos que teria com Bush em poucas horas. Estava cansado depois da viagem do dia anterior. Descalço e de roupão, no último andar da residência oficial do embaixador Rubens Barbosa em Washington, memorizava os pontos da agenda.

Era difícil se concentrar porque deixara muita coisa para resolver no Brasil. Momentos antes de embarcar para os Estados Unidos, recebera um telefonema de José Sarney, pedindo um gesto de apoio público a seu nome para presidir o Senado. Lula desconversara. Algo assim irritaria a cúpula do PMDB, que defendia Renan Calheiros para o cargo. Para piorar as coisas, Leonel Brizola recusara a oferta para ocupar o Ministério das Comunicações porque queria o de Minas e Energia. E o MST rejeitara o nome de José Graziano para o Ministério do Desenvolvimento Agrário.

A única notícia boa antes do embarque fora o acerto para a entrada do PTB na aliança governista. O homem da sigla, Roberto Jefferson, era inimigo visceral do PT desde o governo Collor. Ao cumprimentá-lo com uma batida amigável no peito, o petista José Genoíno disse ao novo aliado com ironia: "Fala, meu companheiro."

AGORA, NO INÍCIO do dia, o treinamento para a conversa com Bush lembrava as sessões preparatórias para os debates televisados durante a campanha. Lula respondia a perguntas fictícias que Bush poderia lhe fazer durante a conversa. A cada resposta dada, os colaboradores tomavam nota, fazendo ajustes para deixá-las mais precisas e equilibradas, o que ajudaria a passar uma imagem de estadista.

O presidente eleito desejava se apresentar como um democrata persistente: mencionaria o fato de ter tentado eleger-se quatro vezes consecutivas como sinal de suas convicções democráticas. Ao introduzir o tema de sua luta contra a fome, falaria também de seu compromisso com a estabilidade econômica.

Lula manifestaria a Bush seu interesse em manter contato regular por telefone com o colega americano.

"Estamos prontos a assumir mais responsabilidades", era uma das frases preparadas. "Queremos tratamento diferenciado", era outra. Lula falaria em estabelecer uma prática de contatos mais constante e institucional entre os respectivos chanceleres, os ministros das finanças e até mesmo os setores de inteligência.

Caso Bush tocasse no tema do Iraque, Lula manifestaria disposição para tratar do assunto, sempre e quando fosse pela via multilateral. "O Brasil apoia a resolução do Conselho de Segurança", lia-se nos papéis preparatórios.

Caso perguntado, Lula prometeria não isolar Cuba como o fazia o governo americano, mas diria que a ilha precisava retornar "à normalidade democrática". O presidente eleito prometeria "contribuir mais ativamente para a resolução do conflito colombiano". Não faria promessas sobre o acordo de Alcântara, mas diria estar comprometido com uma postura não ideológica em relação à Alca.[1]

Lula estava animado com o encontro. Desde seu anúncio oficial, quase um mês antes, as expectativas do mercado vinham melhorando. A inadimplência caía, a Bovespa subia, o real se fortalecia e o boato de calote iminente começava a desaparecer das manchetes dos jornais.

No entanto, ele também estava tenso. Enquanto memorizava as falas não parava de balançar um pé.

"O presidente Bush tende a conduzir a conversa de modo solto, sem agenda predeterminada, e procura deixar à vontade seu convidado", alertara o Itamaraty.

Sem roteiro fixo do lado americano, tudo poderia acontecer. Existia até mesmo a possibilidade de Bush mencionar Hugo Chávez, forçando

Terça-feira, 10 de dezembro

Lula a tomar uma posição. Caso o republicano fizesse a pergunta, ele responderia que era necessário fortalecer o papel do secretário-geral da OEA em sua mediação entre o chavismo e a oposição.[2]

A CASA BRANCA SABIA da preocupação de Lula com os rumos da conversa presidencial. Dias antes do encontro, mandara um enviado especial ao Brasil para preparar o terreno: Otto Reich.

Visitando Lula em São Paulo, Reich dissera que, durante o encontro do Salão Oval, Bush usaria a expressão "excelente" para caracterizar a relação bilateral. Falaria em melhorar o contato "ainda mais" durante um governo petista.

"Nós não temos medo do PT", garantiu Reich ao presidente eleito. "Vocês têm enviado as mensagens corretas. O PT é um modelo para a esquerda latino-americana." E concluiu: "O presidente Bush quer ultrapassar qualquer preconceito que possa haver existido, focalizar em coisas que nos aproximam."

"Acho que dois políticos como Bush e eu vamos nos entender quando nos encontrarmos cara a cara", respondeu Lula. "Nós queremos consolidar a democracia", explicou, "e acabar com a percepção de que os governantes brasileiros são um bando de ladrões irresponsáveis e de que o Brasil é outra Colômbia".[3]

"Eu quero fazer pelos brasileiros o mesmo que vocês fazem pelos americanos — lutar por seus interesses", disse Lula, referindo-se à Alca. "Acho que a diplomacia brasileira não tem sido suficientemente dura. Nós, às vezes, fazemos acordos ruins."

Reich entendeu bem a mensagem: a postura negociadora do Brasil estava prestes a tornar-se mais assertiva, mas Lula não queria que isso travasse todo o relacionamento bilateral.

A mensagem da equipe de transição do PT era assim: "Os americanos sempre jogam duro e agora eles terão um governo brasileiro que vai jogar tão duro quanto eles."[4]

Reich também queria preparar o terreno para os temas mais difíceis: os laços com outros movimentos de esquerda na região, com as Farc e com Cuba. Para não gerar um constrangimento a Lula, essa parte da conversa foi conduzida pelo enviado americano em uma reunião com Aloizio Mercadante e José Dirceu.

"Nós somos democráticos, Washington precisa nos ouvir", disse Mercadante. Assegurou que o Foro de São Paulo nada tinha de revolucionário, mas, ao contrário, buscava "dar o exemplo democrático a outros esquerdistas da América Latina".

Lula empregava Mercadante para isso porque sabia do impacto que ele tinha. Tendo obtido dez milhões de votos em sua eleição para o Senado, era uma das principais lideranças petistas no país. Ao longo dos anos, ele amealhara uma imagem de crítico contumaz dos Estados Unidos.

Embora ele não fosse bom para falar com o mercado — tarefa que melhor cabia a Palocci —, o senador servia para mostrar aos americanos que um governo do PT honraria sua promessa de jogar duro nas negociações comerciais. Lula sabia que, em seus telegramas, Donna Hrinak descrevia Mercadante como o colaborador de Lula menos afeito por uma aproximação a Washington. Era o contraponto a José Dirceu.

Na conversa com Reich, José Dirceu interviera para reassegurar o interlocutor do Departamento de Estado: "Se as Farc cruzarem a nossa fronteira, serão tratadas como inimigos. Quem opera fora do jogo democrático não nos interessa."

"E qual será a política de vocês em relação a Cuba?", indagou Reich.

"Neste quesito", respondeu Dirceu, "teremos de concordar em discordar".

Reich ignorava o fato de que, naqueles dias, a tropa de Lula estava fazendo o possível para apaziguar os ânimos das facções de esquerda do PT.

"Não vamos fazer confrontação ideológica com os Estados Unidos porque a correlação de forças não permite", indicou Dirceu a um grupo de militantes. A prioridade era pôr a casa em ordem para não atrapalhar o início do governo.[5]

"O teste de Lula será manter os doutrinários do PT em seu lugar", ecoava Donna Hrinak em seus telegramas. "Ele dá evidências de estar determinado a fazê-lo, e sua vitória arrasadora nas urnas deve tornar isso politicamente possível. Prescrições insistentes vindas do estrangeiro apenas farão sua delicada tarefa mais difícil."

Ela sugeria a Washington uma postura de "leniência construtiva". Essa política, afirmou ela, foi "crucial para que o Brasil sobrevivesse à semi-histeria do mercado a partir de abril de 2002". Por isso, "devemos manter-nos firmes em nosso apoio paciente".[6]

Na prática, Hrinak estava pedindo à Casa Branca que nenhum funcionário americano graúdo tentasse aproveitar a passagem de Lula por Washington para lhe dar uma lição que o constrangeria diante da opinião pública brasileira, fechando a porta ao diálogo bilateral e empurrando o novo presidente brasileiro para longe dos Estados Unidos.

Reich concordava com essa abordagem. Mas, durante sua visita ao Brasil, percebeu que havia algo na agenda petista que poderia funcionar como um ímã para atrair as simpatias do presidente Bush.

"Eu quero que cada brasileiro faça três refeições por dia", repetia Lula cada vez que mencionava o Fome Zero, seu primeiro programa oficial.

Para Reich, o Fome Zero de Lula encaixava-se perfeitamente na agenda de "conservadorismo compassivo" de Bush. A erradicação da fome era uma causa nobre da qual ninguém no Partido Republicano poderia discordar. Afinal, o projeto apresentado pelo futuro presidente brasileiro não prometia uma revolução, mas uma política de auxílio aos mais pobres, sem ruptura com as regras do jogo estabelecidas.[7]

Ao voltar para Washington, Reich começou a trabalhar junto à Casa Branca, que se convenceu de imediato das vantagens de usar o Fome Zero como elo de ligação entre os presidentes. A isso seria acoplado o acordo-quadro para institucionalizar a relação, nos moldes daquilo conversado entre Rubens Barbosa e Richard Haas.

"A menção ao acordo-quadro será genérica, com o objetivo de desencadear conversações entre as duas chancelarias", vislumbrou o Itamaraty. Era por demais arriscado colocar um tema complexo na agenda de dois presidentes que ainda não se conheciam. Mas vontade política para avançar havia dos dois lados.[8]

LULA ATRAVESSOU a porta do Salão Oval às 9h50 da manhã. O horário fora escolhido para dar tempo à imprensa brasileira de editar os textos e as imagens para os telejornais do fim do dia.[9]

Acompanhavam-no Antônio Palocci (coordenador da transição), Marta Suplicy (prefeita de São Paulo), Rubens Barbosa (embaixador nos Estados Unidos), Aloizio Mercadante (senador recém-eleito), André Singer (porta-voz do presidente eleito) e Sérgio Ferreira (intérprete). Com exceção do embaixador, eram todos petistas de longa data. Próximos ao presidente eleito, eles haviam sido convidados para compor a comitiva não apenas por suas funções oficiais no PT, mas também para lhe dar apoio emocional.

Bush os cumprimentou junto a Colin Powell (secretário de Estado), Condoleezza Rice (conselheira de segurança nacional), John Taylor (subsecretário do Tesouro), Peter Allgeier (negociador comercial), Donna Hrinak (embaixadora no Brasil), John Maisto (assessor presidencial) e Ari Fleischer (porta-voz da Casa Branca).

"Senhor presidente", disse Bush para quebrar o gelo, "nesta cidade há quem diga que uma pessoa como o senhor não pode fazer negócios com uma pessoa como eu. Hoje estamos reunidos aqui para mostrar-lhes que estão equivocadas".

Prevista para durar meia hora, a conversa estendeu-se por 45 minutos. O motivo não foi o fato de Lula ser prolixo, mas a química inesperada entre os novos colegas.

"Presidente, eu tive de superar muitos preconceitos", disse o brasileiro, em termos simples e diretos que ganharam a simpatia do presidente americano de imediato.

"Eu sou o campeão dos preconceitos!", interrompeu Bush com um sorriso.

A conversa avançou animada. Quando o americano começou a falar no Iraque, Lula lançou mão de uma das frases preparadas na véspera.

"Eu entendo, presidente Bush. Mas minha guerra é outra. É a guerra contra a fome. Eu quero que cada brasileiro faça três refeições por dia."

Era a deixa para Bush prestar apoio público ao Fome Zero, o que fez com convicção.

Houve momentos de dureza.

"A gente gostaria de continuar contando com o apoio de seu governo no sentido de tranquilizar as instituições financeiras", pediu Lula.

"Isso dependerá da política econômica que vocês vão adotar", respondeu Bush.

Quando o tema foi a Alca, o clima também foi seco.

"Estou pronto para negociar com a mesma firmeza de vocês", declarou o brasileiro.

"Espero que com realismo também", apressou-se a dizer o americano.

"Os Estados Unidos precisam dar uma chance ao Brasil", afirmou Lula em tom sério e com os olhos marejados. "O futuro de meu país é brilhante. Nós só queremos construir nosso destino."

Bush adorou o estilo emotivo. Ele próprio o utilizava em seu relacionamento com outros líderes internacionais.

"Eu gosto desse cara", disse o presidente americano a um assessor assim que a reunião acabou. "Realmente gosto desse cara. Não tem enganação: ele é aquilo que aparenta."

"Foi uma reunião impactante", lembra Lula. "Bush — diferente do que algumas pessoas imaginavam — reagiu bem. Ele não fez aquilo que certamente uma parte da diplomacia pensava que ia fazer: ficar chateado porque o Brasil não atendia seus apelos. Eu queria passar para o Bush a mensagem de que nós queríamos ter uma relação estratégica com os Estados Unidos, mas era importante que eles começassem a nos enxergar com outro olhar. [...] Ou seja, nós não somos mais a América Latina dos anos 1960, em que era guerrilha e revolução para tudo quanto é lado... Nós não somos anti-imperialistas, apenas queremos respeito."

Ao fim do encontro, combinaram realizar uma reunião de cúpula nos meses vindouros.

A CONVERSA DO Salão Oval não abordou nenhum assunto prático. Os presidentes limitaram-se a divulgar a mensagem de que a direita americana podia fazer negócios com um líder da esquerda latino-americana.

Apesar das desconfianças mútuas entre seus partidos, naqueles minutos de conversa Lula e Bush criaram um clima de boa vontade que não se via no relacionamento Brasil-Estados Unidos desde a primeira conversa pessoal entre FHC e Clinton, oito anos antes.

Eles puderam fazê-lo porque o nordestino retirante e o herdeiro da principal dinastia política dos Estados Unidos depois dos Kennedy tinham muito em comum.

Ainda na juventude, eles haviam aprendido a organizar a militância, a negociar o apoio de desafetos e a mobilizar potenciais eleitores — Lula no ABC, Bush nas campanhas do pai. O ambiente de campanha os energizava. Ambos eram viscerais e emotivos, sendo forçados a aprender, depois de muitos erros, a ser menos briguentos. Podiam ferir a gramática de suas respectivas línguas, mas, na hora do debate, entendiam o que a audiência queria ouvir mais do que seus opositores. Os dois eram impacientes e apressados — dormiam pouco porque trabalhavam sem cessar. Eles podiam até ouvir a opinião de especialistas, mas agiam por instinto.

Um e outro acreditavam que política se faz olho no olho, e que a personalidade dos chefes de Estado faz toda a diferença nas relações internacionais.

Além disso, eles estavam começando seus mandatos. Caso fossem reeleitos, estavam fadados a conviver um com o outro durante quase todo o seu período no poder.

Ao deixar a Casa Branca, Lula dedicou-se à imprensa. Era um de seus momentos mais esperados das últimas semanas: poder dizer ao público brasileiro que iniciava o mandato com a aceitação plena dos Estados Unidos.

"Tive uma excelente impressão", disse o presidente eleito em coletiva. "Volto ao Brasil convencido de que terei no presidente Bush um importante aliado nessa nova e decisiva etapa que se inaugura para a nação brasileira." Encerrada a entrevista, Lula entrou no carro oficial que o levaria para seu almoço.[10]

O NATIONAL PRESS CLUB de Washington é o clube social privado no qual circula a nata do jornalismo norte-americano. Lá chegando, Lula leu um discurso sobre seu compromisso com a "responsabilidade fiscal, a luta contra a inflação e o respeito pelas obrigações e acordos contratuais".[11]

Aproveitando a simbologia da ocasião, o presidente eleito fez o anúncio que todos esperavam: Antônio Palocci seria ministro da Fazenda. Henrique Meirelles, um deputado tucano que presidira o BankBoston, presidente do Banco Central. Wall Street celebrou em tempo real. Um assessor levou a notícia a FHC, que almoçava com José Serra em Nova York.

Em seguida, Lula seguiu para a AFL-CIO, central sindical norte-americana. A decisão de fazer uma visita de cortesia fora tomada com cuidado. Tratava-se de mostrar apoio ao movimento sindical norte-americano e também estender a mão ao Partido Democrata. Além disso, Lula queria que os sindicatos dos Estados Unidos permitissem a seus ricos fundos de pensão investir no Brasil.

Ao chegar ao saguão do prédio da central, que dá de frente para a Casa Branca, Lula era esperado por uma multidão. Uma gigantesca bandeira do Brasil adornava o espaço, e a trilha sonora era o jingle de campanha — "Lula lá, brilha uma estrela".

"Vocês conseguiram o que nós não conseguimos", disse o presidente da central, John Sweeney, ao dar as boas-vindas ao presidente eleito. "Colocaram um trabalhador na presidência." Uma das pessoas presentes lembra nunca ter visto tantos sindicalistas chorarem de alegria no mesmo dia.

A visita fora organizada por Stanley Gacek, advogado trabalhista que conhecera Lula ainda na década de 1980 e mantivera laços próximos com o Brasil.

"Esse cara estava informadíssimo", lembra Rubens Barbosa. "Ele tinha ligações no Brasil, conhecia todo mundo. E ele arrumou um programa enorme para o Lula na AFL-CIO: quando o presidente eleito chegou lá, foi uma epopeia, uma coisa muito emocionante."

LULA ESTAVA exultante. A jornada produzira uma vitória inquestionável na imagem do governo que estava prestes a começar. Antes de anoitecer, voltou para a residência de Rubens Barbosa para descansar e preparar-se para o jantar que o embaixador oferecia em sua homenagem. Constavam da lista personalidades como o banqueiro William Rhodes, do Citigroup, o ex-embaixador Thomas Pickering, então da Boeing, Lally Weimouth, dona do *Washington Post*, e o fotógrafo Sebastião Salgado. No dia seguinte, Lula acordaria cedo para viajar para o México, onde encontraria o colega Vicente Fox antes de retornar ao Brasil.

Os convidados já tinham começado a chegar à embaixada quando Lula telefonou para Hugo Chávez. "Você precisa achar uma saída política para a crise", disse o presidente eleito. "A gente vai te ajudar."

O que Lula não sabia era que, ao deixar o Salão Oval pela manhã, Bush reunira seus assessores para avaliar a conversa com o seu colega brasileiro.

Todos concordaram que fora um êxito. Bush estava contente e animado com a ideia de montar uma parceria estratégica com o Brasil nos moldes daquela que estava sendo construída com a Índia.

Porém, o presidente americano tinha duas dúvidas. Pediu esclarecimentos à equipe.

"Vocês prestaram atenção quando ele me agradeceu pelo meu comportamento durante a campanha eleitoral brasileira? Não entendi o que foi aquilo."

De fato, Lula dissera assim:

"Presidente, eu queria agradecer ao senhor pelo seu comportamento exemplar durante nossa campanha e dizer o quanto isso significou para nós."

Bush não o interrompeu para esclarecer o ponto nem manifestou surpresa publicamente, mas Condoleezza Rice trocou um olhar de indagação com John Maisto, seu assessor para a América Latina.

Coube a Maisto explicar o porquê da frase de Lula.

"Presidente", disse Maisto com um sorriso, "existe no Brasil uma percepção de que o governo dos Estados Unidos jamais permitiria alguém como Lula chegar à presidência. Lula estava agradecendo o fato de o senhor, um republicano, não ter dado declarações negativas a respeito da esquerda brasileira, nem declarações positivas a respeito do outro candidato".

Bush entendeu a explicação, mas ficou perplexo.

"É inconcebível para mim que um político eleito com mais de cinquenta milhões de votos sinta a necessidade de agradecer a neutralidade do presidente dos Estados Unidos na disputa eleitoral. Como ele acha que eu poderia influir na eleição de outro país?!"

"Só se ele estava se esquecendo do papel dos embaixadores dele na América Latina, que davam palpite na Bolívia, Venezuela, Nicarágua, em todo lugar!", diria Lula anos depois, ao saber do episódio.

A segunda dúvida de Bush era mais prosaica.

Terça-feira, 10 de dezembro

"E aquela estrela vermelha? Você viu aquilo na lapela dele?", perguntou o presidente a Maisto.

"É o emblema do partido", respondeu o assessor.

"Eu sei que é o emblema do partido!", exclamou Bush. "Mas agora ele é o presidente do Brasil, não do partido!"

Bush não era a única pessoa surpresa com o uso constante que Lula fazia do símbolo do partido mesmo depois de eleito. Trinta dias antes, a colunista Eliane Cantanhêde escrevera: "O PT não pode ser estatizado, e chegou a hora de Lula tirar a estrelinha vermelha da lapela."[12]

"Não se preocupe", disse Maisto ao chefe. "O senhor verá que ele deixará a estrela de lado depois da posse."

Bush não sabia disso à época, mas, ao indagar a respeito do agradecimento e da estrela do PT, ele estava apontando para um problema em potencial.

Lula vivia em um ambiente relativamente hostil aos Estados Unidos. Ao tentar construir uma parceria estratégica, teria de lidar com uma opinião pública acostumada a pensar nos Estados Unidos como potência intervencionista. Teria de gerir também as reações negativas dentro de seu próprio partido. O espaço de manobra interno que Lula teria para calibrar um novo relacionamento com a Casa Branca seria estreito.

"Presidente, o Brasil vai demandar trabalho diplomático cuidadoso e persistente", disse Condoleezza Rice.

Ela estava correta. Por isso, muito dependeria dos assessores escolhidos por Lula para o comando da parceria. Lula não dera nenhuma indicação, então era necessário aguardar. Hrinak apostava em José Dirceu. No Salão Oval, ninguém mencionou os dois nomes do presidente eleito para tocar a política externa. Por coincidência, naquele mesmo instante, eles almoçavam juntos no Brasil: Marco Aurélio Garcia e Celso Amorim.

LULA SAÍRA DE seu primeiro encontro com Celso Amorim, vinte dias antes, com a impressão de que o embaixador tinha uma mente ágil e curiosa. Achou que o diplomata vibrava na mesma frequência dele. Só que não se convencera. Eles não se conheciam, e o boato era que Amorim seria o predileto de José Serra para chefiar o Itamaraty em caso de vitória tucana.

Ao mencionar sua hesitação a Cristovam Buarque, futuro ministro da Educação, Lula ouviu: "Que é isso, Lula? Não tem mais dúvida. Teu chanceler é o Amorim!"

O presidente eleito marcou um segundo encontro.

"Quando você é presidente, não tem nada pior do que puxa-saco", diz hoje Lula, ao lembrar do porquê de ter convidado Amorim para ser seu chanceler. "A liturgia diplomática foi feita para que as coisas continuem sempre do mesmo jeito, independentemente de quem esteja no poder."

"E Amorim não foi isso." Enquanto o embaixador falava, Lula pensou: "Esse é o cara que eu quero: um diplomata com cabeça política."

"Celso tinha uma visão de nacionalismo como a minha. A mesma visão de mundo, de independência, da necessidade de projetar o Brasil."

Além disso, Amorim tivera atuações de primeiro nível em Genebra e Nova York. Seu nome era bem-visto por todos, inclusive por Fernando Henrique.

Para os críticos do embaixador, seu estilo negociador era de *brinkmanship* (na expressão em inglês): a arte de esticar a corda o máximo possível, deixando os opositores na dúvida sobre se o gesto é mera tática ou disposição genuína de ir para o tudo ou nada. Lula achou que isso poderia ser bom diante das duras negociações comerciais que estavam por vir. Um deles vinha de tradição diplomática; outro, de origem sindical. Mas os estilos, além de compatíveis, reforçavam um ao outro.

Amorim aceitou o convite na hora.

No entanto, o anúncio oficial demorou a sair. Como ele não tinha amigos no círculo mais íntimo do presidente eleito, nem um canal de comunicação próprio, chegou a pensar que Lula poderia mudar de ideia.

Quando o anúncio finalmente se deu, o embaixador respirou aliviado. Ele poderia, enfim, começar a preparar as bases da mudança.

A eleição de Lula trouxera uma onda de esperança e otimismo ao país, e Amorim entendeu tratar-se de um momento histórico: pela primeira vez em muito tempo, seria possível reorientar a diplomacia brasileira, dando-lhe ousadia.

No instante em que aceitou o convite, Amorim pediu a Lula autorização para nomear como secretário-geral do Itamaraty o embaixador Sa-

Terça-feira, 10 de dezembro

muel Pinheiro Guimarães, a principal voz pública anti-Alca. O presidente eleito consentiu.

Dos muitos méritos que tinham Amorim e Pinheiro Guimarães em 2002, o principal deles talvez fosse a convicção de que era necessário chacoalhar o Itamaraty. Eles queriam trazer sangue novo para os postos-chave, trocando a geração que estava no comando.

Para eles, o sistema internacional era mais flexível do que entendia o tucanato, e a chegada de Lula ao poder era uma oportunidade para alargar a política externa do Brasil, fazendo-a ascender.

Amorim estava determinado a se dedicar a isso. Aguçando todos os seus instintos políticos, começou a preparar as bases para tomar o Itamaraty de assalto, reorientando-o à medida que construísse um espaço próprio junto a Lula.

Ele tinha energia e conhecimento íntimo de Brasília. Sabia que precisava emplacar uma vitória logo no início da gestão para valorizar-se perante o presidente da República.

Nisso, o novo chanceler contava com uma vantagem adicional. Sua carreira não era uma invenção de Lula. Como profissional, ele tinha luz própria e experiência construída nas trincheiras. Embora tivesse de tratar Lula com mais formalidade do que outros colaboradores do petista, esse distanciamento poderia dar-lhe graus de autonomia que os outros não possuíam.

Amorim tinha algum espaço para destoar. Ou pelo menos era isso que pensava em dezembro de 2002.

Faltando um mês para a posse, ele decidiu atacar de frente um consenso que começara a ganhar vida no Brasil: a criação de uma agência exclusiva para lidar com as negociações comerciais que retiraria o portfólio do Ministério das Relações Exteriores. A ideia de tal agência aparecera tanto no programa de governo de José Serra como na Carta ao Povo Brasileiro, de Lula. Poucos meses após a posse, a proposta foi engavetada.

"Poucas vezes eu vi alguém com a capacidade de trabalho do Celso", diria Lula anos depois.

O embaixador começou a construir sua relação com Marco Aurélio Garcia assim que foi convidado por Lula para o ministério. O velho assessor internacional do PT teria uma sala adjacente à do Presidente da República no terceiro andar do Palácio do Planalto.

Amorim não se limitou a isso. Embora não tivesse sido convidado a fazer parte do grupo que viajaria com Lula aos Estados Unidos, o embaixador teve oportunidade de ajudar a editar o esboço do discurso que o presidente faria no National Press Club.

O texto original tinha insumos de Rubens Barbosa, José Dirceu e Antônio Palocci. Basicamente, repetia a Carta ao Povo Brasileiro.

Amorim achou o material excessivamente parecido com os discursos da gestão tucana. Ciente de que precisava ganhar a confiança do novo chefe antes de ser posto de escanteio por outros assessores, ele insistiu com a equipe de transição do PT: a relação com os Estados Unidos era importante demais no longo prazo para que o novo governo, afoito por causar boa impressão na Casa Branca, errasse o tom.

"Esse texto está muito tímido, muito burocrático, muito continuísta", disse Amorim ao grupo encarregado pela redação. "Eu entendo a importância de mandar um sinal para o mercado. Mas, se não foi para mudar, o presidente foi eleito para quê?"

O texto final foi ao gosto de Palocci e Dirceu. Amorim ainda precisaria de meses de trabalho árduo para ganhar o ouvido do presidente e obter apoio presidencial para o experimento diplomático que estava por vir.

Epílogo

"Não espero que estejamos de acordo em tudo", disse Bush ao abrir uma nova conversa com Lula, seis meses depois. "Temos muita coisa em comum, e quero trabalhar com o senhor de todas as formas possíveis."

Era junho de 2003, e o americano recebia seu colega brasileiro para tentar deslanchar uma parceria estratégica.

"Não deve haver tabu entre nós", assentiu Lula.[1]

Falando a sós com seus colaboradores mais próximos, eles tocaram no tema mais delicado: a situação política da Venezuela.

Ainda nas primeiras semanas de governo, Lula propusera a criação de um grupo de "países amigos da Venezuela" para reduzir a violência entre o chavismo e a oposição, e insistira na participação dos Estados Unidos. Quando o Brasil apresentou a proposta, Fidel Castro protestou.

Lula chamou o colega cubano para uma conversa ao pé do ouvido.

"Fidel, o grupo é de amigos da Venezuela, não de amigos do Chávez", disse Lula. "Eu tenho que ter na mesa gente da confiança dos adversários do governo! A gente precisa do Bush para isso."

Fidel convenceu-se, e o grupo foi criado. Além dos Estados Unidos, participou o governo conservador de José María Aznar, da Espanha.

Lula e Bush estavam de acordo em que a situação venezuelana parecia melhorar. Uma vez mais, o americano pediu ao colega brasileiro que usasse sua influência e o poder do Brasil para moderar o comportamento cada vez mais extremista de Chávez.

Lula aproveitou a conversa para mencionar a reforma do Conselho de Segurança da ONU. Antes que pudesse avançar, Bush interrompeu-o. Disse ser cético. E adotando um tom jocoso, arrematou: "A ONU é um shopping center de boas ideias."

"Por que ele insiste tanto na reforma da ONU?", perguntou Bush a seus assessores horas mais tarde. "O tema nem sequer está na agenda, ele não deveria perder tempo com isso. O Brasil tem interesses muito mais importantes para defender."

AO LONGO dos meses seguintes, os dois presidentes mantiveram contato regular por telefone. A ponte entre eles era feita por Condoleezza Rice e o ministro-chefe da Casa Civil, José Dirceu. Mantendo o diálogo sob o controle direto dos respectivos palácios presidenciais, sem passar pelo Departamento de Estado ou pelo Itamaraty, o republicano e o petista garantiam uma conversa franca e sem formalidade artificial. Ambos achavam que isso era uma precondição para um diálogo — o oposto da mera interposição de dois monólogos.

Isso era novo na relação Brasil-Estados Unidos, com exceção do tom adotado entre FHC e Clinton. Os americanos gozavam dessa informalidade com os aliados europeus, e os brasileiros, com seus vizinhos sul-americanos. Mas raramente o faziam com outros países.

Em temas substantivos, porém, Planalto e Casa Branca concordavam pouco. Rice pedia a Dirceu que o Brasil pressionasse Chávez e o regime cubano. O ministro-chefe da Casa Civil confidenciava a ela que Lula tinha pouca paciência com Chávez, negando-se, às vezes, a atender-lhe os telefonemas. Reconhecia a falta de liberdade em Cuba e confessava a cautela do Planalto em relação ao recém-iniciado governo Kirchner: "Eles não têm um plano para tirar o país da bancarrota." Mas José Dirceu dizia que pressionar os vizinhos estava fora de cogitação — na ótica do governo brasileiro, seria contraproducente.[2]

"Vocês precisam mandar uma mensagem clara a Chávez", insistia Rice.

"Sim", respondia Dirceu, "o presidente Lula já disse a ele para tomar cuidado com a retórica porque está brincando com uma arma carregada".

Mas o ministro se apressava em esclarecer que, na opinião do Planalto, Chávez não apoiava as Farc e, portanto, não representava um risco para os Estados Unidos. Antes que Rice levantasse o tema por iniciativa própria, o ministro esclarecia que o Brasil também acompanhava de perto a trajetória de Evo Morales: "A Bolívia está sob controle."

Quando Rice pediu que o tema da democracia fosse incluído na pauta da Cúpula América do Sul-Países Árabes, que Lula estava prestes a inaugurar, o ministro esquivou-se.[3]

No Planalto, o entendimento era o de que Bush deveria dar espaço às lideranças latino-americanas de esquerda. Quanto mais ele pressionasse, mais elas responderiam com retórica antiamericana.

Quando Condoleezza Rice publicou artigo denunciando os abusos de Chávez, Lula decidiu telefonar diretamente para Bush com uma reclamação. Celso Amorim explicou ao presidente os riscos de fazer algo assim.

"Presidente, em diplomacia um chefe de Estado não liga para outro fazendo uma reclamação dessa natureza, que gera um constrangimento enorme", explicou o chanceler.

"Celso, eu vou ligar mesmo assim."

"Se vocês querem tranquilidade na Venezuela", disse Lula a Bush por telefone, "eu estou disposto a ajudar. Agora, a cada vez que a Condoleezza bate no Chávez, ele tem um bom pretexto para fazer uma passeata contra vocês!".

Os artigos de Rice cessaram.

Desde o início, o espírito de parceria de dezembro de 2002 conviveu com diferenças profundas entre os dois países. Bush invadiu o Iraque, e Lula começou a criticar a intervenção anglo-americana. Pouco tempo depois, o mandatário brasileiro fez visitas oficiais à Líbia de Muammar Gadaffi e à Síria de Bashar al-Assad — gestos que Washington recebeu com perplexidade e desgosto.

Apesar do compromisso dos dois presidentes, as duas diplomacias começaram a empurrar os respectivos países em direção ao distanciamento.

No Itamaraty, Celso Amorim transformou-se em voz alternativa à de Dirceu e Palocci na questão da Alca, operando para acabar com os prazos de negociação adotados pelo tucanato. Samuel Pinheiro Guimarães, seu secretário-geral, transformou-se, na interpretação da imprensa, em porta-voz das virtudes da distância como opção preferencial para lidar com os Estados Unidos.

Algo análogo ocorria do lado norte-americano. Enquanto a Casa Branca apostava na política de aproximação, o Departamento de Estado mantinha sua postura tradicional.

"De todos os países do BRIC, com quem menos temos em comum é o Brasil", afirmou o secretário de Estado, Colin Powell, em reunião com os embaixadores norte-americanos apenas um ano após o encontro de dezembro de 2002.

"O que devemos fazer em relação a isso?", perguntou um diplomata presente. Em tom resignado, Powell respondeu:

"Vai ser difícil fazer qualquer coisa. O Brasil é imprevisível."

Mesmo assim, Lula e Bush mantiveram o canal de comunicação desimpedido, trocando impressões e sensibilizando o outro lado sobre seus respectivos pontos de vista. Para o brasileiro, esse esquema tinha um caráter preventivo: servia para evitar que eventuais fricções bilaterais fugissem ao controle dos dois presidentes.

Em abril de 2005, um documento do Departamento de Estado afirmava: "A autoconfiança do Brasil mudou o tom de sua relação com os EUA, às vezes de um modo do qual gostamos, às vezes, não."[4]

Rice, porém, estava convencida da necessidade de manter o bom entendimento de qualquer maneira. Em visita a Brasília, não poupou elogios: o Brasil está "emergindo como uma potência global [e tem capacidade para] indicar o caminho para toda a América Latina", disse publicamente.

A revista *The Economist* explicou a atitude da Casa Branca assim: quando Washington olha para a América do Sul, enxerga o Brasil como "baluarte contra a instabilidade".[5]

Ninguém em Washington tinha a ilusão de que Lula fosse aceitar a proposta original da Alca. Mas havia esperança de que ele fizesse o que prometera: negociasse até arrancar um acordo minimamente satisfatório para os *lobbies* de cada país.

Dirceu chegou a sugerir a Lula um encontro com Bush para que, juntos, selassem o acerto em caráter pessoal. Dirceu achava que somente uma decisão dessa natureza, entre os dois presidentes, poderia disciplinar a Esplanada dos Ministérios. Mas o ministro perdeu, e a Alca sumiu da agenda.[6]

Em 2004, foi o tema da reforma da ONU que voltou à pauta. Dessa feita, Celso Amorim montou uma coalizão de candidatos a assentos permanentes: Alemanha, Brasil, Índia e Japão. De repente, parecia existir uma chance real de êxito, daí a decisão brasileira de liderar uma missão autorizada pela ONU no Haiti, com incentivo americano.

No entanto, sem Alca, sem reforma da ONU e sem acordo entre Washington e Brasília sobre Chávez, havia pouca substância para sustentar o espírito de parceria. Não bastava cooperar em temas como HIV/Aids e ajuda para o desenvolvimento da África.

Em 2007, Bush e Lula tentaram dar um impulso adicional, encontrando-se duas vezes. Juntos, assinaram um memorando de entendimento para transformar o etanol em commodity global. Era uma excelente área de cooperação, pois se tratava de tema no qual um precisava do outro e os ganhos eram mútuos.

O objetivo era fomentar a produção de etanol em terceiros países, aumentando a oferta global. No longo prazo, isso geraria um mercado possante que convenceria as indústrias mundo afora a substituírem gasolina por etanol. Porém, a iniciativa nunca saiu do papel devido a empecilhos burocráticos, a saída de Bush do poder e ao descobrimento da camada pré-sal no Brasil.

"Muita gente estranha quando eu digo isso", diz Lula, "mas eu tive uma relação muito boa com Bush. Nós estivemos perto de construir uma parceria estratégica".

"Bush sabia que quanto mais força o Brasil tivesse, mais ele teria um interlocutor com quem conversar, e o problema na política é você ter interlocução."

Entretanto, o diálogo entre Planalto e Casa Branca enfrentou dificuldades crescentes. O enfraquecimento de Dirceu — e sua posterior saída do Palácio do Planalto em junho de 2005, devido ao escândalo do mensalão — tornou tudo mais difícil. A situação piorou nove meses depois, quando Antônio Palocci caiu devido a outro escândalo.

Sem um operador forte em Brasília, comprometido com a manutenção do acesso de Lula à Casa Branca como alavanca para projetar a política externa brasileira mundo afora, o relacionamento entre os dois países perdeu vigor. Bush e Lula abandonaram a expectativa de que pudessem ajudar um ao outro politicamente.

Tomando a dianteira da relação, o Departamento de Estado e o Itamaraty fizeram aquilo que sabiam: diante dos riscos inerentes que enxergavam um no outro, mantiveram distância cautelar.

Para os diplomatas profissionais norte-americanos, a melhor postura em relação ao Brasil era de indiferença benigna. Para os brasileiros, terminou valendo a máxima do segundo mandato de FHC: "Não é bom estar no radar dos Estados Unidos."

O DECLÍNIO DO espírito de parceria não foi produto exclusivo dos personagens envolvidos e das burocracias. Havia um poderoso fator em operação: a fragilidade brasileira de 2002, que empurrara Lula na direção de Bush, começou a desaparecer.

A partir de 2005, o Brasil assistiu ao maior aumento de sua autoconfiança em uma geração. A economia deslanchou, alavancada pelo crescimento mundial, que, entre 2002 e 2006, passou de 2,8% para 5,1%. O valor das exportações brasileiras dobrou, e a liquidez internacional permitiu ao Banco Central quintuplicar suas reservas, ao passo que a dívida externa caiu de 42% para 16% do PIB.

Lula disponibilizou crédito a milhões de pessoas que antes estavam fora do sistema bancário, transformando o clima econômico do país. Os salários aumentaram, o desemprego caiu e milhões de brasileiros ingressaram no mercado de consumo. Nesse processo, a dependência brasileira dos Estados Unidos declinou: de 2002 a 2008, o papel do mercado americano na pauta de exportações brasileiras encolheu de 24,3% para 14,6%.[7]

Em dezembro de 2005, Lula quitou a dívida brasileira com o FMI. Ao fazê-lo, deu-se ao luxo de apresentar o ato não como evidência de seu pacto com capital financeiro ou da dependência brasileira de um sistema globalizado sobre o qual tinha pouca influência, mas como se fosse o oposto: um gesto de independência e soberania. Amorim, que rotulara sua diplomacia de "altiva e ativa", passou a repetir o refrão com convicção adicional.

Além disso, a política externa de Lula beneficiou-se dos erros que Bush cometeu no Iraque. A ocupação transformou o país do Oriente Médio em foco de instabilidade, maculando a Casa Branca republicana e cristalizando a imagem dos Estados Unidos como sede de uma potência imperial, disposta a mentir, enganar e torturar. Esse estado de coisas criou uma demanda global por alternativas políticas, e Lula preencheu parte desse espaço, espalhando mensagens nas tribunas internacionais de que "outro mundo é possível".

Em 2008, a crise financeira global contribuiu para afastar ainda mais o Brasil dos Estados Unidos. O governo em Brasília descartou o G8 como anacrônico e Lula debitou a culpa da crise nos excessos cometidos pelos países industrializados.

A eleição de Barack Obama, em 2008, não melhorou o quadro, senão agravou-o. Uma crise em Honduras, em 2009, e a tentativa turco-brasileira de negociar um acordo nuclear com o Irã, em 2010, encarregaram-se do resto. Ambas as crises deram força às vozes da capital americana que manifestavam irritação e impaciência com o Brasil, onde fortaleceram a desconfiança em relação aos Estados Unidos. Em meio a recriminações mútuas, o clima entre os dois países ficou péssimo. Washington não vira tanta hostilidade em relação ao Brasil desde a década de 1980.

"Houve um retrocesso na relação Brasil-Estados Unidos", diria Lula anos depois. "É uma coisa que eu lamento profundamente. É triste, mas é verdade: os americanos não conseguem compreender a importância do Brasil."

Ele poderia ter acrescentado, com razão, que os brasileiros tampouco conseguem compreender a importância dos Estados Unidos no processo de ascensão brasileira no sistema internacional.

Com a eleição de Dilma Rousseff ao Planalto, em 2010, observadores dos dois lados vislumbraram uma restauração. A expectativa, porém, foi em vão: nas ocasiões em que estiveram juntos, Dilma e Obama discordaram da maior parte dos pontos da agenda. Não houve acordos na área comercial, financeira ou de cooperação regional. Em duas cúpulas presidenciais — uma em Washington, outra em Brasília —, os governantes não conseguiram chegar a nenhum acordo significativo, apesar de Itamaraty e Departamento de Estado terem instituído um mecanismo formal sob o rótulo de Diálogo de Parceria Global.

Em 2010, a decisão norte-americana de apoiar a demanda da Índia — mas não a brasileira — por uma cadeira permanente em um Conselho de Segurança da ONU reformado contribuiu para a deterioração. A abstenção brasileira na votação que autorizou uma intervenção militar na Líbia, em 2011, idem.

A redução do ritmo de crescimento da economia brasileira e a progressiva recuperação da economia norte-americana também dificultaram o relacionamento, pois o retorno do G8 como foro financeiro global reduziu a importância do Brasil aos olhos norte-americanos. Na opinião de influentes vozes de Washington, a relativa ascensão brasileira durante o governo Lula chegara ao fim.

Em 2013, porém, Obama convidou Dilma para uma visita de Estado na qual não haveria grandes anúncios, mas um sinal no sentido de restaurar a confiança mútua. Na Casa Branca, os responsáveis pela visita sabiam que, de todos os grandes países emergentes, o Brasil era aquele com o qual a diplomacia americana tem menos interação, e queriam reverter a situação na medida do possível.

A visita de Dilma, contudo, foi a pique após o vazamento de informações sensíveis a respeito do alcance da espionagem norte-americana no Brasil, incluindo a diretoria da Petrobras e as comunicações da própria Presidência da República. Em seguida à suspensão da viagem, Washington e Brasília retomaram o velho roteiro de recriminações mútuas. Os canais de diálogo, que já eram limitados, ficaram obstruídos de vez.

DA RESTAURAÇÃO do voto direto, em 1989, aos dias de hoje, todos os governos brasileiros tiveram decepção com os Estados Unidos. Sem exceção, Fernando Collor, Itamar Franco, Fernando Henrique Cardoso, Lula e Dilma Rousseff começaram com mais interlocução na Casa Branca do que tinham no fim dos respectivos mandatos.

Epílogo

Identificar as causas dessa dinâmica bilateral é um exercício com consequências práticas.

Caso as motivações não sejam bem compreendidas, quando a próxima crise eclodir — um fato inevitável das relações internacionais —, o ciclo se repetirá mais uma vez. Quem arca com o custo da repetição é a sociedade brasileira.

Bem entendidas, as causas do distanciamento mútuo entre o Brasil e os Estados Unidos talvez percam um pouco de sua força, abrindo espaço para outras maneiras de fazer as coisas.

Com mais opções diplomáticas no cardápio, os cidadãos brasileiros poderão então decidir livremente que tipo de relacionamento querem ter com a maior potência do planeta. Caso escolham por manter a distância, terão optado com base na reflexão, não na inércia burocrática, nos conceitos herdados do passado ou na incapacidade de imaginar alternativas. Caso escolham por explorar modelos de parceria, quiçá possam construir um modelo melhor antenado às necessidades e aspirações do brasileiro comum.

A história deste livro

Fiquei sabendo da vitória de Lula pelo rádio. Era segunda-feira, 28 de outubro de 2002, e eu estava em meu primeiro mês como estudante de doutorado no Reino Unido.

"De que maneira as relações internacionais afetarão esta transição presidencial?", rabisquei em um caderno novo em folha. "Qual o efeito desta transição sobre a política externa?"

No refeitório da universidade, um amigo sugeriu que eu faltasse às aulas daquele dia para acompanhar de perto as primeiras medidas do novo governo. Originário de um país de regime parlamentar, ele pensava que Lula assumiria o comando de imediato. Quando expliquei que a troca de presidente aconteceria dois meses depois, ele parou por um instante.

"Isso é terrível", disse. "O presidente em exercício já perdeu a força política que o cargo demanda, mas continua no comando mesmo sem ter poder; e o presidente eleito encontra-se no auge de sua influência, mas não consegue usá-la para fazer as coisas que prometeu ao eleitor."

Imaginei o desconforto de Lula e FHC, amarrados um ao outro, até o dia da posse.

A ideia por trás deste livro nasceu naquele dia, mas somente reuni as condições para escrevê-lo mais de dez anos depois.

DURANTE A DÉCADA DE 2000, poucas políticas públicas foram tão polarizadas e controversas quanto a política externa. A cisão seguiu linhas partidárias, com petistas e tucanos trocando farpas nos jornais e nas revistas, nas universidades e na televisão, nos corredores da FIESP e do BNDES, do Congresso e dos grandes bancos. Acima de tudo, o embate encontrou eco na conversa de incontáveis famílias brasileiras.

Os partidários de Lula enxergam nele o artífice da diplomacia mais arrojada de nossa história. Digna e altiva, sua política externa teria inaugurado uma nova etapa nas relações exteriores do país. FHC seria o exato oposto: a capitulação à hegemonia dos Estados Unidos e aos ditames do capital internacional. A cena que esse grupo gosta de reprisar é a do último chanceler tucano, Celso Lafer, tirando os sapatos para a revista de segurança em aeroportos norte-americanos.

Do outro lado do ringue, encontram-se os partidários de FHC, para quem ele teria conduzido uma política externa progressista e iluminada. O presidente-sociólogo teria normalizado as relações com o mundo, tirando o Brasil do isolamento acumulado depois de vinte anos de ditadura militar e uma década de José Sarney, Fernando Collor e Itamar Franco. Para os defensores de Fernando Henrique, a diplomacia petista seria um fracasso, deixando o Brasil sem bons aliados, sem acordos comerciais e sem Conselho de Segurança reformado. Em ninho tucano, a cena em reprise é a de Lula em Teerã, punho no ar, desafiando as grandes potências e celebrando o controverso presidente iraniano, Mahmoud Ahmadinejad.

Essas distinções entre as diplomacias de Lula e FHC são atrativas porque possuem uma simplicidade maniqueísta: há mocinhos e há bandidos, em uma narrativa depurada de contradições e ambiguidade.

No entanto, tais estereótipos atrapalham. Sem o amparo dos fatos, utilizam fórmulas simplistas que empobrecem o debate público.

USANDO ENTREVISTAS e documentos inéditos, tentei narrar aqui uma história mais fiel àquilo que seus principais atores vivenciaram na prática da transição de 2002. Fiz o melhor que pude para não aceitar passivamente os argumentos de correligionários de um lado ou de outro.

Manter distância da retórica de tucanos e petistas não significa pairar sobre o embate político, nem tentar evitá-lo. A disputa é inescapável e é bom que assim seja: trata-se de um sinal de democracia vigorosa. Meu objetivo, ao contrário, foi mostrar que a política por trás da política externa do período de transição foi mais rica, complexa e difícil de operar do que pregam as respectivas militâncias. Se a política externa sempre será politizada, melhor que seja com inteligência em vez de desconhecimento.

A imagem de Lula e FHC que apresento aqui é mais nuançada do que pretendem os aliados e os inimigos de cada um. O tucano não subjugou a política externa aos Estados Unidos, ao passo que o petista não abandonou o Ocidente, nem submeteu o interesse nacional a um capricho. Sem dúvida houve rupturas entre um e outro governo, mas elas tendem a ser exageradas no calor do embate partidário. Em numerosas instâncias, os dois presidentes operaram com base em conceitos estratégicos, interesses e valores comuns.

O ARGUMENTO DESTE LIVRO pode ser sintetizado assim: Lula e FHC trabalharam juntos, nos bastidores, para que George W. Bush apoiasse a transição presidencial do Brasil em 2002. Isso demandou uma diplomacia cuidadosa porque os laços entre o tucanato e a Casa Branca estavam esgarçados e porque o PT não tinha acesso a nenhum centro de influência nos Estados Unidos.

"Fernando Henrique Cardoso teve um comportamento importante no processo de transição", reconhece Lula. "Ele abriu as portas: sou grato a ele por ter tido um papel, eu diria, de chefe de Estado, de democrata, ao facilitar a transição interna e externa."

Lula aproximou-se dos Estados Unidos ainda durante a campanha porque queria impedir que seus críticos naquele país atrapalhassem o início de seu governo. Uma vez eleito, apostou em uma parceria com Bush porque via ganho político nela e porque, retórica à parte, ele era sincero ao expressar um sentimento de responsabilidade no cargo. "O primeiro trabalhador a presidir o Brasil não pode falhar", repetia sem parar.

A transição de 2002 era delicada. A esquerda assumia as rédeas em um país conservador sem jamais ter ocupado o governo federal. Parte da aliança que deixava o Planalto, como o PFL, nunca estivera no papel de oposição. Quando Fernando Henrique Cardoso passou a faixa presidencial a Lula, foi a primeira vez que um presidente eleito pelo povo empossou um sucessor de oposição, também escolhido nas urnas, e este, por sua vez, completou o mandato sem morrer, renunciar ou ser derrubado por um golpe. A aproximação de Lula em relação aos Estados Unidos — e o apoio que obteve de FHC para fazê-lo — deve ser vista nesse contexto.

Não era a primeira vez que a Casa Branca avalizava uma transição política no Brasil. Operações dessa natureza tiveram lugar na Proclamação da República (1898), no fim do Estado Novo (1945), no início do regime militar (1964), na passagem de poder aos civis (1985) e na primeira eleição da Nova República (1989). Em todos esses casos, lideranças políticas brasileiras pediram ajuda ao presidente dos Estados Unidos.

No entanto, a transição de 2002 teve uma marca que a destaca: no processo de justificar o apoio a Lula, a Casa Branca fomentou a ideia de que o Brasil era uma potência emergente a ser cada vez mais ouvida. Durante a Guerra Fria, o governo de Richard Nixon pensara algo semelhante em relação ao regime militar, que presidia uma economia em expansão. Desta vez, porém, o fato de o Brasil ser uma democracia de mercado emprestou legitimidade ao argumento.

Assim, além de reverter a expectativa do establishment americano de que um governo petista seria desestabilizador, o governo Bush criou uma oportunidade de engajamento diplomático.

A motivação norte-americana foi produto das transformações sociais que o Brasil atravessava na época — muitas delas, resultado do projeto de modernização de FHC. Também resultou de mudanças no sistema internacional que ajudaram a aumentar a importância do Brasil: o declínio relativo da Europa, a ascensão da China e da Índia, a guinada da América do Sul para a esquerda e o questionamento da agenda neoliberal em escala planetária.

Todos esses fatores representam processos históricos de longa duração. Em 2002, eles geraram um realinhamento político no curtíssimo prazo: o trabalho conjunto entre Lula e FHC para destravar as resistências ao PT nos Estados Unidos.

O espírito de parceria inaugurado por Lula e Bush no Salão Oval deslanchou o período mais fértil do relacionamento bilateral. A partir de dezembro de 2002, a interação entre eles foi mais intensa e próxima do que aquela vivenciada por Getúlio Vargas e Franklin D. Roosevelt, Emílio Garrastazu Médici e Richard Nixon, Fernando Collor e George Bush (pai) ou Fernando Henrique Cardoso e Bill Clinton.

O Brasil de Lula era relativamente mais forte que o de seus antecessores e, portanto, tinha mais a oferecer aos Estados Unidos. Também possuía condições para lhe obstaculizar as prioridades que antes inexistiam.

Apesar do empenho de Lula e Bush, porém, a iniciativa teve vida curta. O choque de interesses, as percepções distorcidas de cada lado, a resistência das respectivas burocracias e a escassez de defensores da aproximação nos níveis mais altos de cada governo levaram os dois países de volta ao velho modelo de distanciamento e indiferença. A iniciativa terminou perdendo força e sumindo do leque de opções, mas não por isso foi menos genuína.

A NOÇÃO SEGUNDO a qual uma aproximação a Washington sempre leva a alinhamentos automáticos — e constitui uma estratégia exclusiva da direita brasileira — é inverdade. Em 2002, e nos anos seguintes, a esquerda brasileira patrocinou uma política de aproximação sistemática à Casa Branca de George W. Bush.

Assim, a mensagem que a história narrada neste livro deixa para nossa geração é simples.

Em um mundo de múltiplos polos de poder onde as principais economias estão interligadas, o jogo para o Brasil é e será sempre duro. Às vezes, convirá ao país dotar-se de instrumentos que lhe permitam trabalhar em parceria com os Estados Unidos, o polo mais influente do sistema: quando possível, para auferir ganhos concretos; quando necessário, para controlar danos.

Este livro mostra que os Estados Unidos afetam o Brasil em numerosos quesitos, a saber: economia, finanças, comércio, direitos humanos, democracia e terrorismo, política nuclear, relação com a ONU, com a América do Sul e com outras potências emergentes. Essa verdade, entretanto, é facilmente esquecida ou ignorada por nossos governantes e por nossas elites intelectuais. Não deveria ser assim.

O relacionamento com os Estados Unidos tem impacto direto sobre a qualidade de vida da maioria dos brasileiros. Por isso mesmo, trata-se de um instrumento valioso para honrar a promessa de nossa democracia — a redução da pobreza, da violência e da desigualdade que ainda assolam os 200 milhões de cidadãos.

Conceber os laços diplomáticos com os Estados Unidos nesses termos não é uma quimera. Em 2002, Lula e Bush descobriram que havia espaço para algo assim. Conhecendo melhor aquilo que eles fizeram, e apreciando suas dificuldades e obstáculos, talvez possamos lidar com a lição que nos legaram: a ideia de que a política externa do Brasil democrático ainda precisa inventar uma fórmula para se relacionar com os Estados Unidos capaz de beneficiar a maioria.

Notas

Prólogo

1. Para citação, Larry Rohter, "Relations with US a Challenge for Leftist Elected in Brazil", *New York Times*, 31 out 2002.
2. Kenneth Maxwell, "Brazil: Lula's Prospect", *New York Review of Books*, 5 dez 2002.
3. Letter to the President of the United States, 2 out 2002, assinada por Dana Rohrabacher, Benjamin Gilman, Dan Burton, Christopher Smith, Darrel Issa, Walter Jones, Wally Herger, Jim Gibbons, Cass Ballenger, Ileana Ross-Lehtinen, Ed Royce e Brian Kerns. Arquivo pessoal do autor.
4. Henry J. Hyde to George W. Bush, Washington DC, 24 out 2002, arquivo pessoal do autor. Ver também Deroy Murdock, "The Fire Next Time", *The Washington Times*, 1º out 2002.
5. Ver Dateline D.C., "Tenet is 'Lula's Greater Benefactor'", *Pittsburgh Tribune-Review*, 20 out 2002; Dave Eberhart, "Expert Laments US Failure in Brazil", NewsMax.com, 30 out 2002. E entrevista com Riordan Roett, Larry Rohter, "Relations with US a Challenge for Leftist Elected in Brazil", *New York Times*, 31 out 2002.

Dia 1

1. João Moreira Salles, "Entreatos" (2004).
2. CIA, "Organized Labor in Brazil", confidencial, set 1982, CREST. Para trajetória do PT, Lincoln Secco, *História do PT* (Ateliê Editorial, 2011), p. 39.
3. Para "aiatolula tropical", *Playboy*, jul 1979.
4. Para referências ao socialismo, Secco, *História do PT*, p. 73. Para citações, Richard Bourne, *Lula do Brasil: a história real do Nordeste ao Planalto* (Geração Editorial, 2009), p. 102.
5. Para citação de Lula, Ricardo Kotscho, *Do golpe ao Planalto: uma vida de repórter* (Companhia das Letras, 2006), p. 166.

6. Para "mensagem intacta", 4º parágrafo da resolução "O socialismo petista", 2º Congresso Nacional do PT, nov de 1989.
7. Todas as citações em David Samuels, "From Socialism to Social Democracy: Party Organization and the Transformation of the Worker's Party in Brazil", *Comparative Political Studies*, 37/9, nov 2004: 999-1024.
8. Sobre adaptação, Wendy Hunter, "O Partido dos Trabalhadores Still a Party of the Left?", in Peter R. Kingstone e Timothy J. Power, ed., *Democratic Brazil Revisited* (Pittsburgh, 2008). Ver também Wendy Hunter, "Corrupção no Partido dos Trabalhadores: o dilema do sistema", in Jairo Nicolau e Timothy J. Power, ed., *Instituições representativas no Brasil: Balanço e reforma* (UFMG, 2007); David Samuels, "Fiscal Straightjacket: The Politics of Macroeconomic Reform in Brazil, 1995-2002", *Journal of Latin American Studies* 35 (2003): 545-69.
9. Margaret Keck, *The Workers' Party and Democratization in Brazil* (Yale, 1995). Para encontro com banqueiros, Bourne, *Lula do Brasil*, p. 122.
10. Immanuel Wallerstein, "New Revolts Against the System", *New Left Review* 18, nov/dez 2002; Emir Sader, "Beyond Civil Society", *New Left Review* 17, set/out 2002; Michael Hardt, "Porto Alegre: Today's Bandung?", *New Left Review* 14, mar/abr 2002.
11. João Marcelo Ehlert Maia, "As armadilhas da moralidade: o PT e a República", *Revista de Ciências Sociais*, 1, 2007, p. 93.
12. Para citação de Lula, entrevista à revista *Caros Amigos*, 21 nov 2000.
13. Moreira Salles, "Entreatos".
14. Para citação de Bush, "U.S. Says 'Time Has Come' for UN Vote on Iraq Resolution", *New York Times*, 29 out 2002. Para citação de Lula, Moreira Salles, "Entreatos".

Dia 2

1. *New York Daily News*, 23 abr 2002.
2. Para voto evangélico, John C. Green e John Dilulio, "Evangelicals in civil Life: How the Faithful Voted", Ethics and Public Policy Center, www.eppc.org, jan 2001, p. 3. Para discurso, "A President Puts His Faith in Prayer", *New York Times*, 9 fev 2003; "Bush Links Faith and Agenda", *Washington Post*, 11 fev 2003.
3. Charles Krauthammer, "The Unipolar Moment", *Foreign Affairs* (1990). Ver também Patrick E. Tyler, "US Strategy Plan Calls for Insuring No Rivals Develop", *New York Times*, 8 mar 1992.
4. Al Gore, Debate presidencial, Wake Forrest University, 11 out 2000.
5. Para citação, Rahul Rao, *Third World Protest: Between Home and the World* (Oxford University Press, 2010), p. 45.
6. Woodward, *Bush at War* (Simon & Shuster, 2002), p. 17.
7. Woodward, *Bush at War*, 30-32.
8. Para "não há regras", ver Andrew Hurrell, "'There are No Rules' (George Bush): International Order after September 11", *International Relations*, 2002/16.
9. Woodward, *Bush at War*, p. 168.

Notas

10. Para "luta monumental", declaração de guerra do presidente George W. Bush, 12 set. 2001, *The Guardian*, 13 set. 2001. Para "cruzada", ver coleção de discursos em www.historycommons.org.
11. Para pesquisas de opinião, Woodward, *Bush at War*, p. 206.
12. Para alerta, George W. Bush, Graduation Speech at West Point, 1º jun 2002. Para "ataques preventivos", US Government, *The National Security Strategy of the United States of America*, set 2002.
13. Para "império que não ousa dizer seu nome", Charles Meier, "An American Empire?", *Harvard Magazine*, nov/dez 2002.
14. Para referências, ver John Woolley e Gerhard Peters, eds., *The American Presidency Project*, http://www.presidency.ucsb.edu
15. Condoleezza Rice, "Campaign 2000: Promoting the National Interest", *Foreign Affairs*, jan/fev 2000 e *National Security Strategy of the United States*, set 2002.
16. Para citação, Fernando Henrique Cardoso, Sessão Solene da Assembleia Nacional da República da França, 30 out 2001.
17. Para "Agora é Presidente Lula", *Estado de S. Paulo*, 30 out 2002.

Dia 3

1. "Brazil's Challenge", *Washington Post*, 30 out 2002.
2. Para diálogo Lula/Hrinak, AmCon S. Paulo to SecState, telegrama 1473, confidencial, 31 out 2002, NARA.
3. "Embaixadora dos EUA se reúne com Lula e mantém tom conciliador", Folha Online, 30 out 2002.
4. AmEmb Brasília a SecState, telegrama 3929, sensível, 25 out 2002, NARA.
5. Para uma narrativa do episódio, Andrés Oppenheimer, *Contos do vigário* (Record, 2007), pp. 188-90.
6. http://www.gwu.edu/~nsarchiv/NSAEBB/NSAEBB40/04287.pdf
7. Para "Não há nenhum...", Barbosa a MRE, n. 969, confidencial, 10 abr 2001, ARB, CPDOC/FGV. Para "Quanto ao Brasil...", Barbosa a MRE, n. 511, secreto, 6 mar 2002, ARB, CPDOC/FGV.
8. Roda Viva, Entrevista de José Dirceu, 28 out 2002.
9. Ver Mario Garnero e C. Fred Bergsten, "EUA e Brasil rumo à Alca (I)", *O Estado de S. Paulo*, 10 out 2001; Mario Garnero, "OMC: Trajetória e perspectivas", *O Estado de S. Paulo*, 16 nov 2001; Mario Garnero, "Riscos e oportunidades: A nova economia global e a Alca", Carta Internacional, nov 2001; Mario Garnero, "A agenda internacional do agronegócio", *O Estado de S. Paulo*, 15 jul 2002; Mario Garnero, "Negociando com os EUA", *Jornal do Brasil*, 8 dez 2002; Mario Garnero, "A volta da geopolítica", *Correio Braziliense*, 9 dez 2002. Para análise das expectativas de Brazilinvest caso Lula fosse eleito, ver Marcos Troyjo, "Cenários estratégicos sobre eventual participação de membros da equipe BI no governo Lula", confidencial, urgente, 30 set 2002, no arquivo pessoal de Diego Bonomo.
10. Folha Online, 21 nov 2002.

18 DIAS

Dia 4

1. Pedro Parente, "Presidential Transition in Brazil", PowerPoint, Washington, 24 set 2002. ARB, CPDOC/FGV.
2. *Folha de S. Paulo*, 31 out 2002.
3. Brigitte Hersant Leoni, *Fernando Henrique Cardoso: o Brasil do possível* (Nova Fronteira, 1997); Ted Goertzel, *Fernando Henrique Cardoso: Reinventing Democracy in Brazil* (Lynne Rienner, 1999); Fernando Henrique Cardoso e Mario Soares, *O mundo em português: um diálogo* (Paz e Terra, 1998).
4. Keck, *The Workers Party...*, p. 44.
5. Miriam Leitão, entrevista com Fernando Henrique Cardoso, *Playboy*, set 1984.
6. Maria D'Alva Gil Kinzo, "O quadro partidário e a Constituinte", *Revista Brasileira de Ciência Política* 1/1 (1989).
7. Para citação, Gilberto Dimenstein e Josias de Souza, *A história real: trama de uma sucessão* (Ática, 1994), p. 66.
8. Timothy Power, "Brazilian Politicians and Neoliberalism: Mapping Support for the Cardoso Reforms, 1995-1997", *Journal of Inter-American Studies and World Affairs* 40, n 4 (edição de inverno 1998).
9. Entrevista à *Folha de S. Paulo*, 29 jul 1994, citada in Miriam Leitão, *Saga brasileira: a longa luta de um povo por sua moeda* (Record, 2011).
10. Sobre a campanha de Lula em 1994, Alexandre Medeiros, *Nos bastidores da campanha: Luiz Inácio Lula da Silva. Crônica de um sonho* (Objetiva, 1994).
11. Ver as seguintes obras de Fernando Henrique Cardoso, "Dependent Capitalist Development in Latin America", *New Left Review*, 1, 74 (1972); "The Consumption of Dependency Theory in the United States", *Latin American Research Review* 12, 2 (1977). Ver também Joseph Love, "The Origins of Dependency Analysis", *Journal of Latin American Studies* 22, 1 (1990); Sebastião C. Velasco e Cruz, "Ideias do poder: dependência e globalização em F.H. Cardoso", *Estudos Avançados* 13 (37) 1999; Andrew Hurrell, "Cardoso on the World", in Herminio Martins e Maria Angela D'Incao (orgs.), *Democracia, crise e reforma. Estudos sobre a era Fernando Henrique Cardoso* (Paz e Terra, 2010).
12. Fernando Henrique Cardoso, "Relações Norte-Sul no contexto atual: Uma nova dependência", in Renato Baumann (org.), *O Brasil e a economia global* (Campus, 1996), p. 12.
13. Fernando Henrique Cardoso, "Consequências sociais da globalização", discurso pronunciado em Nova Déli, 27 jan 1996.
14. Timothy Power, "Blairism Brazilian Style? Cardoso and the 'Third Way' in Brazil", *Political Science Quarterly*, 116/4, edição de inverno 2001. Timothy Power, "Quais são os valores da social-democracia hoje? Algumas reflexões comparativas sobre a crise de identidade do PSDB", *Política Comparada* 2 (jan-jun 1998).
15. Citado em Secco, *História do PT*, p. 189.
16. Fernando Henrique Cardoso, *O presidente segundo o sociólogo. Entrevista de Fernando Henrique Cardoso a Roberto Pompeu de Toledo* (Companhia das Letras, 1998).

Notas

17. Moreira Salles, "Entreatos".
18. Timothy J. Power, "Centering Democracy? Ideological Cleavages and Convergence in the Brazilian Political Class", in Peter Kingstone e Timothy J. Power, eds., *Democratic Brazil Revisited* (University of Pittsburgh Press, 2008).

Dia 5

1. Mark Wainsbrot, "It's a New Day, and Brazil Wants a New Deal", *Los Angeles Times*, 1º nov 2002.
2. AmEmb Brasília a SecState, confidencial, s/n, 22 nov 2002, NARA.
3. Para "Ninguém espera...", AmEmb Brasília a SecState, sensível, telegrama 3929, 25 out 2002, NARA.
4. Antônio Palocci, *Sobre formigas e cigarras* (Objetiva, 2007), p. 31.
5. Palocci, *Sobre formigas*, p. 18 e 67.
6. Para reprodução do diálogo, Palocci, *Sobre formigas*, p. 44.
7. Geisa Maria Rocha, "Neo-Dependency in Brazil", *New Left Review* 16, jul-ago, 2002.
8. David Samuels, "Fiscal Straitjacket...".
9. Kenneth Maxwell, "Brazil in Meltdown", *World Policy Journal*, edição de primavera 1999.
10. Bill Clinton a Fernando Henrique Cardoso, 18 nov 1998, reproduzida em Exteriores a Brasemb Washington, confidencial, n. 1665, 2 dez 1998, AHMRE. Ver Ilan Goldfajn e Taimur Baig, "The Russian Default and the Contagion to Brazil", *IMF Working Paper*, n. 160, 2000.
11. David Samuels, "Fiscal Straitjacket: The Politics of Macroeconomic Reform in Brazil: 1995-2002", *Journal of Latin American Studies*, 35 (2003).
12. Paul Blunstein, *The Chastening: Inside the Crisis that Rocked the Global Financial System and Humbled the IMF* (Public Affairs, 2003), p. 348-354.

Dia 6

1. Para citações, *Folha de S. Paulo*, 3 e 4 nov 2002.
2. "OEA vai investigar denúncias contra Febem", *Folha de S. Paulo*, 2 nov 2002.
3. "Adolescentes custodiados pela Febem", Comissão Interamericana de Direitos Humanos, Petição 12.328, 9 out 2002.
4. Christina M. Cerna, "The Structure and Functioning of the Inter-American Court of Human Rights, 1979-1992", *British Yearbook of International Law*, vol. 135, 1993. Ver também Par Engstrom e Andrew Hurrell, in Monica Serrano e Ramesh Thakur (eds.), *The Human Rights Regime in the Americas: Theory and Reality* (United Nations University Press, 2010).
5. Justin Rosenberg, *The Empire of Civil Society* (Verso, 1995).
6. Lampreia a Exteriores, 10001 61010, secreto, 17 maio 1996, LFL, CPDOC/FGV.
7. Para comentário sobre Sérgio Vieira de Mello, ver Samantha Power, *Chasing the Flame: Sergio Vieira De Mello and the Fight to Save the World* (Allen Lane, 2008).

Para resseguro aos chineses, Lampreia a Exteriores, n. 10020 61800, secreto, 27 set 1996, LFL, CPDOC/FGV.

8. Entrevista de Jimmy Carter a Robert Sheer, *Playboy Magazine* (edição americana), 1976.

9. Para "Cuba não é...", ver Lampreia a Exteriores, 10001 20900, confidencial, 23 set 1996. Para gestão do papa, Lampreia a Exteriores, 10001 21820, secreto, 16 mar 1998, LFL, CPDOC/FGV.

10. Para um exemplo, MRE, "Visita de Trabalho da Secretária de Estado dos EUA, Madeleine Albright, ao Brasil", confidencial, 15 ago 2000, ARB, CPDOC/FGV.

11. Para discussão e referências, Capítulo 3, ver Matias Spektor, *Kissinger e o Brasil* (Zahar, 2009).

12. Lampreia a Exteriores, 10004 51540, confidencial, 28 mai 1998, LFL, CPDOC/FGV.

13. MRE, Sumário Executivo, Conferência Ibero-Americana IX Reunião de Chefes de Estado e de Governo, Havana, Cuba, 15 e 16 nov 1999, LFL, CPDOC/FGV.

14. Lampreia a Exteriores, 10001 51025, secreto, 28 mai 1998, LFL, CPDOC/FGV.

15. Lampreia a Exteriores, 10004 51540, confidencial, 28 mai 1998, LFL, CPDOC/FGV.

16. Discurso do embaixador Luiz Felipe Lampreia, em almoço oferecido pelo senhor Roberto Robaina, Havana, 25 mai 1998, LFL, CPDOC/FGV. Ver Luiz Felipe Lampreia, *O Brasil e os ventos do mundo: memórias de cinco décadas na cena internacional* (Objetiva, 2009).

Dia 7

1. "The Man with a Plan", *Washington Post*, 3 nov 2002.

2. Para o primeiro tratamento acadêmico da autonomia, ver Andrew Hurrell, "The Quest for Autonomy: The Evolution of Brazil's Role in the International System, 1964-1985", tese de doutorado, University of Oxford, 1986. Gerson Moura, *Autonomia na dependência* (Nova Fronteira, 1980). Para um tratamento recente, porém distinto do aqui proposto, Gabriel Cepaluni e Tullo Vigevani, *Brazilian Foreign Policy in Changing Times: The Quest for Autonomy from Sarney to Lula* (Lexington Books, 2009).

3. Hélio Jaguaribe, *O nacionalismo na atualidade brasileira* (ISEB, 1958); José Honório Rodrigues, *Aspirações Nacionais* (Obelisco, 1962); João Augusto de Araújo Castro, "O poder nacional", palestra na Escola Superior de Guerra, mimeo, 1958. Para uma síntese de trabalhos relevantes, ver Gelson Fonseca Junior, *Diplomacia e academia: um estudo sobre as relações entre o Itamaraty e a comunidade acadêmica* (FUNAG, 2012).

4. Golbery do Couto e Silva, *Geopolítica do Brasil* (Ática, 1995 [1958]).

Notas

5. Ver Boris Fausto, Pedro Moacyr Campos e Sérgio Buarque de Holanda (orgs.), *História geral da civilização brasileira*, em 11 volumes (Record). Para um debate sobre a identidade do projeto nacional brasileiro, ver Luciano Martins e João Paulo dos Reis Velloso (orgs.), *A nova ordem mundial em questão* (José Olympio, 1993). Para uma discussão sobre a identidade internacional do Brasil, Celso Lafer, *A identidade internacional do Brasil e a política externa brasileira: passado, presente e futuro* (Perspectiva, 2004).
6. Gelson Fonseca, *A legitimidade e outras questões internacionais* (Paz e Terra, 1998).
7. *Folha de S. Paulo*, 3 nov 2002.

Dia 8

1. *Folha de S. Paulo*, 5 nov 2002.
2. "A jornal dos EUA, Lula critica Chávez e Cuba", *Folha de S. Paulo*, 3 nov 2002. Ver, no mesmo jornal, "2 milhões assinam pedido de referendo", 5 nov 2002. Para original em inglês, "Interview with Lula of Brazil", *Washington Post*, 2 nov 2002.
3. Agradeço a João Marcelo Maia a expressão "agentes da normalização". Para "O mundo é mais…", ver Celso Lafer, "Reflexões sobre a inserção do Brasil no contexto internacional", *Contexto Internacional*, n. 11, 1990, p. 39. Para um exemplo de "apresenta mais…", ministro de Estado Luiz Felipe Lampreia, aula magna, Instituto Rio Branco, 22 ago 1995, LFL, CPDOC/FGV.
4. Lampreia, aula magna.
5. Clinton, "Preface", in Fernando Henrique Cardoso, *The Accidental President of Brazil: a Memoir* (Public Affairs, 2006).
6. Cardoso, *The Accidental President*, p. 257.
7. Informação ao Senhor Presidente da República, secreto, n. 313, 4 out 1995. LFL, CPDOC/FGV.
8. Ver, por exemplo, Flecha de Lima a MRE, 1604, confidencial, 25 set 1998, ARB, CPDOC/FGV.
9. Brasemb Washington a Exteriores, confidencial, n. 135, 28 jan 1997. AHMRE.
10. Cardoso, *O presidente segundo…*, 107-9.
11. Para proposta OEA, Lampreia a Exteriores, 10001 21820, secreto, 16 mar 1998, LFL, CPDOC/FGV. Para "negligências passadas", Lampreia a Exteriores, 10004, confidencial, 31 mar 2000, LFL, CPDOC/FGV. Para rejeição brasileira, Lampreia a Exteriores, 10002, secreto, 30 mar 2000; Lampreia a Exteriores, 10004, confidencial, 31 mar 2000; Lampreia a Exteriores, 10005, confidencial, 31 mar 2000, LFL, CPDOC/FGV.
12. Flecha de Lima a MRE, 1604, confidencial, 25 set 1998, ARB, CPDOC/FGV.
13. Brasemb Washington para Exteriores, confidencial urgentíssimo, n. 1033, 12 jun 1998, AHMRE.
14. Lampreia a Exteriores, 20003 41825, confidencial, 25 out 1995, LFL, CPDOC/FGV.

15. "Visita de Trabalho da Secretária de Estado dos EUA, Madeleine Albright, ao Brasil", confidencial, Ministério das Relações Exteriores, 15 ago 2000, ARB, CPDOC/FGV.
16. Exteriores para Brasemb Washington, confidencial, n. 13, 5 jan 2001, AHMRE.
17. Barbosa a MRE, 511, secreto, 6 mar 2002, ARB, CPDOC/FGV.
18. Barbosa a MRE, 969, confidencial, 10 abril 2001, ARB, CPDOC/FGV. Lafer a MRE, 10002, confidencial, 2 mar 2001, ARB, CPDOC/FGV.
19. Lafer a MRE, 10004, secreto, 2 mar 2001, ARB, CPDOC/FGV.
20. Lampreia começou a defender uma política de aproximação ao G7 em meados de 1996. Ver Informação ao Senhor Presidente da República, n. 122, secreto, 21 jun 1996, LFL, CPDOC/FGV.
21. FHC, em entrevista ao autor.
22. Para "jardim de infância", Barbosa a MRE, n. 969, confidencial, 10 abril 2001, ARB, CPDOC/FGV. Para "o que me chocou", Cardoso, *President*, p. 260-1.
23. Barbosa a MRE, 289, secreto, 6 fev 2001, ARB, CPDOC/FGV.
24. Para "nós temos mais afinidades", "O Brasil e a Alca", palestra de José Serra, Câmara dos Deputados, 23 out 2001.
25. Cardoso, *O presidente segundo o sociólogo*, p. 92.
26. Fernando Henrique Cardoso, Sessão Solene da Assembleia Nacional da República da França, 30 out 2001.
27. Barbosa a MRE, n. 511, secreto, 6 mar 2002, ARB, CPDOC/FGV.
28. Brasemb Washington para Exteriores, confidencial, n. 2597, 1º nov 2001, ARB, CPDOC/FGV.
29. Para uma das várias versões disponíveis deste diálogo, ver Cardoso, *The Accidental President*, p. 260.

Dia 9

1. "A pedido do PT, indicação para Cuba é suspensa", *Folha de S. Paulo*, 6 nov 2002. Uma vez empossado, Lula indicou Tilden Santiago, uma nomeação política, para a embaixada em Cuba. Também indicou Paes de Andrade para Lisboa e Itamar Franco para Roma.
2. "Embaixada do Brasil nos Estados Unidos da América: Programa de Trabalho", [circa junho 1999] e Relatório de Gestão (1999-2004), confidencial, Embaixador Rubens Antônio Barbosa, Embaixada em Washington, março de 2004, ARB, CPDOC/FGV.
3. Barbosa a MRE, n. 316, 10 fev 2000, ARB, CPDOC/FGV.
4. Barbosa a MRE, n. 316, 10 fev 2000, ARB, CPDOC/FGV.
5. Cardoso, *O presidente segundo o sociólogo*, p. 89.
6. "Visita de Trabalho da Secretária de Estado dos EUA, Madeleine Albright, ao Brasil", confidencial, 15 ago 2000, ARB, CPDOC/FGV. Barbosa a MRE, n. 413, confidencial, 19 fev 2000, ARB, CPDOC/FGV.

Notas

7. Barbosa a MRE, n. 665, 22 mar 2000, ARB, CPDOC/FGV.
8. Barbosa a MRE, n. 203, secreto, 29 jan 2001, ARB, CPDOC/FGV.
9. Barbosa a MRE, n. 204, secreto, 29 jan 2001, ARB, CPDOC/FGV.
10. Flecha de Lima a MRE, n. 1604, confidencial, 25 set 1998, ARB, CPDOC/FGV.
11. Para "quero ajudar...", Barbosa a José Serra, "Nova estrutura para o comércio exterior", 11 jan 2002, ARB, CPDOC/FGV. Para, "acompanhei de Washington...", Barbosa a Serra, 17 jan 2002, ARB, CPDOC/FGV.
12. Para "quando você puder...", Barbosa a Serra, 27 jan 2002, ARB, CPDOC/FGV. Para "não sei se recebeu...", Barbosa a Serra, 7 fev 2002, ARB, CPDOC/FGV.
13. Para facilitação de contatos, Barbosa a Marta Suplicy, 19 jan 2002, ARB, CPDOC/FGV. Para "Em NY, parece-me...", Barbosa a José Dirceu, 11 jul 2002, ARB, CPDOC/FGV.
14. Barbosa a Marta Suplicy, 26 set 2002, ARB, CPDOC/FGV.
15. Barbosa a Serra, 21 jul 2002, ARB, CPDOC/FGV.
16. Barbosa a Serra, 21 jul 2002, ARB, CPDOC/FGV.

Dia 10

1. Para porta-voz, "Fatal Strike in Yemen was Based on Rules Set Out by Bush", *New York Times*, 6 nov 2002. Para Thomas Friedman, "Colin Powell's Eyebrows", *New York Times*, 10 nov 2002.
2. Transcrição da entrevista de Tim Russert com Richard Cheney, NBC, 16 set 2001.
3. George W. Bush, Letter to Congressional Leaders Transmitting a Report on Military and Civilian Personnel in Colombia Supporting Plan Colombia, 6 nov 2002, *The American Presidency Project Online*.
4. Juan Gabriel Tokatlian, "The United States and Illegal Crops in Colombia: The Tragic Mistake of Futile Fumigation", University of California Center for Latin American Studies Working Papers, n. 3, jun 2003.
5. Lampreia a Exteriores, 10006, confidencial, 13 set 2000, LFL, CPDOC/FGV. Lampreia a Exteriores, 10005 4187, secreto, 17 mar 1999. Cannabrava a Exteriores, confidencial, n. 126, 28 jan 1999 e Cannabrava a Exteriores, confidencial, 147, 2 fev 1999, 3 fev 1999, ambos em ARB, CPDOC/FGV.
6. Cannabrava a Exteriores, confidencial, n. 147, 2 fev 1999, ARB, CPDOC/FGV.
7. Ver Informação ao Senhor Presidente da República, confidencial, n. 258, 15 ago 1995, LFL, CPDOC/FGV. Exteriores para Série Chanceler Bonn, secreto, n. 10056, 15 jul 1995, LFL, CPDOC/FGV; Lampreia a Exteriores, 10001 61010, secreto, 17 mai 1996, LFL, CPDOC/FGV; Seixas Correia a MRE, 1548, confidencial, 4 set 1999, ARB, CPDOC/FGV.
8. Para Sivam, Lampreia a Exteriores, 10001 21820, secreto, 16 mar 1998; SERE, circular telegráfica, 44267, confidencial, 30 set 2002, ARB, CPDOC/FGV. Para missões das Farc, Cannabrava a Exteriores, confidencial, n. 126, 28 jan 1999, ARB, CPDOC/FGV. Para tentativas de contato, Lampreia a Exteriores, confidencial, 31

mar 2000, LFL, CPDOC/FGV; e Cannabrava a Exteriores, confidencial, n. 147, 2 fev 1999, ARB, CPDOC/FGV.

9. Para um exemplo, Lampreia a Exteriores, 10011, secreto, 25 set 1996, LFL, CPDOC/FGV.

10. "Visita de Trabalho da Secretária de Estado dos EUA, Madeleine Albright, ao Brasil", confidencial, 15 ago 2000, ARB, CPDOC/FGV.

11. Brasemb Washington para Exteriores, secreto, n. 01831, 31 ago 2000, LFL, CPDOC/FGV. Brasemb Washington para Exteriores, secreto, n. 01836, 1º set 2000, LFL, CPDOC/FGV.

12. Lafer a MRE, 10004, secreto, 2 mar 2001, ARB, CPDOC/FGV.

13. "Visita de Trabalho da Secretária de Estado dos EUA, Madeleine Albright, ao Brasil", confidencial, 15 ago 2000, ARB, CPDOC/FGV.

14. Para FHC, Lampreia a Exteriores, 10005 61000, confidencial, 17 set 1999. Para citação de Lampreia, ver Discurso do Brasil à LIV Assembleia Geral das Nações Unidas, set 1999. Para demandas do G8, ver "Subsídios para a gestão do G8 sobre terrorismo", DNU, 1º ago 1998, LFL, CPDOC/FGV. A demanda era expansiva: uma convenção sobre ofensas e certos outros atos cometidos a bordo de aeronaves (1963); uma convenção sobre a tomada ilegal de aeronaves (1970); convenção para prevenir e punir atos de terrorismo que tomem a forma de crimes contra pessoas e extorsões relativas que sejam de significado internacional (1971); uma convenção para a supressão de atos ilegais contra a segurança da aviação civil (1971); uma convenção sobre a prevenção e punição de crimes contra pessoas internacionalmente protegidas, inclusive diplomatas (1973); uma convenção contra a tomada de reféns (1979); uma convenção sobre a proteção de materiais nucleares (1979); uma convenção para a supressão de atos ilegais contra a segurança da navegação marítima (1988); um protocolo para a supressão de atos ilegais contra a segurança de plataformas na continental shelf (1988); um protocolo para a supressão de atos ilegais de violência contra aeroportos que servem a aviação civil (1988); uma convenção sobre a marcação de explosivos plásticos com propósito de detecção (1991); e uma convenção para a supressão de uso de bombas por parte de terroristas, aberta à assinatura dos países.

15. Lampreia a Exteriores, 10001 21820, secreto, 16 mar 1998. Sobre Tiro de Destruição ver, também, Lampreia a Exteriores, 10005 4187, secreto, 18 mar 1999. "Pontos de Conversação para a visita do ministro Geraldo Quintão aos EUA", Embaixada do Brasil nos EUA, junho de 2000, ARB, CPDOC/FGV.

16. SERE, circular telegráfica, 44267, confidencial, 30 set 2002, ARB, CPDOC/FGV; e Talking Points, III Reunião do Mecanismo de Consultas Políticas Brasil-EUA, circa jul 2002, ARB, CPDOC/FGV.

17. Para rejeição, Flecha de Lima a MRE, 1604, confidencial, 25 set 1998, retransmitido em MRE a Bras. Emb. Londres, confidencial, 22 jan 1998, ARB, CPDOC/FGV.

18. Lampreia a Exteriores, 10002 21945, secreto, 21 set 1998, LFL, CPDOC/FGV.

Notas

19. Minuta, confidencial, despacho telegráfico para Brasemb Washington, n. 672, 14 mai 1998, LFL, CPDOC/FGV.
20. Lampreia, *O Brasil e os ventos do mundo*.

Dia 11

1. Para citações, *Folha de S. Paulo*, 8 nov 2002.
2. "Lula quer adiar posse; FHC se diz contra ideia", *Folha de S. Paulo*, 8 nov 2002.
3. Dora Kramer, *O poder pelo avesso* (Barcarolla, 2010), p. 63.
4. Cannabrava a Exteriores, confidencial, n. 148, 2 fev 1999, ARB, CPDOC/FGV.
5. Para "virtual desmonte", Seixas Correia a MRE, n. 1548, confidencial, 4 set 1999, ARB, CPDOC/FGV. Ver também Cannabrava a Exteriores, confidencial, n. 126, 28 jan 1999, ARB, CPDOC/FGV. Para as avaliações iniciais, ver Lampreia a Exteriores, 10002 21945, secreto, 21 set 1998, LFL, CPDOC/FGV. Para possibilidade de aventura internacional, Cannabrava a Exteriores, confidencial, n. 148, 2 fev 1999, ARB, CPDOC/FGV. Para "não temos contenciosos", MRE, Sumário Executivo, Conferência Ibero-Americana IX Reunião de Chefes de Estado e de Governo, Havana, Cuba, 15/16 nov 1999, LFL, CPDOC/FGV.
6. Para "sinceridade de propósitos...", Lampreia a Exteriores, 10005 61000, confidencial, 17 set 1999, LFL, CPDOC/FGV. Para "processo a ser respeitado", discurso do Brasil perante a LIV Assembleia Geral das Nações Unidas, 21 set 1999.
7. Sobre incógnita, Cannabrava a Exteriores, n. 1581, secreto, 29 jul 2000, ARB, CPDOC/FGV e Lampreia a Exteriores, n. 10001, secreto, 30 mar 2000, LFL, CPDOC/FGV. Para "bem-intencionado", Lampreia a Exteriores, n. 10004, confidencial, 31 mar 2000, LFL, CPDOC/FGV. Para "genuíno no saneamento", Lampreia a Exteriores, n. 10003, confidencial, 31 mar 2000, LFL, CPDOC/FGV. Ver também Lampreia a Exteriores, n. 10001, secreto, 31 mar 2000, LFL, CPDOC/FGV.
8. Para avaliação sobre influência de FHC nos Estados Unidos no quesito Venezuela, Seixas Correia a MRE, n. 1548, confidencial, 4 set 1999, ARB, CPDOC/FGV.
9. Lafer a MRE, 10003, secreto, 2 mar 2001, ARB, CPDOC/FGV.
10. Para citação, "Hugo Chávez Departs", *New York Times*, 13 abr 2002.
11. Sobre o prestígio de Márcio Dias no Paraguai, Lampreia a Exteriores, n. 10004 31200, secreto, 24 set 1997, LFL, CPDOC/FGV.
12. Para texto do comunicado, Arturo Valenzuela, "The coup that didn't happen", mimeo.
13. "'Requisito democrático' no Mercosul", visita do chanceler Guido Di Tella, Brasília, 29 mai 1996, LFL, CPDOC/FGV. Para outras interpretações sobre o papel do Brasil na promoção da democracia, Sean Burges, "Brazil as the Regional Leader: Meeting the Chávez Challenge", *Current History*, fev, 2010; e Monica Hirst e Maria R. S. de Lima, "Contexto internacional, democracia e política externa", *Política Externa*, v. 11, n. 2, 2002.

14. Lampreia a Exteriores, n. 10001 31102, confidencial, 14 mai 1996, LFL, CPDOC/ FGV.
15. "Declaração presidencial sobre compromissos democráticos no Mercosul", Potrero de Los Funes, San Luís, 25 jun 1996.
16. Para "parece um ônibus...", Peter Romero a Rubens Barbosa, carta, 22 mar 2000, ARB, CPDOC/FGV. Para "ninguém entende...", Lampreia a Exteriores, 10005, confidencial, 31 mar 2000, LFL, CPDOC/FGV.
17. Para "é preciso buscar...", "Pontos de conversação para visita do ministro Geraldo Quintão aos EUA", Embaixada do Brasil nos EUA, junho 2000, ARB, CPDOC/FGV. Para "Fujimori conta...", "Visita de Trabalho da Secretária de Estado dos EUA, Madeleine Albright, ao Brasil", confidencial, 15 ago 2000, ARB, CPDOC/FGV.

Dia 12

1. Para citações, Celso Amorim, "O Brasil e a Ordem Internacional Pós-Golfo", *Contexto Internacional*, vol 13, n. 1, jan-jun 1991; e "Uma política firme, sem confrontos: entrevista com Celso Amorim", *Gazeta Mercantil*, 18 dez 2002. Para uma análise, Matias Spektor, "Brazilian Assessments of the End of the Cold War", In: Artemy M. Kalinovsky e Sergey Radchenko, orgs., *The End of the Cold War and The Third World: New Perspectives on Regional Conflict* (Routledge, 2011).
2. Exteriores a Brasemb Washington, minuta confidencial, n. 1180, 23 ago 1993, LFL, CPDOC/FGV.
3. "Lula pode se encontrar com Bush em dezembro", France Press, 8 nov 2002.
4. White House, Press Briefing, 2 dez 2002.
5. Woodward, *Plan of Attack*, p. 10. *Hansard*, 24 mai 2000; Tariq Ali, "Our Herods", *New Left Review*, 5, set-out 2000.
6. Woodward, *Plan of Attack*, p. 70.
7. Bootie Crosgrove-Mather, "A Look Back at the Polls", CBS News, 7 jun 2004.
8. Discurso pronunciado em National Defense University, 1º mai 2001.
9. Richard Clarke, *Against All Enemies: Inside America's War on Terror* (Free Press, 2004).
10. Future of Iraq Project: Economic and Infrastructure Working Group, "An Economic Empowerment System", mimeo, 2001.
11. Para os detalhes, Leffler, "The Foreign Policies...", 204.
12. The Downing St Memo, 23 jul 2002; George W. Bush, "Outlining Iraqi Threat", discurso proferido em Cincinnati, Ohio, 7 out 2002.
13. Barack Obama, "Against Going to War in Iraq", 2 out 2002.
14. Rubens Barbosa, "Eventual Ataque dos EUA ao Iraque", anexado a Barbosa a Marta Suplicy, 26 set 2002, ARB, CPDOC/FGV.

Notas

Dia 13

1. Elio Gaspari, "FFHH deve suspender a coleta do Alvorada", *Folha de S. Paulo*, 10 nov 2002.
2. Para citação, ver www.wikisource.org.
3. Lampreia a Exteriores, 10002 61610, confidencial, 20 set 1996, LFL, CPDOC/ FGV.
4. João Vargas, *Campanha permanente: o Brasil e a reforma do Conselho de Segurança da ONU* (FGV, 2011).
5. Eugênio Vargas Garcia, *O sexto membro permanente: o Brasil e a criação da ONU* (Contraponto, 2012).
6. Para conversa com argentinos, Lampreia a Exteriores, n. 10022 61340, secreto, 29 set 1995, LFL, CPDOC/FGV. Para conversa com chineses, Lampreia a Exteriores, n. 10026 62025, secreto, 29 set 1995, LFL, CPDOC/FGV.
7. Lampreia a Exteriores, n. 10022 61340, secreto, 29 set 1995, LFL, CPDOC/FGV.
8. Série Chanceler Bonn, secreto, n. 10056, 15 jul 1995, LFL, CPDOC/FGV.
9. Exteriores, circular 24989, confidencial, 6 out 1995, AHMRE.
10. Lampreia a Exteriores, 10001 61010, secreto, 17 maio 1996, LFL, CPDOC/FGV.
11. Para Índia, Lampreia a Exteriores, n. 10032 071135, secreto, 30 set 1995. Para Alemanha, Lampreia a Exteriores, 10016 51230, reservado, 24 set 1996. Para Japão, Lampreia a Exteriores, 10011, secreto, 25 set 1996, todos depositados em LFL, CPDOC/FGV. Ver também "Visita oficial ao Brasil de Suas Excelências o senhor secretário-geral das Nações Unidas e senhora Boutros Boutros-Ghali", Brasília, 29 fev 1996, LFL, CPDOC/FGV. Exteriores para Série Chanceler Roma, confidencial, 10011, 9 mai 1996, LFL, CPDOC/FGV. Ver Celso Amorim, *Conversas com jovens diplomatas* (Benvirá, 2011), p. 441.
12. Lampreia a Exteriores, 10001 42210, secreto, 18 mar 1997, LFL, CPDOC/FGV.
13. Lampreia a Exteriores, 1001 62100, 26 set 1997, LFL, CPDOC/FGV.
14. Sobre dois assentos, ver "Brasil sai frustrado de Assunção", *O Globo*, 25 ago 1997. Para citação, Lampreia a Exteriores, 10025, confidencial, 26 set 1997, LFL, CPDOC/FGV.
15. Luiz Felipe Lampreia, "A reforma do Conselho de Segurança", *Folha de S. Paulo*, 31 ago 1997.
16. Lampreia a Exteriores, 1001 62100, 26 set 1997, LFL, CPDOC/FGV.
17. Lampreia a Exteriores, 10011 41145, confidencial, 25 set 1997, LFL, CPDOC/ FGV. Para proposta reservada do México, Série Chanceler, n. 10011, confidencial, Nova York, 25 set 1997, LFL, CPDOC/FGV. Para um diálogo entre Brasil e Índia sobre o modelo de rotatividade, ver Série Chanceler, n. 10029, confidencial, Nova York, 26 set 1997, LFL, CPDOC/FGV.
18. Sobre americanos inflexíveis, Lampreia a Exteriores, 10001 21820, secreto, 16 mar 1998 e para descrença indiana, Lampreia a Exteriores, 10013 41454, reservado, 22 set 1999, ambos em LFL, CPDOC/FGV. Para conversa com Albright, "Visita de

Trabalho da Secretária de Estado dos EUA, Madeleine Albright, ao Brasil", confidencial, 15 ago 2000, ARB, CPDOC/FGV.

19. Correio Braziliense, 1º out 1997.

20. Para dados financeiros, ver Pontos para consideração, 14 ago 2000, ARB, CPDOC/FGV. Para estimativa da postura americana, ver "Visita de Trabalho da Secretária de Estado dos EUA, Madeleine Albright, ao Brasil", confidencial, 15 ago 2000, ARB, CPDOC/FGV.

21. Talking Points, III Reunião do Mecanismo de Consultas Políticas Brasil-EUA, circa julho 2002, ARB, CPDOC/FGV.

22. Lampreia a Exteriores, 10002 31450, confidencial, 25 maio 1999, LFL, CPDOC/FGV.

23. Lampreia a Exteriores, 10001 42210, secreto, 18 mar 1997, LFL, CPDOC/FGV.

24. Para pressões americanas, Exteriores para Série Chanceler Bonn, secreto, n. 10056, 15 jul 1995. Para "artesanal", Lampreia a Exteriores, 10002 61610, confidencial, 20 set 1996. Ver também Lampreia a Exteriores, 1001 62100, 26 set 1997. Para dificuldade de concessões entre as partes, Série Chanceler Nova York, n. 10018, confidencial, 26 set 1997. Ver também Brasemb Lima para Exteriores, confidencial, 10003, 26 out 1997 e Série Chanceler Lima, n. 10007, secreto, 26 out 1997. Aide Memoire sobre a situação política e econômica, Peru, outubro 1997. Para improbabilidade de solução rápida, Lampreia a Exteriores, 10001 21820, secreto, 16 mar 1998. Para "não pretendemos", Lampreia a Exteriores, 10004 31305, confidencial, 22 set 1998. Todos os documentos estão depositados em LFL, CPDOC/FGV.

25. Antonio Patriota, Gisela Padovan e Leonardo Fernandes, "Os três painéis sobre o Iraque nas Nações Unidas", in *O Brasil na ONU* (FUNAG, 2008).

26. Lampreia a Exteriores, 10005 4187, secreto, 17 mar 1999, LFL, CPDOC/FGV.

Dia 14

1. Mohammed El-Baradei, *The Age of Deception* (Metropolitan Books, 2011), p. 44.

2. Para detalhes da sequência de eventos, Mark Hibbs, "U.S. Briefed Suppliers Group in October on Suspected Iranian Enrichment Plant", *Nuclear Fuel* 27:26, 23 dez, 2002.

3. *Folha de S. Paulo*, 14 set 2002.

4. Ver, por exemplo, Lampreia a Exteriores, 10001 52020, secreto, 19 set 1996 ou Lampreia a Exteriores, 10002 61610, confidencial, 20 set 1996. LFL, CPDOC/FGV.

5. Henry J. Hyde a President George W. Bush, 24 out 2002.

6. Para "funcionários brasileiros", Orlando Rangel, Notas sobre a bomba atômica, 20 ago 1945, AA/USP. Para "defesa nacional", Ata da Décima Sessão do Conselho de Segurança Nacional, secreto, 27 ago 1947, Arquivo Nacional (Brasília). Para bomba de implosão, major Wener Hjamar Gross a almirante Álvaro Alberto, "Sobre reações termonucleares na bomba de implosão", CNPq, secreto, 25 dez 1953, AA/USP. Para acordos de 1954, Álvaro Alberto a Wilhelm Groth, confidencial,

Notas

139/1954.2, 20 mar 1954, AA/USP. Ver também Konrad Beyerle a Álvaro Alberto, 16 mai 1961, AA/USP. Todos os documentos citados em Carlo Patti, "The German Connection: the Origins of the Brazilian Nuclear Program and Secret West German-Brazilian cooperation in the early 1950s", mimeo.

7. Para citação de Costa e Silva, Ata da Quadragésima Sessão do Conselho de Segurança Nacional, 4 out 1967, AN.

8. William Glenn Gray, "Commercial Liberties and Nuclear Anxieties: The US-German Feud Over Brazil, 1975-7", *The International History Review*, 2012, 1-26. Matias Spektor, "Uncovering the Sources of Nuclear Behavior, the case of Brazil", mimeo, 2013; Carlo Patti e Matias Spektor, "'We are not a non-proliferation agency': Henry A. Kissinger Confronts Nuclear Brazil", mimeo, 2013.

9. Aviso 135/79, Secretaria Geral do Conselho de Segurança Nacional, 18 jun 1979. Ver Michael Barletta, "The Military Nuclear Program in Brazil", Center for International Security and Arms Control Working Paper, Stanford University, 1997.

10. Para China, Informação para o Senhor Presidente da República 102, secreto, 4 abr 1984. Para Iraque, Ministério da Energia, 17 jan 1979, PNB pn a 1978.07.13, CPDOC/FGV; Silveira a ministro da Energia, 30 jan 1979 e 1º mar 1979, PNB pn a 1978.07.13, CPDOC/FGV. Informação para o Senhor Presidente da República 134, 19 set 1979, CPDOC/FGV. Para África do Sul, Informação para o Senhor Presidente da República 219, secreto exclusivo, 5 nov 1979, CPDOC/FGV.

11. Sobre o programa especial, Decio Castilho Cebalos, "The Brazilian Space Program: a Selective Strategy for Space Development and Business", Space Policy (ago 1995). Pericles Gasparini Alves, *Access to Outer Space Technologies: Implications for International Security*, UN Institute for Disarmament Research document, Research Paper 15, 1992. Wyn Q. Bowen, Report: Brazil's Accession to the MTCR, *The Nonproflieration Review*/primavera-verão, 1996.

12. Rodrigo Mallea, Matias Spektor e Nicholas Wheeler, "Origens da cooperação nuclear argentino-brasileira: uma história oral crítica", mimeo, 2013; Rodrigo Mallea, "La cuestión nuclear en la relación argentino-brasileña (1968-1984)", tese de mestrado, IESP/UERJ, 2012; e Sara Kutchesfahani, "The Path Towards the Creation of ABACC", tese de doutorado, University College London, 2010.

13. Para citação, Marcos Azambuja, depoimento ao CPDOC. Ver Lampreia a Exteriores, 10002 21945, urgentíssimo, 21 set 1998. LFL, CPDOC/FGV.

14. Ver Lampreia a Exteriores, 10001 42210, secreto, 18 mar 1997. Por exemplo, Lampreia a Exteriores, 1001 62100, 26 set 1997, LFL, CPDOC/FGV.

15. Reunião no Alvorada, 26 mar 1997, notas manuscritas, LFL/Cpdoc.

16. Lampreia a Exteriores, 10005 4187, secreto, 17 mar 1999. Lampreia a Exteriores, 10024, confidencial, 23 set 1999, LFL, CPDOC/FGV.

17. Lampreia a Exteriores, 10005, confidencial, 31 mar 2000, LFL, CPDOC/FGV.

18. Audiência na Câmara dos Deputados, Comissão de Relações Exteriores e de Defesa Nacional, 799/01, 23 ago 2001.

19. *Folha de S. Paulo*, 11 nov 2002.
20. *Folha de S. Paulo*, 10 nov 2002.

Dia 15

1. Para Palocci, ver, por exemplo, UOL Notícias, 5 nov 2002. Para Dirceu, *Folha de S. Paulo*, 7 nov 2002.
2. Sérgio Amaral, "A Alca depois de Quito", *Folha de S. Paulo*, 11 nov 2002.
3. Nicola Phillips, "Hemispheric Integration and Sub-regionalism in the Americas", *International Affairs*, 79, n. 2 (2003).
4. Richard Feinberg, "Regionalism and Domestic Politics: US-Latin American Trade Policy in the Bush Era", *Latin American Politics and Society*, 44/4 (inverno 2002). Sobre Doha, Robert Wade, "What Strategies are Viable for Developing Countries Today? The World Trade Organization and the Shrinking of 'Development Space'", *Review of International Political Economy*, vol. 10, n. 4, nov 2003. Robert Wade, "The Ringmaster of Doha", *New Left Review* 25, jan/fev 2004.
5. Alcides Costa Vaz, "Trade Strategies in the Context of Economic Regionalism: The Case of Mercosur", in Vinod K. Aggarwal, Ralph Espach e Joseph Tulchin, eds., *The Strategic Dynamics of Latin American Trade*. Woodrow Wilson Center Press, 2004.
6. Lampreia a Exteriores, 004 71730, secreto, 1º jul 1995. Lampreia a Exteriores, 10002 62230, confidencial, 22 set 1995. Lampreia a Exteriores, 10001 61010, secreto, 17 maio 1996. Lampreia a Exteriores, 10011, secreto, 25 set 1996. Lampreia a Exteriores, 10002 22145, confidencial, 17 mar 1997. Lampreia a Exteriores, 10001 52000, confidencial, 18 set 1997. Lampreia a Exteriores, 10005 4187, secreto, 17 mar 1999. Lampreia a Exteriores, 10005 4187, secreto, 17 mar 1999. Todos os documentos encontram-se depositados em LFL, CPDOC/FGV.
7. "Visita de Trabalho da Secretária de Estado dos EUA, Madeleine Albright, ao Brasil", confidencial, 15 ago 2000, ARB, CPDOC/FGV.
8. Para um exemplo deste raciocínio, ver Flecha de Lima a MRE, 1604, confidencial, 25 set 1998, ARB, CPDOC/FGV.
9. Lafer a MRE, secreto, 10003, 2 mar 2001, ARB, CPDOC/FGV.
10. "Mecanismo Consultivo", comentários à proposta norte-americana, confidencial, DEC 23/0301, ARB, CPDOC/FGV.
11. Dani Rodrik, "Trading in Illusions", *Foreign Policy*, mar/abr 2001.
12. A Kwa, "Power Politics in the WTO", Focus on the Global South, Chulalongkorn University, Bangkok, nov 2002.
13. Para críticas de Serra ao Itamaraty, ver José Serra a Luiz Felipe Lampreia, 16 ago 1995, LFL, CPDOC/FGV. Sobre órgão exclusivo, Barbosa a Serra, 10 set 2002, ARB, CPDOC/FGV. Ver também Celso Lafer, "O Itamaraty e as Negociações Econômicas e Comerciais", *Estado de S. Paulo*, 10 set 2002.
14. Circular Telegráfica 40622, 15 fev 2001, ARB, CPDOC/FGV.

Notas

15. Rubens Barbosa a Exteriores, n. 445, Washington, 17 fev 2001; Sebastião do Rego Barros a Exteriores, n. 296, Buenos Aires, 16 fev 2001, ARB, CPDOC/FGV.

16. Circular Telegráfica 40658, 20 fev 2001, ARB, CPDOC/FGV.

17. *Folha de S. Paulo*, 14 abr 2001.

18. *Miami Herald*, 13 out 2002; *Folha de S. Paulo*, 16 out 2002.

19. Para conversa Lula/Hrinak, Telegrama 1473, AmCon Sao Paulo to SecState, confidencial, 31 out 2002. FOIA.

20. Am. Emb. a Estado, confidencial, 22 nov 2002 (disponível em Folha.com, 8 dez 2010).

21. Am. Emb. a Estado, confidencial, 22 nov 2002 (disponível em Folha.com, 8 dez 2010).

22. Para Itamaraty, Carlos Pio, "A construção política da economia de mercado no Brasil: estabilização e abertura comercial (1985-1995)", tese de doutorado, IUPERJ, 2001.

23. Mario Carranza, "Can Mercosur Survive? Domestic and International Constraints on Mercosur", *Latin American Politics and Society* 45, n. 2 (2003); e Carlos Gustavo Poggio Teixeira, "Brazil and the Institutionalization of South America: from hemispheric estrangement to cooperative hegemony", *Revista Brasileira de Política Internacional*, 54 (2), 2011.

24. Lampreia a Exteriores, 025 20935, secreto, 30 set 1996, LFL, CPDOC/FGV.

Dia 16

1. "PT fala em manter data da posse", *Folha de S. Paulo*, 13 nov 2002.

2. "Palocci disse estar à direita de Malan, relata FHC" e "Lula 'beijou a cruz' e está no 'bom caminho', diz FHC", *Folha de S. Paulo*, 13 nov 2002.

3. Laura Gómez-Mera, "Domestic Constraints on Regional Cooperation: Explaining Trade Conflict in Mercosur", *Review of International Political Economy*, 16 (4), dec 2009.

4. *Gazeta Mercantil*, 6 mar 1997.

5. Lampreia a Exteriores, n. 10004 61800, secreto, 20 set 1996, LFL, CPDOC/FGV.

6. Aula Magna, embaixador Luiz Felipe Lampreia, Instituto Rio Branco, 22 ago 1995, LFL, CPDOC/FGV.

7. Para uma análise sobre os porquês da sobrevivência do Mercosul, ver Laura Gómez-Mera, "Explaining Mercosur's Survival: Strategic Sources of Argentine-Brazilian Convergence", *Journal of Latin American Studies*, 37/1, fev 2005.

8. "Reunião no Alvorada", 27 mar 1997, notas manuscritas, LFL, CPDOC/FGV. Além de FHC, estavam presentes os embaixadores Luiz Felipe Lampreia, Ronaldo Sardenberg, Marcos Azambuja, José Botafogo Gonçalves, Luiz Felipe de Seixas Corrêa, Jório Dauster, Celso Lafer, Paulo Tarso Flecha de Lima, Rubens Barbosa e Sebastião do Rego Barros.

9. Para detalhes, ver Matias Spektor, "Brazil: the Underlying Ideas of Regional Policies", in Daniel Flemes, org., *Regional Leadership in the Global System* (Ashgate, 2010).

10. Barbosa a FHC, notas, circa 2000, ARB, CPDOC/FGV.

11. Visita de Trabalho da Secretária de Estado dos EUA, Madeleine Albright, ao Brasil", confidencial, 15 ago 2000, ARB, CPDOC/FGV. Lampreia a Exteriores, 10003, confidencial, 31 mar 2000, LFL, CPDOC/FGV.
12. Para "Dou minha vida…", *Financial Times*, 16 jul 2001.
13. David Rock, "Racking Argentina", *New Left Review* 17, set-out 2002.
14. World Bank, Argentina — Crisis and Poverty, 2002, vol 1, Report n. 26127-AR. Washington DC, The World Bank.
15. Barbosa a MRE, 511, secreto, 6 mar 2002, ARB, CPDOC/FGV.
16. *Washington Post*, 28 out 2002; e *Página* 12, 28 out 2002.

Dia 17

1. "FHC visita a Inglaterra", Agência Brasil, 13 nov 2002.
2. Richard Lapper, "US right scents", *Financial Times*, 23 out 2002; Celso Amorim, "Letter to the Editor", *Financial Times*, 24 out 2002.
3. Cardoso, *O presidente segundo o sociólogo*…, p. 88.
4. Philip Zelikow, "U.S. Strategic Planning in 2001-02", in Melvyn P. Leffler e Jeffrey W. Legro, eds., *In Uncertain Times: American Foreign Policy after the Berlin Wall and 9/11* (Cornell University Press, 2011).
5. Steven Erlanger, "A Nation Challenged: The Allies", *New York Times*, 13 fev 2002.
6. S. Paul Kapur e Smit Ganguly, "The Transformation of US-India Relations: An Explanation for the Rapprochement and Prospects for the Future", Asian Survey, 47/4 (2007).
7. Condoleezza Rice, "Campaign 2000: Promoting the National Interest", *Foreign Affairs*, jan/fev 2000.
8. Denis Kux, "India's fine Balance", *Foreign Affairs*, mai/jun 2002. Ver também S. Paul Kapur e Sumit Ganguly, "The Transformation of US India Relations…" Teresita Schaffer, *India and the US in the 21st Century* (CSIS, 2009); Sumit Ganguly, *India as an Emerging Power* (Frank Cass, 2003).
9. Lafer a MRE, 10004, secreto, 2 mar 2001, ARB, CPDOC/FGV.
10. Woodward (2002), 158.
11. Elio Gaspari, 'O Grande Natal de 2002', *Folha de S. Paulo*, 13 nov 2002.
12. Ian Williams, "The U.S. Hit List at the United Nations", *Foreign Policy in Focus*, 30 abr 2002.
13. George Monbiot, "The Removal of Jose Bustani Demonstrates George Bush's Contempt for Cooperation", *The Guardian*, 23 abr 2002.
14. Conforme relatado por Lafer ao *New York Times*, 13 out 2013.
15. José M. Bustani to Colin Powell, The Hague, 21 fev 2002. ARB, CPDOC/FGV. Para proposta de vice, Non-Paper, 5 abr 2002, ARB, CPDOC/FGV.
16. Ana Stanic, "Bustani v. Organisation for the Prohibition of Chemical Weapons, Judgement No. 2232", *The American Journal of International Law*, 98/4, out 2004.
17. "Após Argentina e Chile, Lula vai a Bush", *Folha de S. Paulo*, 14 nov 2002.

Notas

Dia 18

1. "Pontos para Conversação com Bush" e "Pontos de Posição para a viagem a Washington do presidente eleito Luiz Inácio Lula da Silva", notas manuscritas, circa 10 dez 2002, ARB, CPDOC/FGV.
2. "Encontro com o presidente George W. Bush", sem data, ARB, CPDOC/FGV.
3. AmEmb a SecState, confidencial, 22 nov 2002 (disponível em Folha.com, 8 dez 2010).
4. "In Brazil, Lula Aide Steering Toward Middle", *Los Angeles Times*, 8 Dec 2002.
5. "In Brazil, Lula Aide Steering Toward Middle", *Los Angeles Times*, 8 Dec 2002.
6. AmEmb Brasília a SecState, confidencial, n. 4294, 27 nov 2002, NA.
7. "Bush pode oferecer ajuda para Fome Zero", *Valor Econômico*, 6 dez 2012.
8. Marcos Galvão para Rubens Barbosa, e-mail, 7 dez 2002, ARB, CPDOC/FGV.
9. AmbEmb a SecState, sensível, n. 4328, 29 nov 2002 (disponível em Folha.com, 8 dez 2010).
10. "Brazilian Meets Bush and Vows to Cooperate on Freer Trade", *New York Times*, 11 dez 2002.
11. "Brazilian Meets Bush and Vows to Cooperate on Freer Trade", *New York Times*, 11 dez 2002.
12. *Folha de S. Paulo*, 10 nov 2002.

Epílogo

1. Barbosa a MRE, 1896, secreto, 8 jul 2003, ARB, CPDOC/FGV.
2. AmCon São Paulo a SecState, confidencial, n. 493, 26 mar 2004 (disponível em Wikileaks).
3. SecState a AmEmb Brasília, confidencial, n. 39542, 7 mar 2005 (disponível em Wikileaks).
4. AmEmb Brasília a SecState, confidencial, n. 1035, 15 abr 2005 (disponível em Wikileaks).
5. Secretary Rice, Remarks at the Memorial Museum of Juscelino Kubitschek, Brasília, 27 abr 2005. *The Economist*, 30 abr 2005.
6. Para relato sobre proposta de cúpula feita por Dirceu, AmEmb Brasília a SecState, confidencial, n. 1035, 15 abr 2005 (disponível em Wikileaks). Ver também SecState a AmEmb Brasília, confidencial, n. 39542, 7 mar 2005 (disponível em Wikileaks).
7. Para os dados, ver André Singer, *Os sentidos do lulismo: reforma gradual e pacto conservador* (Companhia das Letras, 2012).

Bibliografia

Amorim, Celso, "O Brasil e a Ordem Internacional Pós-Golfo", *Contexto Internacional*, vol. 13, n. 1, jan-jun 1991.

_____. *Conversas com jovens diplomatas* (Benvirá, 2011).

_____. *Breves narrativas diplomáticas* (Benvirá, 2013).

Amorim Neto, Octávio. *De Dutra a Lula: os determinantes e a condução da política externa brasileira* (Campus e Konrad Adenauer Stiftung, 2011).

Andrade, Helenice e Cátia Costa, "Governo de Transição FHC-Lula: Constituição, funcionamento e resultados dos trabalhos realizados pela equipe do governo de transição FHC-Lula". Série Estudos de Políticas Públicas. Documento de trabalho n.10. Observatório Universitário, Databrasil, 2003.

Araujo Castro, João Augusto de, "O Poder Nacional", Palestra na Escola Superior de Guerra, mimeo, 1958.

Baigm Taimur e Ilan Goldfajn, "The Russian Default and the Contagion to Brazil", *IMF Working Paper*, n. 160, 2000.

Barletta, Michael, "The Military Nuclear Program in Brazil", Center for International Security and Arms Control Working Paper, Stanford University, 1997.

Blunstein, Paul, *The Chastening: Inside the Crisis that Rocked the Global Financial System and Humbled the IMF* (Public Affairs, 2003).

Bourne, Richard, *Lula do Brasil: a história real do Nordeste ao Planalto* (Geração Editorial, 2009).

Bowen, Wyn, Report: Brazil's Accession to the MTCR, *The Nonproliferation Review*/primavera-verão, 1996.

Bresser-Pereira, Luiz Carlos, *Desenvolvimento e crise no Brasil: história, economia e política de Getúlio Vargas a Lula*. 5 ed. (Editora 34, 2003).

Buarque de Holanda, Sérgio, Boris Fausto e Pedro Moacyr Campos, orgs., *História geral da civilização brasileira*, em 11 volumes (Record).

Burke, J. P. *Presidential Transitions: From Politics to Practice*. (Lynne-Rienner, 2000).

Burges, Sean, "Brazil as the Regional Leader: Meeting the Chávez Challenge", *Current History*, fev, 2010.

Camargo, Aspásia e Walder de Góes, *O drama da sucessão (e a crise do regime)* (Nova Fronteira, 1984).

Campbell, Kurt e John Steinberg, *Difficult Transitions: Foreign Policy Troubles at the Outset of Presidential Power* (Brookings Institution, 2008).

Cardoso, Fernando Henrique, "Dependent Capitalist Development in Latin America", *New Left Review*, 1, 74 (1972).

_____. "The Consumption of Dependency Theory in the United States", *Latin American Research Review* 12, 2 (1977).

_____. "Relações Norte-Sul no contexto atual: uma nova dependência", in Renato Baumann (org.), *O Brasil e a economia global* (Campus, 1996), p. 12.

_____. *O presidente segundo o sociólogo. Entrevista de Fernando Henrique Cardoso a Roberto Pompeu de Toledo* (Companhia das Letras, 1998).

_____. *The Accidental President of Brazil: a Memoir* (Public Affairs, 2006).

_____. *A arte da política: a história que vivi* (Record, 2006).

Cardoso, Fernando Henrique e Mario Soares, *O mundo em português: um diálogo* (Paz e Terra, 1998).

Carranza, Mario, "Can Mercosur Survive? Domestic and International Constraints on Mercosur", *Latin American Politics and Society* 45, n. 2 (2003).

Cason, Jeffrey e Timothy Power, "Presidentialization, Pluralization, and the Rollback of Itamaraty: Explaining Change in Brazilian Foreign Policy Making in the Cardoso-Lula Era", *International Political Science Review*, mar 2009, vol. 30, n. 2.

Castilho Cebalos, Decio, "The Brazilian Space Program: a Selective Strategy for Space Development and Business", Space Policy (ago 1995).

Cepaluni, Gabriel e Tullo Vigevani, *Brazilian Foreign Policy in Changing Times: The Quest for Autonomy from Sarney to Lula* (Lexington Books, 2009).

Cerna, Christina, "The Structure and Functioning of the Inter-American Court of Human Rights, 1979-1992", *British Yearbook of International Law*, vol. 135, 1993.

Cervo, Amado Luiz. "Relações Internacionais do Brasil: um balanço da era Cardoso". *Revista Brasileira de Política Internacional*, vol. 45, n. 1, 2002.

_____. *Relações Internacionais da América Latina: velhos e novos paradigmas*. 2 ed. (Saraiva, 2007).

Clarke, Richard, *Against All Enemies: Inside America's War on Terror* (Free Press, 2004).

Costa Vaz, Alcides, "Trade Strategies in the Context of Economic Regionalism: The Case of Mercosur", in Vinod K. Aggarwal, Ralph Espach e Joseph Tulchin, eds., *The Strategic Dynamics of Latin American Trade*. Woodrow Wilson Center Press, 2004.

Couto, Estêvão Ferreira. "Judicialização da política externa e direitos humanos". *Revista Brasileira de Política Internacional*, 2004, vol. 47, n.1, p. 140-161.

Couto e Silva, Golbery do, *Geopolítica do Brasil* (Ática, 1995 [1958]).

Della Porta, Donatella e S. Tarrow, *Transnational Protest and Global Activism* (Rowman and Littlefield, 2005).

Bibliografia

Danese, Sérgio F. *Diplomacia presidencial: história e crítica* (Topbooks, 1999).

Dimenstein, Gilberto e Josias de Souza, *A história real: trama de uma sucessão* (Ática, 1994).

ElBaradei, Mohammed, *The Age of Deception* (Metropolitan Books, 2011).

Engstrom, Par e Andrew Hurrell, in Monica Serrano e Ramesh Thakur (eds.), *The Human Rights Regime in the Americas: Theory and Reality* (United Nations University Press, 2010).

Feinberg, Richard, "Regionalism and Domestic Politics: US-Latin American Trade Policy in the Bush Era", *Latin American Politics and Society*, 44/4 (inverno 2002).

Fernandes, Leonardo, Gisela Padovan e Antonio Patriota, "Os três painéis sobre o Iraque nas Nações Unidas", in O Brasil na ONU (FUNAG, 2008).

Fonseca Jr., Gelson, *O interesse e a regra: ensaios sobre o multilateralismo* (Paz e Terra, 2008).

_____. *Diplomacia e Academia: um estudo sobre as relações entre o Itamaraty e a comunidade acadêmica* (FUNAG, 2012).

Ganguly, Sumit, *India as an Emerging Power* (Frank Cass, 2003).

Ganguly, Sumit e S. Paul Kapur, "The transformation of US India Relations: An Explanation for the Rapprochement and Prospects for the Future", *Asian Survey*, 47/4 (2007).

Gasparini Alves, Pericles, *Access to Outer Space Technologies: Implications for International Security*, UN Institute for Disarmament Research document, Research Paper 15, 1992.

Gil Kinzo, Maria D'Alva, "O quadro partidário e a Constituinte", *Revista Brasileira de Ciência Política* 1/1 (1989).

Glenn Gray, William, "Commercial Liberties and Nuclear Anxieties: The US-German Feud Over Brazil, 1975-7", *The International History Review*, 2012, 1-26.

Goertzel, Ted, *Fernando Henrique Cardoso: Reinventing Democracy in Brazil* (Lynne Rienner, 1999).

Gómez-Mera, Laura, "Explaining Mercosur's Survival: Strategic Sources of Argentine--Brazilian Convergence", *Journal of Latin American Studies*, 37/1, fev 2005.

_____. "Domestic Constraints on Regional Cooperation: Explaining Trade Conflict in Mercosur", *Review of International Political Economy*, 16 (4), dez 2009.

Green, John C. e John Dilulio, "Evangelicals in civil Life: How the Faithful Voted", *Ethics and Public Policy Center*, jan 2001.

Guilhon Albuquerque, J. A., "A Alca na política externa brasileira", *Política Externa*, vol. 10, n. 2, p. 7-20, 2001.

Hardt, Michael, "Porto Alegre: Today's Bandung?", *New Left Review* 14, mar/abr 2002.

Hersant Leoni, Brigitte, *Fernando Henrique Cardoso: o Brasil do possível* (Nova Fronteira, 1997).

Herz, Monica, "Brazilian Foreign Policy since 1990 and the Pax Americana". In: Dominguez, Jorge e K. Byung-Kook, orgs., *Between Compliance and Conflict: East Asia, Latin America, and the new Pax Americana* (Taylor and Francis), 2005.

Hess, S. *What Do We Do Now? A Workbook for the President-Elect*. (Brookings Institution, 2008).

Hibbs, Mark, "U.S. Briefed Suppliers Group in October on Suspected Iranian Enrichment Plant," *Nuclear Fuel* 27:26, dez 23, 2002.

Hirst, Monica e Andrew Hurrell, *Brasil-Estados Unidos: desencontros e afinidades* (FGV, 2009).

Hirst, Monica e Maria Regina Soares de Lima, "Contexto Internacional, Democracia e Política Exterior", *Política Externa*, vol. 11, n. 2, 2002.

_____. "O Brasil como País Intermediário e Potência Regional". In: Andrew Hurrell et alii. *Os BRICs e a Ordem Global* (FGV, 2009).

Hochstetler, Kathryn e Margaret Keck, *Greening Brazil: environmental activism in state and society* (Duke University Press, 2007).

Hunter, Wendy, "Corrupção no Partido dos Trabalhadores: o dilema do sistema", in Jairo Nicolau e Timothy J. Power, ed., *Instituições representativas no Brasil: Balanço e reforma* (UFMG, 2007).

_____. "O Partido dos Trabalhadores Still a Party of the Left?", in Peter R. Kingstone e Timothy J. Power, orgs., *Democratic Brazil Revisited* (Pittsburgh, 2008).

_____. "The Quest for Autonomy: The Evolution of Brazil's Role in the International System, 1964-1985", tese de doutorado, University of Oxford, 1986.

_____. "'There are No Rules' (George Bush): International Order after September 11", *International Relations*, 2002/16.

_____. "The Foreign Policy of Modern Brazil". In: Hook, S., ed., *Comparative Foreign Policy: Adaptation Strategies of the Great and Emerging Powers* (Prentice Hall, 2002).

_____. "Cardoso on the World", in Herminio Martins e Maria Angela D'Incao (orgs.), *Democracia, crise e reforma. Estudos sobre a era Fernando Henrique Cardoso* (Paz e Terra, 2010).

Jaguaribe, Hélio, *O nacionalismo na atualidade brasileira* (ISEB, 1958).

Jank, Marcos e Vera Thorstensen, *O Brasil e os grandes temas do comércio internacional* (Aduaneiras, 2005).

Keck, Margaret, *The Workers' Party and Democratization in Brazil* (Yale, 1995).

Kotscho, Ricardo, *Do Golpe ao Planalto: uma vida de repórter* (Companhia das Letras, 2006).

Kramer, Dora, *O poder pelo avesso* (Barcarolla, 2010).

Krauthammer, Charles, "The Unipolar Moment", *Foreign Affairs* (1990).

Kutchesfahani, Sara, "The Path Towards the Creation of ABACC", tese de doutorado, University College London, 2010.

Kux, Denis, "India's fine Balance", *Foreign Affairs*, mai/jun 2002.

Kwa, A, "Power Politics in the WTO", Focus on the Global South, Chulalongkorn University, Bangkok, nov 2002.

Lafer, Celso, "Reflexões sobre a inserção do Brasil no contexto internacional", *Contexto Internacional*, n. 11, 1990.

Bibliografia

Lafer, Celso. "Perspectivas e possibilidades da inserção internacional do Brasil". *Política Externa*, vol. 1, n. 3, 1992.

_____. "A política externa brasileira no governo Collor", *Política Externa*, vol. 1, n. 4, 1993.

_____. "Brazilian International Identity and Foreign Policy: Past, Present, and Future", *Daedalus*, vol. 129, n. 2, 2000.

_____. "Reflexões sobre uma gestão". *Política Externa*, vol. 11, n. 4, 2003.

_____. *A identidade internacional do Brasil e a política externa brasileira: passado, presente e futuro* (Perspectiva, 2004).

_____. "A política externa brasileira: necessidades internas x possibilidades externas", *Problemas Brasileiros*, n. 375, 2006.

Lampreia, Luiz Felipe, "O Brasil e o mundo no século XXI: uma visão do Itamaraty". *Política Externa*, vol. 5, n. 3, 1996.

_____. "A política externa do governo FHC: continuidade e renovação". *Revista Brasileira de Política Internacional*, vol. 41, n. 2, 1998.

_____. *Diplomacia brasileira: palavras, contextos e razões* (Lacerda Editores, 1999).

_____. *O Brasil e os ventos do mundo: memórias de cinco décadas na cena internacional* (Objetiva, 2009).

Leffler, Melvyn, "The Foreign Policies of the Bush Administration: Memoirs, History and Legacy", *Diplomatic History*, 37/2, 2013.

Leitão, Miriam, *Saga brasileira: a longa luta de um povo por sua moeda* (Record, 2011).

Lessa, Antônio Carlos e Henrique Altemani, *Relações internacionais do Brasil: temas e agendas*, vol.1 (Saraiva, 2006).

Love, Joseph, "The Origins of Dependency Analysis", *Journal of Latin American Studies* 22, 1 (1990).

Maia, João Marcelo, "As armadilhas da moralidade: o PT e a República", *Revista de Ciências Sociais*, 1, 2007.

Mallea, Rodrigo, "La cuestión nuclear en la relación argentino-brasileña (1968-1984)", tese de mestrado, IESP/UERJ, 2012.

Mallea, Rodrigo, Matias Spektor e Nicholas Wheeler, "Origens da Cooperação Nuclear Argentino-Brasileira: uma História Oral Crítica", mimeo, 2014.

Martins, Luciano e João Paulo dos Reis Velloso (orgs.), *A nova ordem mundial em questão* (José Olympio, 1993).

Maxwell, Kenneth, "Brazil in Meltdown", *World Policy Journal*, primavera 1999.

Maxwell, Kenneth, "Brazil: Lula's Prospect", *New York Review of Books*, 5 dez 2002.

Medeiros, Alexandre, *Nos bastidores da campanha: Luiz Inácio Lula da Silva. Crônica de um sonho* (Objetiva, 1994).

Meier, Charles, "An American Empire?", *Harvard Magazine*, nov/dez 2002.

Milani, Carlos e Laniado, R., "Transnational Social Movements and the Globalization Agenda: a methodological approach based on the analysis of the World Social Forum", *Brazilian Political Science Review*, vol. 1, 2007.

Moura, Gerson, *Autonomia na dependência* (Nova Fronteira, 1980).

Oliveira, Amâncio e Janina Onuki, "Eleições, partidos políticos e política externa no Brasil", *Política Hoje*, vol. 19, 2010.

Oppenheimer, Andrés, *Contos do vigário* (Record, 2007).

Paiva Abreu, Marcelo de, *Comércio exterior: interesses do Brasil* (Elsevier, 2007).

_____. "O Brasil e a Alca". In: Reis Velloso, João Paulo, org., *Brasil: desafios de um país em transformação*. Rio de Janeiro: José Olympio, 1997.

Palocci, Antônio, *Sobre formigas e cigarras* (Objetiva, 2007).

Patti, Carlo e Matias Spektor, "'We are not a non-proliferation agency': Henry A. Kissinger confronts nuclear Brazil", mimeo, 2013.

Pecequilo, Cristina Soreanu, *As relações Brasil-Estados Unidos* (Fino Traço, 2012).

Phillips, Nicola, "Hemispheric Integration and Sub-regionalism in the Americas", *International Affairs*, 79, n. 2 (2003).

Pinheiro, Letícia, Os véus da transparência: política externa e democracia no Brasil. IRI Textos, n. 25, p. 1-18, 2003.

_____. *Política externa brasileira (1889-2002)* (Zahar, 2004).

_____. "Autores y actores de la política exterior brasileña", *Foreign Affairs en Español*, vol. 9, 2009.

Pio, Carlos, "A construção política da economia de mercado no Brasil: estabilização e abertura comercial (1985-1995)", tese de doutorado, IUPERJ, 2001.

Poggio Teixeira, Carlos Gustavo, "Brazil and the Institutionalization of South America: from hemispheric estrangement to cooperative hegemony", *Revista Brasileira de Política Internacional*, 54 (2), 2011.

Power, Samantha, *Chasing the Flame: Sergio Vieira De Mello and the Fight to Save the World* (Allen Lane, 2008).

Power, Timothy, "Brazilian Politicians and Neoliberalism: Mapping Support for the Cardoso Reforms, 1995-1997", *Journal of Inter-American Studies and World Affairs* 40, n. 4 (inverno 1998).

_____. "Quais são os valores da social-democracia hoje? Algumas reflexões comparativas sobre a crise de identidade do PSDB", *Política Comparada* 2 (jan-jun 1998).

_____. "Blairism Brazilian Style? Cardoso and the 'Third Way' in Brazil", *Political Science Quarterly*, 116/4, inverno 2001.

_____. "Centering Democracy? Ideological Cleavages and Convergence in the Brazilian Political Class", in Peter Kingstone e Timothy J. Power, eds., *Democratic Brazil Revisited* (University of Pittsburgh Press, 2008).

Ramalho, Antônio Jorge, "O Brasil e os regimes internacionais". In: Henrique Altemani e Antônio Carlos Lessa, orgs., *Relações internacionais do Brasil: temas e agendas* (Saraiva, 2006).

Rao, Rahul, *Third World Protest: Between Home and the World* (Oxford University Press, 2010).

Rice, Condoleezza, "Campaign 2000: Promoting the National Interest", *Foreign Affairs*, jan/fev 2000.

Rocha, Geisa Maria, "Neo-Dependency in Brazil", *New Left Review* 16, jul-ago, 2002.

Bibliografia

Rock, David, "Racking Argentina", *New Left Review* 17, set-out 2002.

Rodrigues, José Honório, *Aspirações Nacionais* (Obelisco, 1962).

Rodrik, Dani, "Trading in Illusions", *Foreign Policy*, mar/abr 2001.

Rosenberg, Justin, *The Empire of Civil Society* (Verso, 1995).

Sader, Emir, "Beyond Civil Society", *New Left Review* 17, set/out 2002.

Samuels, David, "Fiscal Straightjacket: The Politics of Macroeconomic Reform in Brazil, 1995-2002", *Journal of Latin American Studies* 35 (2003): 545-69.

Samuels, David, "From Socialism to Social Democracy: Party Organization and the Transformation of the Worker's Party in Brazil", *Comparative Political Studies*, 37/9, nov 2004: 999-1024.

Saraiva, Miriam Gomes, "A integração Brasil-Argentina no final dos anos 90", *Revista Brasileira de Política Internacional*, vol. 42, n. 2, 1999.

_____. *Encontros e desencontros: o lugar da Argentina na política externa brasileira* (Fino Traço, 2012).

Schaffer, Teresita, *India and the US in the 21st Century* (CSIS, 2009).

Secco, Lincoln, *História do PT* (Ateliê Editorial, 2011).

Singer, André, *Os sentidos do lulismo: reforma gradual e pacto conservador* (Companhia das Letras, 2012).

Soares de Lima, Maria Regina, "Instituições democráticas e política exterior". *Contexto Internacional*, vol. 22, n. 2, 2000.

_____. "Aspiração internacional e política externa". *Revista Brasileira de Comércio Exterior*, vol. 19, n. 82, janeiro/março de 2005.

_____. "A política externa brasileira e os desafios da cooperação Sul-Sul", *Revista Brasileira de Política Internacional*, vol. 48, n. 1, 2005.

Spektor, Matias, *Kissinger e o Brasil* (Zahar, 2009).

_____. *Azeredo da Silveira: um depoimento* (FGV, 2010).

_____. "Brazil: the Underlying Ideas of Regional Policies", in Daniel Flemes, org., *Regional Leadership in the Global System* (Ashgate, 2010).

_____. "Brazilian Assessments of the End of the Cold War", In: Artemy M. Kalinovsky e Sergey Radchenko, orgs., *The End of the Cold War and The Third World: New Perspectives on Regional Conflict* (Routledge, 2011).

_____. "Uncovering the Sources of Nuclear Behavior, the case of Brazil", mimeo, 2013.

Stanic, Ana, "Bustani v. Organisation for the Prohibition of Chemical Weapons, Judgement n. 2232", *The American Journal of International Law*, 98/4, out 2004.

Tokatlian, Juan Gabriel, "The United States and Illegal Crops in Colombia: The Tragic Mistake of Futile Fumigation", University of California Center for Latin American Studies Working Papers, n. 3, jun 2003.

Vargas, João, *Campanha permanente: o Brasil e a reforma do Conselho de Segurança da ONU* (FGV, 2011).

Vargas Garcia, Eugênio, *O sexto membro permanente: o Brasil e a criação da ONU* (Contraponto, 2012).

Velasco e Cruz, Sebastião, "Ideias do poder: dependência e globalização em F.H. Cardoso", *Estudos Avançados* 13 (37) 1999.

_____. *Trajetórias: capitalismo neoliberal e econômicas nos países da periferia* (UNESP, 2007).

Villa, Rafael, "Política externa brasileira: capital social e discurso democrático na América do Sul", *Revista Brasileira de Ciências Sociais*, vol. 21, n. 61, 2006.

Wade, Robert, "What Strategies are Viable for Developing Countries Today? The World Trade Organization and the Shrinking of 'Development Space'", *Review of International Political Economy*, vol. 10, n. 4, nov 2003.

Wade, Robert, "The Ringmaster of Doha", *New Left Review* 25, jan/fev 2004.

Wallerstein, Immanuel, "New Revolts Against the System", *New Left Review* 18, nov/dez 2002.

Williams, Ian, "The U.S. Hit List at the United Nations", *Foreign Policy in Focus*, 30 abr 2002.

Woodward, Bob, *Bush at War* (Simon & Shuster, 2002).

_____. *Plan of Attack* (Simon & Shuster, 2004).

Woolley, John e Gerhard Peters, eds., *The American Presidency Project*, http://www.presidency.ucsb.edu.

Zelikow, Philip, "U.S. Strategic Planning in 2001-02", in Melvyn P. Leffler e Jeffrey W. Legro, eds., *In Uncertain Times: American Foreign Policy after the Berlin Wall and 9/11* (Cornell University Press, 2011).

Agradecimentos

Minha memória deste livro se confunde com o Centro de Relações Internacionais da Fundação Getulio Vargas, que tive o privilégio de fundar e dirigir durante quatro anos.

Por isso, minha primeira dívida é com o grupo extraordinário de assistentes que fizeram o projeto acontecer: Juliana Marques, Eduardo Achilles, Mila Lo Bianco, Pedro Mariano, Laura Naves, Dani Nedal, Marcos Tourinho e Mariana Granja, além de uma geração de estagiários.

A redação do livro foi possível graças ao apoio das instituições que me albergaram durante três temporadas de trabalho: o Council on Foreign Relations, onde passei o primeiro semestre de 2010, o Woodrow Wilson International Center for Scholars, onde trabalhei no outono de 2012, e o King's College London, onde ocupei a Cátedra Rio Branco em 2013. Em Washington, Eliza Sweren Becker foi além de sua responsabilidade para facilitar minha estadia, assim como o fez Jacqueline Armit em Londres. Um agradecimento especial vai para os Sweig Thompson, cujo carinho fez toda a diferença.

O livro não seria viável sem a generosidade da FGV e dos colegas que assumiram minhas responsabilidades durante os meses de ausência: Elena Lazarou, Oliver Stuenkel, Alexandre Moreli, Monique Sochaczewski, Arbel Griner e Celso Castro. Kely Lobo e Fabiano dos Santos contribuíram mais do que imaginam.

Também gostaria de agradecer as seguintes pessoas por conversas sobre os assuntos aqui tratados que foram importantes para mim: Leslie Bethell, Diego Bonomo, Sean Burges, João Augusto Castro Neves, Luigi Einaudi, Elio Gaspari, Peter Hakim, Monica Herz, Steven Hill, Andrew Hurrell, John Ikenberry, Charlie Kupchan, Dan Kurtz-Phelan, Peter Kornbluh, Melvyn Leffler, João Marcelo Maia, Sebastian Mallaby, Rodrigo Mallea, Renato Mariani, Leonardo Martinez-Diaz, John Mearsheimer, Federico Merke, Filipe Nasser, Jana Nelson, Paulo Pacheco, Stewart Patrick, Antonio Patriota, Carlo Patti, Anthony Pereira, Larry Rohter, Michael Reid, Riordan Roett, Cristiano Romero, Randall Schweller, Michael Shifter, Rogério de Souza Farias, Gustavo Spektor, Oliver Stuenkel, Maria Hermínia Tavares de Almeida, Matthew Taylor, João Vargas, Sebastião Velasco e Cruz, Mauro Vieira, André Villela, Eduardo Viola e Nick Wheeler.

Uma das maiores alegrias que guardo deste projeto é a companhia intelectual de João Vargas, Filipe Nasser e Rogério de Souza Farias. Eles leram a primeira versão de cada capítulo, oferecendo comentários minuciosos, apontando equívocos e me forçando a melhorar o texto. Os erros que ficam são todos meus.

Ana Lúcia Lutterbach Holck criou o contexto para que eu pudesse reconhecer os porquês deste projeto e, assim, terminá-lo.

Meu maior agradecimento é para Rafael Perígolo, que permaneceu impávido quando fiquei paralisado diante da escrita e, com jeito mineiro, me ajudou a colocá-la em seu devido lugar.

Muitas das ideias aqui apresentadas nasceram das discussões com meus alunos, dentro e fora da sala de aula. Também me beneficiei do Grupo de Trabalho sobre os Estados Unidos da ANPOCS.

Ricardo Balthazar compartilhou com gentileza os documentos que obteve em Washington, e Roberto Simon deu-me cópia da entrevista inédita que fez com Fernando Henrique Cardoso.

Na Objetiva, contei com a paciência generosa de Daniela Duarte, Arthur Dapieve e Mauro Ventura. Luciano Milhomem, como sempre, leu tudo com lupa.

Diferentes capítulos da pesquisa receberam apoio de Capes, CNPq, FAPERJ e IPEA.

O maior prazer de escrever este livro foi conhecer um pouco mais de perto as pessoas que tomaram as decisões aqui descritas. Aqueles que me concederam entrevistas gravadas são, por ordem alfabética de sobrenome: Celso Amorim, Rubens Barbosa, Diego Bonomo, Oscar Camilión, Fernando Henrique Cardoso, Marcos Castrioto de Azambuja, José Dirceu, Gelson Fonseca Jr., Stanley Gacek, Marcos Galvão, José Botafogo Gonçalves, José Alfredo Graça Lima, Ivan Cannabrava, Luiz Augusto de Castro Neves, Richard Haas, Donna Hrinak, Celso Lafer, Luiz Felipe Lampreia, Luiz Inácio Lula da Silva, John Maisto, Roger Noriega, Pedro Parente, Bill Perry, Rogelio Pfirter, Sebastião do Rego Barros, Condoleezza Rice, Rubens Ricupero e Peter Romero.

Meus entrevistados não ficarão inteiramente satisfeitos com o que escrevi nestas páginas. Como são muito polarizadas as relações entre PT e PSDB, Brasil e Estados Unidos, a concordância total de um grupo significaria a discordância total de outro. Espero, portanto, deixar todos um pouco frustrados. Afinal, meu objetivo não foi transcender as divisões reais que os separam, mas interpretá-las sob um enfoque novo e, assim, inaugurar uma nova conversa a respeito de nosso passado recente. É dessa forma que espero honrar a confiança que depositaram em mim quando aceitaram me contar suas versões pessoais da história.

Conheça mais sobre nossos livros e autores no site
www.objetiva.com.br
Disque-Objetiva: (21) 2233-1388

Impressão e Acabamento: